学术指导单位：中国政治经济学学会、华中科技大学马克思主义学院
学术顾问：程恩富 王立胜 侯为民 岳奎 周绍东

中国政治经济学
学术影响力评价报告
（2025）

陈艺丹 著

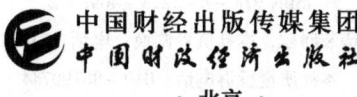

中国财经出版传媒集团
中国财政经济出版社
·北京·

图书在版编目（CIP）数据

中国政治经济学学术影响力评价报告.2025 / 陈艺丹著. -- 北京：中国财政经济出版社，2025.7.
ISBN 978-7-5223-4098-2

Ⅰ.F120.2

中国国家版本馆CIP数据核字第2025LD1077号

责任编辑：吕小军　　　　责任校对：张　凡
封面设计：卜建辰　　　　责任印制：张　健

中国政治经济学学术影响力评价报告（2025）
ZHONGGUO ZHENGZHI JINGJIXUE XUESHU YINGXIANGLI
PINGJIA BAOGAO（2025）

中国财政经济出版社 出版

URL：http://www.cfeph.cn
E-mail：cfeph@cfeph.cn

（版权所有　翻印必究）

社址：北京市海淀区阜成路甲28号　邮政编码：100142
营销中心电话：010-88191522
天猫网店：中国财政经济出版社旗舰店
网址：https://zgczjjcbs.tmall.com
涿州汇美亿浓印刷有限公司印刷　各地新华书店经销
成品尺寸：170mm×240mm　16开　17.5印张　305 000字
2025年7月第1版　2025年7月河北第1次印刷
定价：70.00元
ISBN 978-7-5223-4098-2
（图书出现印装问题，本社负责调换，电话：010-88190548）
本社质量投诉电话：010-88190744
打击盗版举报热线：010-88191661　　QQ：2242791300

目　录

第一部分　中国政治经济学学术评价工作的意义和方法 …………（1）
　　一、开展中国政治经济学学术影响力评价工作的意义 ………（3）
　　二、中国政治经济学学术影响力评价方法 ……………………（3）

第二部分　中国政治经济学最具影响力的学术论文和学术载体 （2016—2025年） ……………………………………………（7）
　　一、学术论文影响力评价 ………………………………………（9）
　　二、学术载体影响力评价 ………………………………………（29）

第三部分　中国政治经济学研究进展（2016—2025年） …………（35）
　　一、中国特色社会主义政治经济学学科研究 …………………（37）
　　二、习近平经济思想研究 ………………………………………（45）
　　三、党的十八大以来重要会议精神研究 ………………………（53）
　　四、社会主义市场经济理论研究 ………………………………（61）
　　五、政治经济学视野下的"生产力"研究 ……………………（70）
　　六、政治经济学视野下的"生产方式"研究 …………………（79）
　　七、政治经济学视野下的"生产关系"研究 …………………（88）
　　八、政治经济学方法论研究 ……………………………………（95）
　　九、政治经济学思想史研究 ……………………………………（103）
　　十、《资本论》及其手稿研究 …………………………………（110）
　　十一、劳动价值论研究 …………………………………………（119）
　　十二、经济新常态和新发展阶段研究 …………………………（128）
　　十三、社会主义生产目的和社会主要矛盾的政治经济学研究 …（136）
　　十四、新发展理念的政治经济学研究 …………………………（145）
　　十五、经济高质量发展的政治经济学研究 ……………………（153）

十六、人口高质量发展的政治经济学研究 …………………… (162)

十七、所有制理论的政治经济学研究 ………………………… (171)

十八、社会主义市场经济条件下的资本问题研究 …………… (185)

十九、共同富裕和收入分配的政治经济学研究 ……………… (196)

二十、数字经济的政治经济学研究 …………………………… (205)

二十一、精准扶贫与乡村振兴的政治经济学研究 …………… (213)

二十二、区域协调发展的政治经济学研究 …………………… (225)

二十三、新发展格局和全国统一大市场的政治经济学研究 … (235)

二十四、中国特色宏观经济治理的政治经济学研究 ………… (243)

二十五、"一带一路"开放型经济的政治经济学研究 ………… (252)

二十六、中国式现代化和人类文明新形态的政治经济学研究 … (260)

二十七、政治经济学视野下的世界经济研究 ………………… (267)

后　　记 ……………………………………………………………… (276)

第一部分

中国政治经济学学术评价工作的意义和方法

一、开展中国政治经济学学术影响力评价工作的意义

中国政治经济学是对新中国成立以来，特别是改革开放以来社会主义经济建设的经验总结和理论升华，也是对新时代中国特色社会主义重大经济现实问题的理论回应，习近平经济思想是中国特色社会主义政治经济学的最新成果。2015年11月23日，中共十八届中央政治局就马克思主义政治经济学基本原理和方法论进行第二十八届集体学习，习近平总书记作了题为《不断开拓当代中国马克思主义政治经济学新境界》的重要讲话。2016年7月8日，习近平总书记在主持经济形势专家座谈会时指出："要加强研究和探索，加强对规律性认识的总结，不断完善中国特色社会主义政治经济学理论体系，推进充分体现中国特色、中国风格、中国气派的经济学科建设。"2017年5月，中共中央印发的《关于加快构建中国特色哲学社会科学的意见》明确提出：要发展中国特色社会主义政治经济学，丰富发展马克思主义哲学、政治经济学、科学社会主义。2020年第16期《求是》杂志刊载了习近平总书记在中共十八届中央政治局第二十八次集体学习上的重要讲话全文，题为"不断开拓当代中国马克思主义政治经济学新境界"。

自中央政治局集体学习马克思主义政治经济学十年来，学界围绕"建设和发展中国特色社会主义政治经济学"这一重大命题，开展了持续而深入的研究，促成了广泛而热烈的讨论，形成了大量学术成果，政治经济学迎来了新中国成立以来第三次研究高潮。目前，"中国特色社会主义政治经济学"已形成一系列相对固定的研究主题、学者群体、研究机构和传播载体，呈现出良好的发展势头，为中国特色哲学社会科学体系建设提供了重要标杆。2017年，本课题组首次开展了中国特色社会主义政治经济学的学术影响力评价工作，取得了良好的社会反响。2019年以来，为进一步扩大学术评价范围，拓宽学科视野，评价报告更名为《中国政治经济学学术影响力评价报告》。

本报告研究样本为发表在2016年1月1日至2025年2月28日之间的政治经济学学术论文，主要反映近十年中国政治经济学的发展动态。

二、中国政治经济学学术影响力评价方法

从独立的学科范畴来看，开展中国政治经济学学术评价，呈现出以下几个方面的特点。

第一，中国政治经济学学术评价的文献覆盖面较广。根据研究对象的历史阶段差异，马克思主义政治经济学自然地分为资本主义政治经济学和社会主义政治经济学两个部分。中国政治经济学是社会主义政治经济学的"中国版本"，是马克思主义政治经济学的中国化。因此，在理论体系和学科内容上，中国政治经济学与马克思主义政治经济学、社会主义政治经济学既相互联系又存在差别，体现了一般性与特殊性的结合。因此，在对中国政治经济学进行影响力评价时，文献收集范围就不能仅局限于"中国政治经济学"这个名词，还要涵盖"马克思主义政治经济学""社会主义政治经济学""社会主义经济理论""资本论""习近平新时代中国特色社会主义经济思想"等多个学术范畴。当然，需要对以上这些主题的文献进行甄别和梳理。需要明确指出的是，"中国政治经济学"的文献谱系是以坚持辩证唯物主义和历史唯物主义等马克思主义分析方法作为基本特点的，超出这个范围的文献，本报告就不再将其归于"中国政治经济学"的学术体系。

第二，中国政治经济学学术评价以期刊论文作为主要文献基础。学术影响力评价的标准是多样的，不同学科的影响力评价标准具有很大差异。对于人文社会科学特别是理论性较强的学科而言，学术论著的影响力是学术影响力评价的重要标准。学术论著主要包括期刊刊载的学术论文、公开出版的专著（包括教材或其他形式的书籍）。从影响力评价的角度而言，这三类论著的重要性都是不言而喻的。但是，专著被引用的数据难以收集且不宜进行标准化处理，因此也是难以作为学术影响力评价标准的。因此，本报告的学术影响力评价是以学者在期刊上发表的学术论文作为评价基础的，即以期刊论文作为评价的数据源头。在此基础上，测算了中国政治经济学研究机构、学术刊物以及研究主题的学术影响力。

第三，给予理论性研究和应用性研究同等重视。在学科归属上，政治经济学属于理论经济学范畴，但是，政治经济学对于分析和研究现实经济问题具有重要意义，特别是在中国经济发展和改革的进程中，政治经济学理论创新发挥着重要的指导作用。为此，在学术影响力评价中，本报告不仅关注了那些纯理论研究，同时也注意收集和整理那些运用政治经济学理论方法研究中国现实问题和政策问题的文献，将"新质生产力""经济高质量发展""人口高质量发展""生产资料所有制改革""社会主义市场经济条件下的资本问题""共同富裕和收入分配""数字经济""精准扶贫与乡村振兴""区域协调发展""新发展格局和全国统一大市场""中国特色宏观经济治理""'一带一路'倡议"等主题词纳入学术影响力评价范围。

第四，文献范围涵盖中国学者研究当代资本主义经济的相关研究。中国学者运用政治经济学方法，对当代资本主义经济新变化的研究，也应被涵盖在中国政治经济学的范围里。因此，这里的"中国"，并不是研究对象意义上的中国，而主要是指"中国"学者。此外，在选择"当代资本主义经济"的研究文献时，我们重点关注了那些联系中国经济问题和社会主义经济建设的研究，特别是把那些进行当代资本主义与社会主义经济运行方式比较研究的文献纳入了评价范围。

第五，对部分主题的研究文献进行了适当拓展。本年度评价报告选择了27个政治经济学研究主题进行影响力评价，需要说明的是，部分主题并不完全局限于政治经济学范畴，典型的如"社会主义生产目的和社会主要矛盾""中国式现代化和人类文明新形态"等。在选取这些主题的文献时，本报告采取的原则和程序是：在根据主题词搜索得到的文献中，首先，选择那些从政治经济学视野出发进行的研究；其次，选择那些运用马克思主义方法论而开展的交叉研究文献、多学科研究文献、整体性研究文献；最后，剔除那些单纯局限于哲学、法学、政治学和历史学等单一学科的文献。

第二部分

中国政治经济学最具影响力的学术论文和学术载体（2016—2025 年）

本部分对中国政治经济学的学术论文和学术载体进行影响力评价，学术论文评价主要是评选出近十年中国政治经济学界最具影响力的 300 篇学术论文。学术载体包括学术机构和学术刊物两种类型。学术载体评价是以期刊论文影响力作为文献计量依据的，一方面，通过将学术机构在研究期间内发表的政治经济学论文学术影响力进行加总，即得到该机构在政治经济学研究方面的学术影响力。另一方面，通过将期刊在研究期间内发表的政治经济学论文学术影响力进行加总，即得到该期刊在政治经济学研究方面的学术影响力。

一、学术论文影响力评价

本报告通过定量与定性相结合的方式评选出最具影响力论文。本报告选取的文献来自中国知网（中国知识基础设施工程，China National Knowledge Infrastructure，CNKI）下属的中国期刊全文数据库（CJFD）。在文献搜索方面，本报告采取了"单主题"和"双主题"两种不同的搜索方式，单主题搜索方式是在中国期刊全文数据库中采用文献检索方式，在检索"主题"项中选用"中国政治经济学""当代中国马克思主义政治经济学""中国社会主义政治经济学""社会主义经济理论""习近平新时代中国特色社会主义经济思想"等关键词。双主题搜索方式是在中国期刊全文数据库中采用高级检索方式，在检索"主题"项中选用"公有制""按劳分配""新发展理念""资本论""生产力—生产关系""以人民为中心""供给侧结构性改革""现代化经济体系""高质量发展""乡村振兴战略""区域协调发展""'一带一路'倡议""当代资本主义经济""新发展格局""数字经济和平台经济""全面建成小康社会""共同富裕""中国式现代化道路""遏制资本无序扩张""新质生产力"等关键词，并加入"政治经济学"这一关键词进行搜索。文献覆盖时间段为2016年1月1日至2025年2月28日，文献来源类别为CSSCI、北大核心和AMI刊物。根据以上方法，剔除短讯、会议综述、书评、广告等信息含量较小的篇目，最终得到4467篇文献。这些文献构成了本年度学术评价的文本基础。

本报告选取下载量、引用量以及期刊影响因子等指标，定量计算了所有文献的影响力，构建了评价样本库。在此基础上，邀请本学科知名专家对样本库中的文献进行定性评价。在综合考虑文献的选题意义、学术水平、理论深度、资政作用等各方面因素的基础上，评选出2016—2025年政治经济学学科最具学术影响力的300篇论文（见表2-1）。考虑到最具影响力论文的覆盖面和代表性，每位作者作品入选篇数不超过3篇（合著除外）。

表2-1　中国政治经济学最具影响力的300篇学术论文
（2016—2025年）

序号	题目	作者	刊物	年份
1	对资本主义私有制的批判和未来社会公有制的构想——研究《资本论》所有制理论	白雪秋 余志利	《经济纵横》	2019

续表

序号	题目	作者	刊物	年份
2	数字经济视域下的马克思主义所有制理论分析范式再审视：新变化与新议题	包炜杰	《马克思主义与现实》	2022
3	《资本论》理论定向的阐释维度	卜祥记	《中国社会科学》	2020
4	对数字平台企业规制的政治经济学分析——基于马克思的流通费用理论	蔡超	《经济学家》	2022
5	作为生产要素的数据：数据资本化、收益分配与所有权	蔡万焕 张紫竹	《教学与研究》	2022
6	有关社会主义市场经济理论学科属性的几个基本问题	常荆莎 易又群	《经济纵横》	2022
7	从"现实的人"到"以人民为中心"——马克思主义政治经济学根本立场探析	常庆欣 张旭	《经济学家》	2020
8	新型数字基础设施如何影响对外贸易升级——来自中国地级及以上城市的经验证据	钞小静 薛志欣 孙艺鸣	《经济科学》	2020
9	习近平新时代精准扶贫思想形成的现实逻辑与实践路径	陈健	《财经科学》	2018
10	政治经济学学科建设的历史经验与现实启示——以20世纪50年代的中国人民大学政治经济学教研室为例	陈艺丹	《经济思想史研究》	2022
11	金融化、虚拟经济与实体经济的发展——兼论"脱实向虚"问题	陈享光 黄泽清	《中国人民大学学报》	2020
12	替代与推升：人工智能对人类劳动的影响	陈尧 王宝珠	《学习与实践》	2022
13	中国式现代化视域下的人口高质量发展研究	陈友华 孙永健	《中国特色社会主义研究》	2023
14	中国特色社会主义市场经济：有为政府+有效市场	陈云贤	《经济研究》	2019
15	论数学方法在研究和发展马克思主义政治经济学中的作用	陈宗胜 李瑞	《西安交通大学学报（社会科学版）》	2022
16	中国特色社会主义政治经济学研究十大要义	程恩富	《理论月刊》	2021

续表

序号	题目	作者	刊物	年份
17	改革开放以来新马克思经济学综合学派的十大政策创新	程恩富	《河北经贸大学学报》	2021
18	大力发展新质生产力 加速推进中国式现代化	程恩富 陈健	《当代经济研究》	2023
19	中国经济学的探索：一个历史考察	程霖 张申 陈旭东	《经济研究》	2020
20	资源型国有企业摆脱转型困境的路径选择	程娜	《经济纵横》	2017
21	《资本论》版本考究	崔友平 胡毅 冯瑾 许萌	《国外理论动态》	2022
22	乡村振兴视角下的脱贫攻坚战略选择	戴媛媛	《海派经济学》	2020
23	习近平乡村振兴发展思想研究	邓金钱	《上海经济研究》	2019
24	中国道路是跨越卡夫丁峡谷的科学社会主义道路	丁堡骏	《当代经济研究》	2022
25	《资本论》当代价值的再阐释——以马克思晚年两封书信为中心	丁堡骏	《哲学研究》	2023
26	数字资本主义的兴起及其引发的社会变革——兼论社会主义中国如何发展数字经济	丁晓钦 柴巧燕	《毛泽东邓小平理论研究》	2020
27	国内国际双循环新发展格局：历史溯源、逻辑阐释与政策导向	董志勇 李成明	《中共中央党校（国家行政学院）学报》	2020
28	论建设中国特色社会主义政治经济学为何和如何借用西方经济学	方福前	《经济研究》	2019
29	基本经济制度是所有制关系、分配关系、交换关系的有机统一	方敏	《政治经济学评论》	2020
30	从"塘约经验"看乡村振兴战略的内生实施路径	冯道杰 程恩富	《中国社会科学院研究生院学报》	2018
31	以人民为中心和以资本为中心：两种发展道路的比较——基于劳动价值论的若干思考	冯金华	《学术研究》	2020

续表

序号	题目	作者	刊物	年份
32	国际价值、国际生产价格和利润平均化：一个经验研究	冯志轩	《世界经济》	2016
33	价值生产、价值转移与积累过程：中国地区间不平衡发展的政治经济学分析	冯志轩 李帮喜 龙治铭 张晨	《经济研究》	2020
34	马克思主义政治经济学在中国：一项历史性考察（1921—2021）	付文军	《经济学家》	2022
35	论宏观经济调控向宏观经济治理的战略转换	付一婷 刘金全 刘子玉	《经济学家》	2021
36	坚持新发展格局下扩大内需的战略基点	高建昆	《求索》	2021
37	《资本论》视域下的供给侧结构性改革——基于马克思社会总资本再生产理论	盖凯程 冉梨	《财经科学》	2019
38	所有制、涓滴效应与共享发展：一个政治经济学分析	盖凯程 周永昇	《政治经济学评论》	2020
39	中国乡村振兴战略视域下的农民分化及其引申含义	高帆	《复旦学报（社会科学版）》	2018
40	论高质量发展阶段的政治经济学基础：基于生产方式的二维视角	高桂爱 刘刚 杜曙光	《经济纵横》	2021
41	当代中国阶层关系演化、经济增长影响及制度渊薮——基于积累的社会结构理论	甘梅霞	《浙江社会科学》	2017
42	社会主义基本经济制度的重大理论问题研究	葛扬	《经济学家》	2020
43	中国特色社会主义城市地租：制度基础、价值源泉与经济效应	龚剑	《经济纵横》	2019
44	数字经济发展的理论逻辑与现实路径研究	龚晓莺 杨柔	《当代经济研究》	2021
45	马克思经济学"术语的革命"与中国特色"经济学说的系统化"	顾海良	《中国社会科学》	2016

续表

序号	题目	作者	刊物	年份
46	新发展理念与当代中国马克思主义经济学的意蕴	顾海良	《中国高校社会科学》	2016
47	马克思"资本一般"和"许多资本"理论与中国资本问题研究	顾海良	《马克思主义理论学科研究》	2022
48	习近平经济思想在福建的孕育与实践	郭冠清	《东南学术》	2023
49	回到马克思：对生产力——生产方式——生产关系原理再解读	郭冠清	《当代经济研究》	2020
50	论习近平经济思想的基本原理	韩保江	《公共治理研究》	2025
51	论习近平经济思想的基本问题	韩保江	《党的文献》	2022
52	数字劳动过程及其四种表现形式	韩文龙 刘璐	《财经科学》	2020
53	劳动社会关系分析与和谐劳动构建——马克思《雇佣劳动与资本》的方法论启示	韩喜平 何况	《马克思主义理论学科研究》	2019
54	劳动资料数字化发展背景下资本主义劳动关系的新变化——基于马克思主义政治经济学视角的分析	何爱平 徐艳	《经济纵横》	2021
55	改革开放以来国有企业混合所有制改革：历程、成效与展望	何瑛 杨琳	《管理世界》	2021
56	乡村振兴的学术脉络与时代逻辑：一个经济学视角	贺立龙	《四川大学学报（哲学社会科学版）》	2019
57	土地制度改革、农业生产方式创新与农村集体经济发展	何自力 顾惠民	《上海经济研究》	2022
58	社会主义公有制是建设现代化经济体系实现高质量发展的基础	何干强	《西部论坛》	2019
59	"国民共进"的政治经济学分析	何召鹏	《政治经济学评论》	2022
60	改革开放以来发展理念和相应的经济发展理论的演进——兼论高质量发展的理论渊源	洪银兴	《经济学动态》	2019
61	中国特色社会主义政治经济学财富理论的探讨——基于马克思的财富理论的延展性思考	洪银兴	《经济研究》	2020

续表

序号	题目	作者	刊物	年份
62	新时代中国特色社会主义政治经济学的发展	洪远朋	《经济研究》	2017
63	为什么用物质利益关系而不用生产关系——政治经济学研究对象的进一步讨论	侯风云	《河北经贸大学学报》	2017
64	习近平新时代中国特色社会主义经济思想的历史维度与理论内涵	侯为民	《思想战线》	2018
65	社会主义市场经济条件下的资本要素：特性、作用和行为规律	胡怀国	《经济学动态》	2022
66	中国特色社会主义政治经济学国家主体性的历史逻辑与思想史基础	胡怀国	《经济纵横》	2019
67	马克思主义政治经济学的根本方法和具体方法——纪念马克思诞辰200周年	胡磊 赵学清	《经济学家》	2018
68	"生活需要"的政治经济学分析	胡乐明	《马克思主义研究》	2019
69	论数字经济时代资本主义劳动过程中的劳资关系	胡莹	《马克思主义研究》	2020
70	马克思超越古典政治经济学探赜——基于经济危机的视角	胡岳岷 胡慧欣 吴薇	《西北大学学报（哲学社会科学版）》	2020
71	试论中国特色社会主义政治经济学的理论创新方向——基于马克思政治经济学批判的分析	黄华 程承坪	《经济学家》	2017
72	马克思恩格斯自由贸易思想及当代启示	黄瑾 王敢	《经济学家》	2020
73	论坚持"以人民为中心"和"以经济建设为中心"两个指导方针的一致性	黄雯	《经济纵横》	2017
74	防范化解金融风险的政治经济学研究	姬旭辉	《经济学家》	2019
75	经济学学界史：经济思想史新的研究对象与目的	贾根良 兰无双	《教学与研究》	2017
76	贸易平衡、财政赤字与国内大循环经济发展战略	贾根良	《财经问题研究》	2020

续表

序号	题目	作者	刊物	年份
77	数字技术助力中国技术赶超：理论逻辑与政策取向	贾利军 陈恒烜	《政治经济学评论》	2021
78	市场经济只能建立在私有制基础上吗？——兼评公有制与市场经济不相容论	简新华 余江	《经济研究》	2016
79	社会主义市场经济的资本理论	简新华 余江	《经济研究》	2022
80	建立解决相对贫困的长效机制	蒋永穆	《政治经济学评论》	2020
81	从分离到融合：中国共产党百年正确处理城乡关系的重大成就与历史经验	蒋永穆 胡筠怡	《政治经济学评论》	2022
82	论习近平国有企业改革发展思想的内在逻辑	江剑平 何召鹏 刘长庚	《经济学家》	2020
83	推动新时代农业合作化，需要发扬高举旗帜敢于担当的精神——烟台实践的启示	江宇 李玲 徐俊忠	《世界社会主义研究》	2021
84	防止资本无序扩张引导各类资本健康发展	江宇	《中国党政干部论坛》	2021
85	马克思地租理论的方法论思想及其时代价值：从文本到现实	金栋昌 李天姿	《改革与战略》	2017
86	数字劳动、数字生产方式与流众无产阶级——对当代西方数字资本主义的政治经济学蠡探	蓝江	《理论与改革》	2022
87	金融化对经济增长的影响：作用机理与中国经验	黎贵才 赵峰 卢荻	《中国人民大学学报》	2021
88	价值循环、经济结构与新发展格局：一个政治经济学的理论框架与国际比较	李帮喜 赵奕菡 冯志轩 赵峰	《经济研究》	2021

续表

序号	题目	作者	刊物	年份
89	生产结构、收入分配与宏观效率——一个马克思主义政治经济学的分析框架与经验研究	李帮喜 刘充 赵峰 黄阳华	《经济研究》	2019
90	中国特色社会主义政治经济学史研究的新阶段新使命	李家祥	《南开经济研究》	2019
91	美元权力的溯源、异化与世界反霸之路——以俄乌冲突中的货币战为鉴	李建平 陈娜	《当代经济研究》	2023
92	明斯基的经济学研究方法论	李黎力	《当代经济研究》	2017
93	虚拟经济背离与回归实体经济的政治经济学分析	李连波	《马克思主义研究》	2020
94	新时代中国经济的两大主题：创新与共同富裕	李民圣	《马克思主义与现实》	2019
95	人工智能时代劳动价值论再审视	李楠	《马克思主义理论学科研究》	2024
96	马克思主义基本原理和经典著作研究	李琼 余清霜	《政治经济学评论》	2021
97	人与自然和谐共生：中国式现代化道路的生态向度研究	李雪娇 何爱平	《社会主义研究》	2022
98	利润率趋向下降规律新一轮争论的数理与经验考察	李亚伟	《海派经济学》	2018
99	智能化生产方式对产业结构变迁的作用机理——基于马克思主义政治经济学视角	李越	《财经科学》	2021
100	美国员工持股计划及其对我国国企改革的启示	李政 艾尼瓦尔	《当代经济研究》	2016
101	数据作为生产要素参与分配的政治经济学分析	李政 周希禛	《学习与探索》	2020
102	新时代真的需要"消灭私有制"？——纪念马克思恩格斯《共产党宣言》发表170周年	李正图	《人文杂志》	2018
103	中国政企合作的政治经济学分析	林光彬 徐振江	《教学与研究》	2020

续表

序号	题目	作者	刊物	年份
104	论社会主义市场经济中政府和市场的关系	刘凤义	《马克思主义研究》	2020
105	工业发展阶段与新质生产力的生成逻辑	刘刚	《马克思主义研究》	2023
106	中国经济体制改革的方向、目标和核心议题	刘国光 王佳宁	《改革》	2018
107	信息产品与平台经济中的非雇佣剥削	刘皓琰	《马克思主义研究》	2019
108	中国国资改革：困惑、误区与创新模式	刘纪鹏 刘彪 胡历芳	《管理世界》	2020
109	马克思主义区域经济学视阈内"一带一路"倡议的实施方略	刘美平	《区域经济评论》	2016
110	中国特色最优产业结构理论——兼对若干产业结构理论的批判	刘明国	《河北经贸大学学报》	2016
111	中国特色社会主义政治经济学核心理论定位研究	刘谦 裴小革	《经济学家》	2019
112	中国特色社会主义政治经济学史建设中需侧重的几个问题	刘清田	《经济学家》	2019
113	中国经济改革对社会主义政治经济学根本性难题的突破	刘伟	《中国社会科学》	2017
114	新时代中国特色社会主义政治经济学视阈下的"人类命运共同体"	刘伟 王文	《管理世界》	2019
115	中国特色社会主义基本经济制度是解放和发展生产力的历史要求	刘伟	《政治经济学评论》	2020
116	优化国有资本布局的思路与策略	刘现伟 李红娟 石颖	《改革》	2020
117	《资本论》中的虚拟资本范畴及其中国语境	刘新刚	《马克思主义与现实》	2020
118	虚拟经济与实体经济的关联性——主要资本主义国家比较研究	刘晓欣 田恒	《中国社会科学》	2021

续表

序号	题目	作者	刊物	年份
119	基于社会生产和再生产模型的国际价值量决定机理研究	刘晓音 宋树理	《世界经济》	2017
120	中国特色社会主义政治经济学研究对象的探索	刘学梅 郭冠清	《经济学家》	2019
121	农民权益：农村土地增值收益分配的根本问题	刘元胜 胡岳岷	《财经科学》	2017
122	政治经济学视角下互联网平台经济的金融化	刘震 蔡之骥	《政治经济学评论》	2020
123	国企混合所有制改革对劳动收入份额的影响研究	刘震 刘溪	《财经问题研究》	2022
124	经济脱实向虚倾向的根源、表现和矫正措施	卢映西 陈乐毅	《当代经济研究》	2018
125	"里根革命"与"撒切尔新政"的供给主义批判与反思——基于马克思经济学劳资关系视角	鲁保林	《当代经济研究》	2016
126	畅通国民经济循环：基于政治经济学的分析	鲁保林 王朝科	《经济学家》	2021
127	数字经济视阈下零工劳动与资本弹性积累研究	卢江 刘慧慧	《天津社会科学》	2020
128	中国式现代化：破解当代现代化世界难题的中国方案	鲁品越	《马克思主义研究》	2024
129	经济金融化行为的政治经济学分析——一个演化博弈框架	鲁春义 丁晓钦	《财经研究》	2016
130	平台经济下"受众商品论"再审视——基于马克思主义政治经济学视角	陆茸 葛浩阳	《新闻与传播研究》	2022
131	"新发展理念"的马克思政治经济学解读	陆夏	《厦门大学学报（哲学社会科学版）》	2018
132	数字经济下共享型和谐劳动关系的建构机理与实现路径	吕景春	《马克思主义研究》	2023
133	论新时代中国社会主要矛盾历史性转化的理论与实践依据	吕普生	《新疆师范大学学报（哲学社会科学版）》	2018

续表

序号	题目	作者	刊物	年份
134	新时代高质量发展的理论意蕴及实现路径	吕守军 代政	《经济纵横》	2019
135	中国经济改革的实践丰富和发展了马克思主义政治经济学	吕政	《中国工业经济》	2017
136	对供给侧结构性改革思路的马克思主义政治经济学再思考	罗丹 王守义	《改革与战略》	2016
137	"三权分置"下中国农村土地流转的现状、问题与对策研究	罗玉辉	《兰州学刊》	2019
138	基于国民经济核算体系的剩余价值率计算：理论与中国经验	马梦挺	《世界经济》	2019
139	次贷危机后美国经济金融化趋势是否逆转？	马慎萧 兰楠	《政治经济学评论》	2021
140	从资本雇佣劳动到劳动雇佣资本——农民专业合作社的剩余权分配	马太超 邓宏图	《中国农村经济》	2022
141	加快建设全国统一大市场的理论逻辑与现实意义	马文武	《经济学家》	2022
142	习近平经济思想的逻辑架构及其学理研究	马艳 王琳 严金强	《上海经济研究》	2022
143	中国共产党关于新发展理念的现实逻辑与理论创新	马艳 李皎	《税务与经济》	2021
144	发展壮大民营经济的理论逻辑与现实进路	冒佩华 杨浩宇	《上海经济研究》	2023
145	非均衡与平均利润率的变化：一个马克思主义分析框架	孟捷 冯金华	《世界经济》	2016
146	中国特色社会主义政治经济学的国家理论：源流、对象和体系	孟捷	《清华大学学报（哲学社会科学版）》	2020
147	新质生产力论：一个历史唯物主义的阐释	孟捷 韩文龙	《经济研究》	2024
148	中国特色社会主义政治经济学的民族性与世界性	逄锦聚	《经济研究》	2016

续表

序号	题目	作者	刊物	年份
149	中国共产党带领人民为共同富裕百年奋斗的理论与实践	逄锦聚	《经济学动态》	2021
150	建构中国经济学自主知识体系的方法论和方法	逄锦聚	《经济研究》	2023
151	健全宏观调控制度体系的双重逻辑及实现路径	庞明川 宁赋宪	《中国经济问题》	2022
152	数字经济的政治经济学分析	裴长洪 倪江飞 李越	《财贸经济》	2018
153	国有企业混合所有制改革：动力、阻力与实现路径	綦好东 郭骏超 朱炜	《管理世界》	2017
154	网约车平台与不稳定劳工——基于南京市网约车司机的调查	齐昊 马梦挺 包倩文	《政治经济学评论》	2019
155	唯物史观、动态优化与经济增长——兼评马克思主义政治经济学的数学化	乔晓楠 何自力	《经济研究》	2017
156	数字经济与资本主义生产方式的重塑——一个政治经济学的视角	乔晓楠 郗艳萍	《当代经济研究》	2019
157	共同富裕的科学内涵与实现途径	邱海平	《政治经济学评论》	2016
158	《资本论》的创新性研究对于构建中国特色社会主义政治经济学的重大意义	邱海平	《马克思主义研究》	2020
159	关于社会主义利用资本的几个理论问题	邱海平	《经济学动态》	2022
160	新时代中国高质量发展的判断标准、决定因素与实现途径	任保平 文丰安	《改革》	2018
161	我国新经济高质量发展的困境及其路径选择	任保平 何苗	《西北大学学报（哲学社会科学版）》	2020
162	财政赤字货币化与美国金融危机的政治经济学分析	任传普 程恩富	《上海经济研究》	2021
163	当代逆全球化现象探析——基于马克思恩格斯经济全球化理论	任晓聪 和军	《上海经济研究》	2019

第二部分　中国政治经济学最具影响力的学术论文和学术载体（2016—2025年）　　21

续表

序号	题目	作者	刊物	年份
164	生产力、公有资本与中国特色社会主义——兼评资本与公有制不相容论	荣兆梓	《经济研究》	2017
165	公有资本与平等劳动——中国特色社会主义政治经济学的主线	荣兆梓	《上海经济研究》	2018
166	社会主义基本经济制度新概括的学理逻辑研究	荣兆梓	《经济学家》	2020
167	共享发展理念对世界发展理论和实践的创新	邵彦敏 张洪玮	《社会科学战线》	2020
168	中国省际经济高质量发展的测度与分析	师博 任保平	《经济问题》	2018
169	互联网平台企业垄断形成机理：从数据竞争到数据租金	石先梅	《管理学刊》	2021
170	《共产党宣言》中的经济全球化思想及其继承与发展	舒展	《马克思主义研究》	2019
171	新帝国主义的危机与新社会主义的使命——兼论21世纪马克思主义的核心问题与应对	宋朝龙	《探索》	2020
172	数据成为现代生产要素的政治经济学分析	宋冬林 孙尚斌 范欣	《经济学家》	2021
173	当代国际价值量的新变化及其成因探析	宋树理	《管理学刊》	2018
174	中国特色社会主义政治经济学逻辑思想的演化线、问题源及创新性	宋树理 魏晨曦 钱凤娟	《改革与战略》	2021
175	全球价值链的深度嵌入与技术进步关系的机理与测算	宋宪萍 贾芸菲	《经济纵横》	2019
176	论中国经济学现代化的马克思主义发展道路——质疑洪永淼西方经济学中国化观点	孙立冰	《马克思主义研究》	2020
177	新时代坚持创新引领发展：内在逻辑与实践指向	孙亚南 王晓策 刘岩	《管理学刊》	2019

续表

序号	题目	作者	刊物	年份
178	从马克思国际货币职能看主权货币充当世界货币的弊端	孙业霞	《经济学家》	2019
179	社会主义政治经济学方法论探索：从马克思到习近平	谭苑苑 李建平	《毛泽东邓小平理论研究》	2018
180	运用马克思再生产公式分析中美贸易摩擦对我国进出口的影响	陶为群	《管理学刊》	2018
181	论马克思的生产力理论与中国特色社会主义政治经济学的构建	田超伟 卫兴华	《教学与研究》	2017
182	高质量发展的理论内涵和实践要求	田秋生	《山东大学学报（哲学社会科学版）》	2018
183	互联网平台组织的源起、本质、缺陷与制度重构	王彬彬 李晓燕	《马克思主义研究》	2018
184	分配制度上升为基本经济制度的理论必然和实践必然	王朝科	《上海经济研究》	2020
185	新时代中国特色农业现代化"第二次飞跃"的逻辑必然及实践模式	王丰	《经济学家》	2018
186	中国特色社会主义政治经济学"以人民为中心"价值范畴的初构——兼论"剩余价值"范畴的适用范围	王丰	《改革与战略》	2020
187	马克思主义政治经济学中国传播的内生性逻辑研究——以新民主主义革命时期为考察范围	王换 刘儒 杨颖萱	《经济问题》	2022
188	深刻把握乡村振兴战略——政治经济学视角的解读	王立胜 陈健 张彩云	《经济与管理评论》	2018
189	重视社会主义生产目的：新中国70年的理论探索	王立胜	《马克思主义研究》	2019
190	社会生产方式的本体论	王今朝 余红阳	《经济纵横》	2022
191	马克思主义政治经济学视角下两种数字货币的本质及发展趋势	王娜	《经济纵横》	2017
192	价值决定向价值实现的蜕化：置盐定理的逻辑推理困境	王生升 李帮喜 顾珊	《世界经济》	2019

续表

序号	题目	作者	刊物	年份
193	新质生产力的缘起、生成动力与培育机理——基于马克思主义政治经济学视角	王世泰 曹劲松	《南京社会科学》	2024
194	经济金融化趋向及其对我国实体经济发展的启示——基于1973—2017年美国经济发展数据的分析	王守义	《马克思主义研究》	2018
195	住房资本主义体制终结了吗——城市地租、住房金融化与美国住房问题	王松 谢富胜	《马克思主义与现实》	2024
196	平台企业价值运动的政治经济学分析	王婷 丘雅琪	《教学与研究》	2023
197	社会再生产中的流通职能与劳动价值论	王晓东 谢莉娟	《中国社会科学》	2020
198	百年大变局、高质量发展与构建新发展格局	王一鸣	《管理世界》	2020
199	要素错配的马克思主义政治经济学分析	王怡颖	《当代经济管理》	2022
200	经济增长与马克思主义视角下的收入和财富分配	王艺明	《经济研究》	2017
201	剩余价值国际转移与一般利润率变动：41个国家的经验证据	王智强	《世界经济》	2018
202	马克思主义经济危机理论体系的构成与发展	王中保 程恩富	《经济纵横》	2018
203	关于中国特色社会主义政治经济学的一些新思考	卫兴华	《经济研究》	2017
204	怎样认识我国社会主要矛盾的转化	卫兴华 赵海虹	《经济纵横》	2018
205	习近平新时代中国特色社会主义经济思想：马克思主义政治经济学关于社会主义现代化建设的创新发展	魏建	《改革》	2018
206	马克思的产业升级思想及其对当代中国结构转型的指导意义	魏旭	《毛泽东邓小平理论研究》	2018
207	数字资本主义下的价值生产、度量与分配——对"价值规律失效论"的批判	魏旭	《马克思主义研究》	2021
208	改革开放四十年的城乡关系：历史脉络、阶段特征和未来展望	吴丰华 韩文龙	《学术月刊》	2018

续表

序号	题目	作者	刊物	年份
209	"两个不能否定"与国家经济发展战略的动态选择	吴文 周绍东	《南京大学学报（哲学·人文科学·社会科学）》	2024
210	新时代的共同富裕：实现的前提与四维逻辑	吴文新 程恩富	《上海经济研究》	2021
211	新发展格局及对构建中国特色社会主义政治经济学体系的启示	吴宣恭	《经济纵横》	2021
212	平台经济反垄断与保障国家经济安全	吴垠	《马克思主义研究》	2021
213	我国相对贫困的内涵特点、现状研判与治理重点	吴振磊 王莉	《西北大学学报（哲学社会科学版）》	2020
214	农业劳动力流动对中国经济增长的贡献	伍山林	《经济研究》	2016
215	中国特色共同富裕理论的新境界	武建奇	《河北经贸大学学报》	2021
216	主体性过剩：当代新资本形态的结构性特征	夏莹 牛子牛	《探索与争鸣》	2021
217	传播政治经济学视域中的数字劳动理论——以福克斯劳动观为中心的批判性探讨	夏玉凡	《南京大学学报（哲学·人文科学·社会科学）》	2018
218	劳动形态对工资形态的影响及其对零工经济剥削研究的价值——基于王亚南《中国经济原论》文本的分析	肖斌 李旭娇	《当代经济研究》	2020
219	落后国家社会主义道路的理论与实践探索——马克思跨越"卡夫丁大峡谷"思想的发展研究	肖磊	《经济社会体制比较》	2018
220	"分享经济"背景下劳资关系的演变趋势探析	肖潇	《探索》	2018
221	中美贸易摩擦的政治经济学分析	谢地 张巩	《政治经济学评论》	2018
222	零工经济是一种劳资双赢的新型用工关系吗	谢富胜 吴越	《经济学家》	2019
223	平台经济全球化的政治经济学分析	谢富胜 吴越 王生升	《中国社会科学》	2019
224	制造业企业扩大金融活动能够提升利润率吗？——以中国A股上市制造业企业为例	谢富胜 匡晓璐	《管理世界》	2020

续表

序号	题目	作者	刊物	年份
225	"数字劳动"内涵探析——基于与受众劳动、非物质劳动、物质劳动的关系	谢芳芳 燕连福	《教学与研究》	2017
226	《资本论》在中国的翻译、传播和接受（1899—2017）	徐洋 林芳芳	《马克思主义与现实》	2017
227	危机后一般利润率下降规律的表现、国别差异和影响因素	徐春华	《世界经济》	2016
228	中美贸易不平等程度的政治经济学分析——三大部类和一般利润率视角	徐春华 王艺明	《统计研究》	2024
229	历史上的五次经济长波——基于熊彼特经济周期理论	徐则荣 屈凯	《华南师范大学学报（社会科学版）》	2021
230	论当代资本主义经济危机的演变逻辑	徐志向	《当代经济研究》	2021
231	中国特色社会主义政治经济学方法论研究——兼对生产一般与资本一般机理关系的考订	许光伟	《经济纵横》	2019
232	我国当前资本理论研究中的若干方法问题	许兴亚	《当代经济研究》	2023
233	新时代中国特色社会主义政治经济学研究对象和逻辑起点——马克思《资本论》及其手稿再研究	颜鹏飞	《内蒙古社会科学（汉文版）》	2018
234	数字经济赋能高质量发展的理论机理与实践路径——基于马克思社会再生产"四环节"理论框架	严金强 武艺扬	《上海经济研究》	2023
235	市场化改革与农地流转——一个批判性考察	杨成林 李越	《改革与战略》	2016
236	内循环为主双循环互动的理论创新——中国特色社会主义政治经济学的时代课题	杨承训	《上海经济研究》	2020
237	论公有制理论的发展	杨春学	《中国工业经济》	2017
238	技术—经济范式演进与资本有机构成变动——基于美国1944—2016年历史数据的分析	杨虎涛 冯鹏程	《马克思主义研究》	2019
239	全球价值链的空间拓展机理探究——兼论"一带一路"建设的路径构想	杨静 徐曼	《中国特色社会主义研究》	2017

续表

序号	题目	作者	刊物	年份
240	中国数字消费的区域普惠性及政治经济学解释	杨巨 彭浩	《消费经济》	2022
241	中美经贸摩擦及其战略思考——基于生产率优势演进视角	杨玉华	《当代经济研究》	2024
242	面向高水平社会主义市场经济体制的中国税制改革	杨志勇	《改革》	2022
243	中国多中心城市群协调发展的政治经济学分析	姚常成 阮嘉馨 朱宝清	《财经科学》	2022
244	新时代工资制度改革如何推进共同富裕？	姚宇 刘振华 苗静云	《上海经济研究》	2022
245	构建基于全国统一大市场的城乡融合发展路径研究	姚毓春 张嘉实	《求是学刊》	2022
246	新时代中国流域经济高质量发展研究——基于马克思主义流域经济思想的分析	易淼	《当代经济研究》	2021
247	流域分工视角下长江经济带高质量发展初探——一个马克思主义政治经济学的解读	易淼	《经济学家》	2019
248	论《资本论》的整体性	余斌	《经济纵横》	2017
249	新中国70年马克思主义政治经济学的科学探索与创新发展	于金富 任达	《当代经济研究》	2019
250	数字经济加快形成新质生产力的机制构成与实践路径	翟绪权 夏鑫雨	《福建师范大学学报（哲学社会科学版）》	2024
251	党领导经济工作是中国特色社会主义政治经济学的核心命题	张弛	《政治经济学评论》	2022
252	方法论的格式化与社会主义政治经济学的发展境遇——基于新中国成立以来政治经济学的发展历程的讨论	张晖明 任瑞敏	《复旦学报（社会科学版）》	2020
253	农村土地"三权分置"与新型农业经营主体培育	张广辉 方达	《经济学家》	2018

续表

序号	题目	作者	刊物	年份
254	西方经济学多元主义的演进与中国经济学的多元建构：一种范式转换与重塑	张林 郭楚晗	《上海经济研究》	2022
255	低空经济产业链发展的制约因素与优化对策研究	张嘉昕 许倩	《经济纵横》	2024
256	畅通国内国际双循环繁荣我国经济的路径研究	张建刚	《毛泽东邓小平理论研究》	2020
257	对新时代中国特色社会主义现代化经济体系建设的几点认识	张俊山	《经济纵横》	2018
258	对经济高质量发展的马克思主义政治经济学解析	张俊山	《经济纵横》	2019
259	对"资本中性论"及其思想方法的分析	张俊山	《当代经济研究》	2022
260	如何理解资本二重性——兼论新型政商关系的政治经济学基础	张开	《教学与研究》	2020
261	马克思分配理论及其中国化的创新成果	张雷声	《政治经济学评论》	2022
262	中国生产与分配制度逻辑的变迁及经验——兼论增长与共享协同的共同富裕	张磊 刘长庚	《政治经济学评论》	2025
263	开拓政治经济学中国话语新境界——中国民营经济理论的创新发展	张菀洺 刘迎秋	《中国社会科学》	2021
264	功能性与规模性收入分配关系的实证分析：马克思经济学视角	张衔 蒙长玉	《社会科学战线》	2017
265	对置盐定理的批判性解构	张衔 薛宇峰	《中国社会科学》	2020
266	人工智能技术条件下"人的全面发展"向何处去——兼论新技术下劳动的一般特征	张新春 董长瑞	《经济学家》	2019
267	有效市场和有为政府有机结合——破解"市场失灵"的中国方案	张新宁	《上海经济研究》	2021
268	习近平关于新发展阶段、新发展理念、新发展格局的重要论述及其原创性贡献	张兴祥 洪永淼	《经济社会体制比较》	2022
269	当代中国马克思主义政治经济学的哲学智慧	张雄	《中国社会科学》	2021
270	《资本论》是光辉的政治经济学著作——驳《资本论》哲学化	张旭 常庆欣	《当代经济研究》	2019

续表

序号	题目	作者	刊物	年份
271	垄断资本学派论当代经济金融化	张雪琴	《马克思主义与现实》	2021
272	壮大集体经济、实施乡村振兴战略的原则与路径——从邓小平"第二次飞跃"论到习近平"统"的思想	张杨 程恩富	《现代哲学》	2018
273	论公有制与市场经济的有机结合	张宇	《经济研究》	2016
274	中国特色社会主义政治经济学的历史性贡献	张宇	《中国社会科学》	2024
275	经济高质量发展	张占斌 毕照卿	《经济研究》	2022
276	收入分配、政府支出结构和增长体制的政治经济学分析	赵峰 谭璇	《经济学动态》	2021
277	"我不是马克思主义者"的方法论意蕴——基于《资本论》的方法论	赵磊	《政治经济学评论》	2018
278	马克思主义政治经济学何以"实证"	赵磊	《政治经济学评论》	2020
279	资本主义智能化生产的马克思主义政治经济学分析	赵敏 王金秋	《马克思主义研究》	2020
280	数字技术与当代生产方式新变化问题研究	赵敏 王金秋	《政治经济学评论》	2022
281	中国农村集体经济70年的成就与经验	赵意焕	《毛泽东邓小平理论研究》	2019
282	"双循环"新发展格局的马克思主义政治经济学分析	郑尚植 常晶	《当代经济管理》	2021
283	国民经济三大部类结构演化规律——马克思的社会再生产理论继承与创新	郑志国	《马克思主义研究》	2017
284	社会主义市场经济条件下的资本价值	周丹	《中国社会科学》	2021
285	劳动生产率与劳动报酬能否同步提高——基于马克思经济学的分析	周建锋 杨继国	《经济学家》	2019
286	基于实践发展不断丰富完善习近平经济思想体系	周绍东	《中国高校社会科学》	2025
287	个体自由与集体禁锢：网约车平台的劳资关系研究	周绍东 武天森	《河北经贸大学学报》	2021
288	中国特色社会主义政治经济学：渊源、发展契机与构建路径	周文 宁殿霞	《经济研究》	2018

续表

序号	题目	作者	刊物	年份
289	中国特色社会主义政治经济学研究对象探析——基于马克思生产方式理论的当代借鉴	周文 代红豆	《河北经贸大学学报》	2020
290	再论新质生产力：认识误区、形成条件与实现路径	周文 许凌云	《改革》	2024
291	关于中国特色社会主义政治经济学的几点思考	周新城	《政治经济学评论》	2017
292	新自由主义的新阶段与资本主义的系统性危机	朱安东 王娜	《经济社会体制比较》	2017
293	我国国有企业在现代化经济体系建设中的作用	朱安东 孙洁民 王天翼	《经济纵横》	2020
294	新质生产力的思想史探源	朱宝清 高岭	当代经济研究	2024
295	《资本论》中的虚拟资本理论研究	朱炳元 陈冶风	《马克思主义与现实》	2019
296	西方主流经济学为何一再遭到质疑——基于哈佛大学学生罢课的分析	朱富强	《当代经济研究》	2019
297	马克思的经济发展理论与西方经济发展理论比较——兼论中国经济高质量发展的路径	朱方明 刘丸源	《政治经济学评论》	2019
298	社会主义基本经济制度的理论创新与认识升华	朱鹏华 王天义	《马克思主义研究》	2020
299	党领导建立完善社会主义市场经济体制的历程与经验	庄尚文 王庚	《审计与经济研究》	2022
300	生产结构、分配结构与宏观经济效率——基于"马克思—斯拉法"型三部类结构表的研究	邹赛	《经济思想史研究》	2023

二、学术载体影响力评价

本部分对中国政治经济学学术载体进行了影响力评价，学术载体包括学术机构和学术刊物两部分。学术载体评价是以期刊论文影响力作为文献计量依据的。一方面，通过将学术机构在研究期间内发表的政治经济学论文学术影响力进行加总，即得到该机构在政治经济学研究方面的学术影响力。另一方面，通过将期刊在研究期间内发表的政治经济学论文学术影响力进行加总，即得到该期刊在政治经济学研究方面的学术影响力。

（一）学术机构影响力评价

目前，政治经济学研究主要集中在高等院校、党校及社科院。因此，本报告将政治经济学研究机构分为四种类型进行评价，即综合类高校、财经类高校、党校和科研机构、其他类型机构。其中，综合类高校取影响力前十名，财经类高校、党校和科研机构、其他类型机构取影响力前五名（见表2-2至表2-5）。

在综合类高校中，中国人民大学政治经济学研究影响力指数与发文量均排名第一，大幅度领先于其他高校；此外，南京大学、复旦大学、北京大学、南开大学也体现出较强的研究实力。

表2-2　　综合类高校开展政治经济学研究的学术影响力
（2016—2025年）

按论文影响力排序		按论文数量排序	
序号	机构	序号	机构
1	中国人民大学	1	中国人民大学
2	南京大学	2	南京大学
3	复旦大学	3	复旦大学
4	北京大学	4	北京大学
5	南开大学	5	南开大学
6	吉林大学	6	吉林大学
7	浙江大学	7	武汉大学
8	武汉大学	8	浙江大学
9	厦门大学	9	厦门大学
10	四川大学	10	四川大学

各财经类高校开展政治经济学研究的影响力差距较大。西南财经大学影响力领先于其他地方财经类高校，上海财经大学发文量位列第一；另外，中南财经政法大学、中央财经大学、江西财经大学在影响力指数与发文量方面也表现出色，是研究政治经济学的重要力量。

表 2-3　财经类高校开展政治经济学研究的学术影响力（2016—2025 年）

按论文影响力排序		按论文数量排序	
序号	机构	序号	机构
1	西南财经大学	1	上海财经大学
2	上海财经大学	2	西南财经大学
3	中央财经大学	3	中南财经政法大学
4	中南财经政法大学	4	中央财经大学
5	江西财经大学	5	江西财经大学

在党校和科研机构中，中国社会科学院和中共中央党校（国家行政学院）的学术影响力非常突出。其中，中国社会科学院影响力与发文量均位列第一并且遥遥领先，表现出极强的引领力和政治经济学研究实力。但是从总体上看，地方党校和地方社科院的政治经济学研究水平仍然有待提高，政治经济学研究机构的学术影响力有待进一步提升。

表 2-4　党校及科研机构开展政治经济学研究的学术影响力（2016—2025 年）

按论文影响力排序		按论文数量排序	
序号	机构	序号	机构
1	中国社会科学院	1	中国社会科学院
2	中共中央党校（国家行政学院）	2	中共中央党校（国家行政学院）
3	上海社会科学院	3	上海社会科学院
4	中国宏观经济研究院	4	中国宏观经济研究院
5	浙江省委党校	5	浙江省委党校

在其他类型机构中，排名靠前的有北京师范大学、西安交通大学、华东师范大学、福建师范大学和中国政法大学，但总体而言，这些类型机构的政治经济学研究在学术影响力上还有待提升。

表 2-5　其他类型机构开展政治经济学研究的学术影响力（2016—2025 年）

按论文影响力排序		按论文数量排序	
序号	机构	序号	机构
1	北京师范大学	1	北京师范大学
2	西安交通大学	2	西安交通大学
3	华东师范大学	3	福建师范大学
4	福建师范大学	4	华东师范大学
5	中国政法大学	5	中国政法大学

（二）学术刊物影响力评价

本报告将学术刊物分为综合类刊物、经济类刊物和马克思主义理论类刊物三种类型，并根据刊物发表政治经济学论文的总影响力和刊物发表政治经济学论文的数量两个维度进行评价。

在综合类刊物中，《改革》刊载政治经济学论文的影响力指数排名第一，《改革与战略》发文数量排名第一。入选影响力前十位、发文数量前十位的刊物还有《中国高校社会科学》《理论与改革》《内蒙古社会科学》《学习与探索》《理论月刊》《社会科学辑刊》等（见表2-6）。

表2-6 综合类刊物刊载政治经济学论文的学术影响力（2016—2025年）

按论文影响力排序		按论文数量排序	
序号	期刊	序号	期刊
1	《改革》	1	《改革与战略》
2	《中国社会科学》	2	《改革》
3	《改革与战略》	3	《人民论坛》
4	《学习与探索》	4	《学习与探索》
5	《新疆师范大学学报（社会科学版）》	5	《教学与研究》
6	《社会科学辑刊》	6	《理论月刊》
7	《理论与改革》	7	《内蒙古社会科学》
8	《中国高校社会科学》	8	《中国高校社会科学》
9	《理论月刊》	9	《社会科学辑刊》
10	《内蒙古社会科学》	10	《理论与改革》

在经济类刊物中，《经济研究》刊载政治经济学论文的影响力指数排名第一，《当代经济研究》发文数量排名第一。入选影响力前十位、发表数量前十位的刊物还有《经济纵横》《经济学家》《政治经济学评论》等。近年来，政治经济学论文在学术期刊上的发文量明显增加，《河北经贸大学学报》等刊物长期坚持政治经济学研究导向，取得了良好的发展势头。此外，《政治经济学研究》《政治经济学季刊》等一批坚持马克思主义政治经济学的新刊物涌现出来（见表2-7）。

表2-7　经济类刊物刊载政治经济学论文的学术影响力（2016—2025年）

按论文影响力排序		按论文数量排序	
序号	期刊	序号	期刊
1	《经济研究》	1	《当代经济研究》
2	《当代经济研究》	2	《政治经济学评论》
3	《经济学家》	3	《经济纵横》
4	《经济纵横》	4	《经济学家》
5	《政治经济学评论》	5	《经济研究》
6	《河北经贸大学学报》	6	《海派经济学》
7	《管理学刊》	7	《河北经贸大学学报》
8	《中国经济问题》	8	《政治经济学研究》
9	《政治经济学研究》	9	《中国经济问题》
10	《当代财经》	10	《政治经济学季刊》

在马克思主义理论刊物中，《马克思主义研究》刊载政治经济学论文的影响力指数以及发文数量均排名第一。《马克思主义与现实》《马克思主义理论学科研究》等刊物在影响力和发文数量两个方面的表现都比较出色。入选影响力前十位、发文数量前十位的刊物还有《毛泽东邓小平理论研究》《红旗文稿》《世界社会主义研究》《思想理论教育导刊》等（见表2-8）。

表2-8　马克思主义理论类刊物刊载政治经济学论文的学术影响力（2016—2025年）

按论文影响力排序		按论文数量排序	
序号	期刊	序号	期刊
1	《马克思主义研究》	1	《马克思主义研究》
2	《马克思主义与现实》	2	《马克思主义与现实》
3	《马克思主义理论学科研究》	3	《马克思主义理论学科研究》
4	《毛泽东邓小平理论研究》	4	《毛泽东邓小平理论研究》
5	《思想理论教育导刊》	5	《思想理论教育导刊》
6	《社会主义研究》	6	《红旗文稿》
7	《红旗文稿》	7	《科学社会主义》
8	《科学社会主义》	8	《社会主义研究》
9	《中国特色社会主义研究》	9	《中国特色社会主义研究》
10	《世界社会主义研究》	10	《世界社会主义研究》

第三部分

中国政治经济学研究进展
（2016—2025 年）

一、中国特色社会主义政治经济学学科研究

进入新时代,习近平总书记立足理论发展、实践逻辑、时代需求,提出了构建中国特色社会主义政治经济学的重大命题,强调要加强研究和探索,加强对规律性认识的总结,不断完善中国特色社会主义政治经济学理论体系,推进充分体现中国特色、中国风格、中国气派的经济学科建设。构建中国特色社会主义政治经济学学科,就是通过对中国改革发展和社会主义经济建设的成功实践进行理论概括和升华,形成与之相适应的经济范畴和经济学范式,用中国经济理论讲述中国发展故事。自党中央提出坚持和发展中国特色社会主义政治经济学,学术界围绕构建中国特色社会主义政治经济学学科进行了深入研究,形成了一些富有成效的研究成果。

(一)研究概览:基于 Cite Space 的可视化分析

通过关键词聚类分析,能够直观呈现中国特色社会主义政治经济学研究的核心主题及其内在关联。聚类结果显示,研究主题主要围绕"中国特色社会主义政治经济学""马克思主义政治经济学""马克思主义中国化时代化""以人民为中心"等核心概念展开,反映了该学科研究的理论聚焦与实践指向。这些关键词的聚集表明,当前研究不仅关注理论体系的构建与完善,还强调理论对现实经济问题的解释力和指导性。聚类结果中的主题模块相互交织,体现了学科研究的系统性与综合性,揭示了中国特色社会主义政治经济学在新时代背景下的理论创新与实践探索的紧密联系(见图 3-1)。

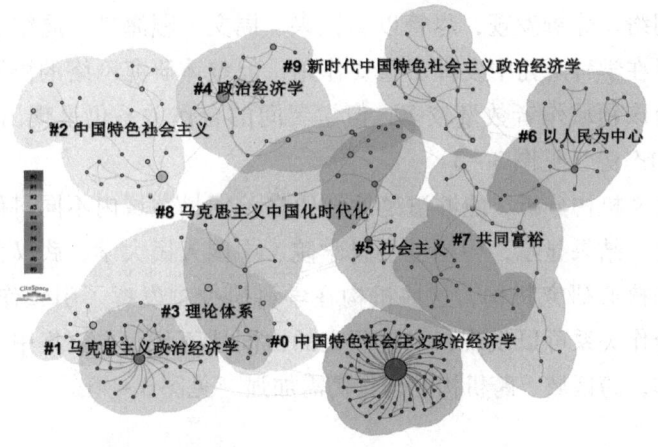

图 3-1 中国特色社会主义政治经济学学科研究的关键词聚类结果

关键词突现分析有效揭示了近年来该学科研究的热点与前沿问题。结果显示,"生产力""《资本论》""习近平新时代中国特色社会主义经济思想"等关键词的突现强度较高,表明这些议题在当前研究中占据重要地位,为开展中国特色社会主义政治经济学研究提供了指导。同时,这一分析还体现了学科研究对新时代经济社会发展新趋势的敏锐捕捉,出现了对"新时代中国特色社会主义政治经济学""新时代"等核心概念的研究。由此可见,中国特色社会主义政治经济学学科研究在不同阶段的理论关注点有所不同,并随着中国经济社会发展持续更新(见图3-2)。

关键词	年份	强度	起始年份	终止年份	2016—2024年
生产力	2016	1.95	2016	2017	
新时代	2018	6.04	2018	2019	
习近平新时代中国特色社会主义经济思想	2018	3.54	2018	2021	
新时代中国特色社会主义政治经济学	2018	2.68	2018	2019	
理论创新	2017	1.42	2018	2019	
国家主体性	2019	1.76	2019	2021	
《资本论》	2017	1.71	2019	2020	
所有制	2020	1.64	2020	2021	
党的领导	2021	1.48	2021	2024	
习近平经济思想	2017	2.64	2022	2024	

图3-2 中国特色社会主义政治经济学学科研究的关键词突现结果

代表性作者图谱集中展示了在该学科领域具有重要影响力的代表性作者及其合作网络。分析发现,尽管以洪银兴、周文、顾海良、周绍东等为代表的部分学者在学科研究中发挥了重要作用,但整体研究网络的协同性仍有待提升。尽管该领域作者数量较多,但学者间的合作关系仍呈现出"小聚集、大分散"的态势(见图3-3)。

通过发文机构分析,能够清楚地知悉在该学科领域内不同科研机构的实力与影响力。结果显示,中国社会科学院、中国人民大学、武汉大学等机构是该领域的核心研究机构,这些机构在学科研究中发挥了引领作用。然而,从机构间合作关系可以发现,当前研究的协同性不足,主要集中于同地区或同机构合作,跨区域、跨机构的合作仍需加强(见图3-4)。

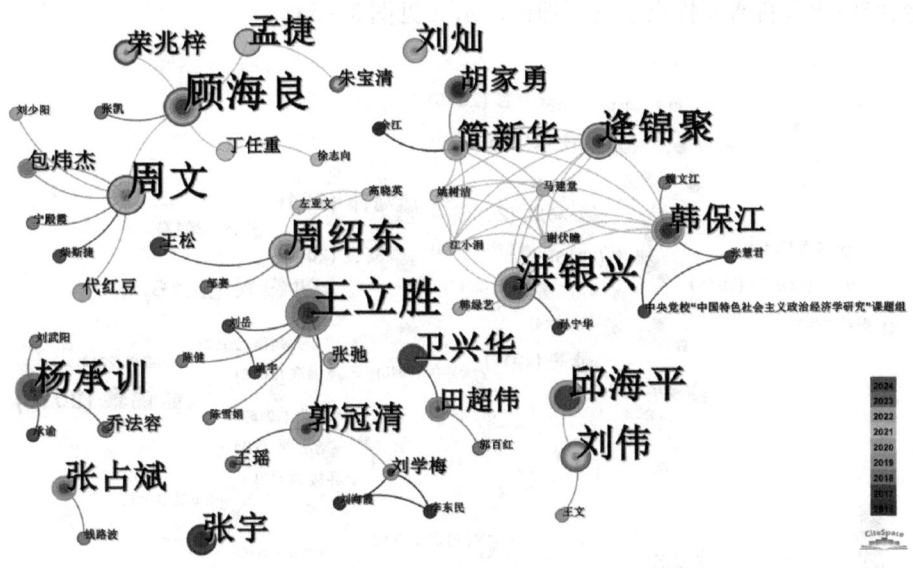

图 3-3　中国特色社会主义政治经济学学科研究的代表性作者

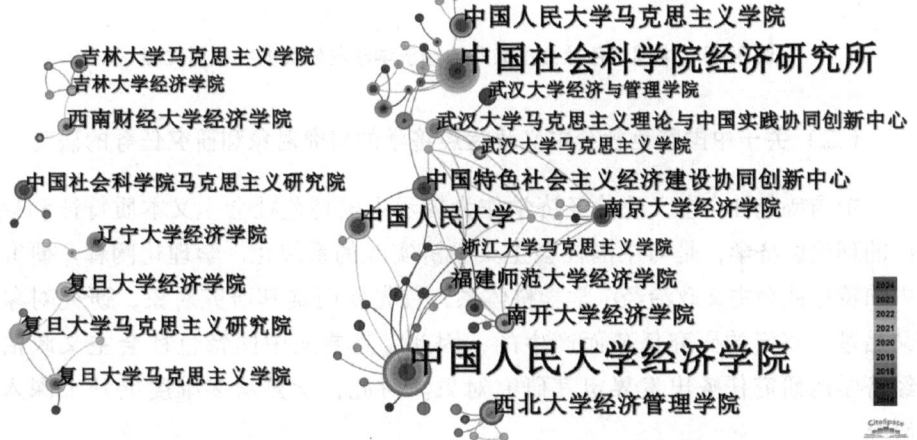

图 3-4　中国特色社会主义政治经济学学科研究的代表性机构

共被引图谱则表明了该主题的代表性文献。其中,《以创新的理论构建中国特色社会主义政治经济学的理论体系》(洪银兴,2016)、《在马克思主义与中国实践结合中发展中国特色社会主义政治经济学》(刘伟,2016)、《经济发展新常态中的主要矛盾和供给侧结构性改革》(逄锦聚,2016)等文章受到重点关注。上述研究基本涵盖了中国特色社会主义政治经济学研究对象、研究任务、学科定位和建设路径等方面的内容,为深化中国特色社会主义政治经济学学科研究提供了重要理论启示（见图3-5）。

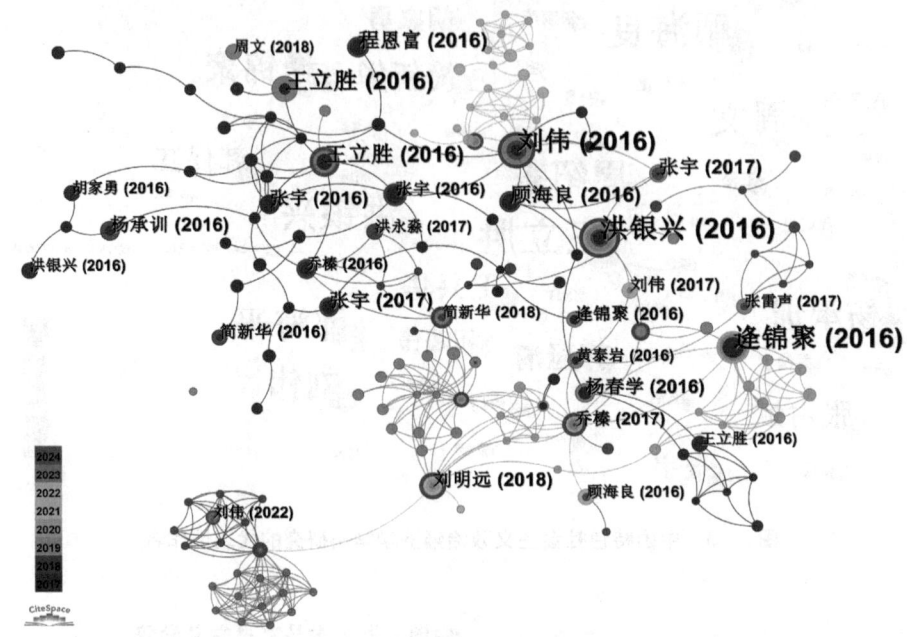

图3-5 中国特色社会主义政治经济学学科研究的共被引文献

（二）关于中国特色社会主义政治经济学的研究对象和研究任务的研究

中国特色社会主义政治经济学作为揭示中国特色社会主义本质特征和规律的理论经济学，是对中国社会主义经济实践的系统化、学理化阐释。研究中国特色社会主义政治经济学学科体系，首先要明确其研究对象，研究对象又是基于特定的研究任务而产生的，因此，需要从中国特色社会主义政治经济学的研究任务出发界定其研究对象。对此，学界从多维度展开了深入研究。

第一，研究任务是研究对象确立的基石，围绕中国特色社会主义政治经济学的研究任务，学界进行了深入研究。荣兆梓（2021）认为，中国特色社会主义政治经济学体系建设的首要任务是：依据中国特色社会主义实践，凝练与资本主义政治经济学体系中"资本"范畴相对应的、体现社会主义生产方式本质特征的主体范畴（核心范畴），然后围绕这一范畴逐层展开社会主义政治经济学范畴体系的全部内容。刘伟和邱海平（2022）指出，中国特色社会主义政治经济学的根本任务是为坚持和发展中国特色社会主义提供理论支撑和政策服务。裴长洪（2022）认为，中国特色社会主义政治经济学要回答什么是中国特色的社会主义经济，怎样建设这样的经济；目的是分析和总结新中国70多年社会主义经济建设的经验和教训，论证它的基本规律。白永秀和刘盼（2024）强调，中国特色社会主义政治经济学作为马克思主义政治经济学中国化时代化的产物，是对中国特色社会主义最本质特征和规律的抽象理论阐释，从中国经济发展实际看，它包含着双重研究任务：一是研究如何解放和发展社会主义生产力；二是研究如何建立没有剥削并达到共同富裕的社会主义生产关系。

第二，在研究任务基础上，学界进一步围绕研究对象展开深入研究，形成了诸多具有代表性的观点。一是以生产方式为研究对象。余斌（2017）认为，研究对象的确定应该更好地与研究目的的实现相贴合，为了科学呈现社会主义初级阶段的发展历程，应将研究对象的核心界定为"社会主义初级阶段的具有中国特色的多种生产方式"。孙立冰（2019）强调，要科学回应西方资产阶级经济学关于研究对象的挑战，就必须在理论层面正确反映和客观研究"中国特色社会主义生产方式"，体现其时代的探索性特点。二是以生产关系为研究对象。周新城（2018）认为，由于我国正处于社会主义初级阶段，中国特色社会主义政治经济学研究对象应被界定为"包含多层次内容的生产关系"，并将其细分为社会经济关系和组织经济关系。三是研究生产关系的同时也要研究生产力。黄泰岩（2016）认为，科学回答建设什么样的社会主义和如何建设社会主义，不仅仅涉及生产关系，更重要的是发展生产力，必须依据新的历史使命与时俱进地把生产力纳入研究对象。卫兴华（2017）从政治经济学所面临的时代任务差别出发，论证研究对象应该包含生产力，即从理论上研究怎样更好更快地发展社会生产力。程承坪（2017）亦认为，中国特色社会主义政治经济学的研究对象是社会主义中国的生产关系及其调整。四是以当代中国经济实践出现的新特征为研究对象。罗丽娟和李鹏（2018）认为，政治经济学本质上是历史的科学，研究对象应该体现出与时俱进的历史特征，故而提出以"中国特色社会主义"为研究对象。王立胜和郭冠清（2022）指出，唯物主义历史观是中国特色社会主义政治经济学的哲学基础，在生产关系和生产力之间存在"中介范畴"生产方式，生产力—生产方式—生产关系基本原理是其核心命题。亓为康（2022）从服务社会主义经济实践的目标出发，指出中国特色社会主义政治经济学研究对象的外延相较于传统政治经济学明显拓宽，它不仅包括与社会主义生产组织方式相适应的生产关系，还应该包括社会主义生产力发展，以及代表上层建筑的社会主义国家。

（三）关于中国特色社会主义政治经济学逻辑起点和研究主线的研究

逻辑起点是构建理论体系的出发点，是学科结构和体系最简单、最抽象的起始范畴和对象。逻辑起点的发展性，使学科理论体系的生成从自发转向自觉；逻辑起点的不同规定性，决定了学科理论体系性质的差异；逻辑起点的合理性，制约着学科理论体系的推演。逻辑起点确立后，便可在此基础上构建研究主线，形成完备成熟的理论体系。

随着社会主义经济的发展以及研究的不断深入，为确立社会主义政治经济学的逻辑起点，理论界作出了积极探索。周绍东和王松（2017）认为，可以采用"中国特色社会主义商品"作为逻辑起点，在中国特色社会主义市场经济体制中，商品内在矛盾的展开，既具有商品经济一般中的共性特点，又具有不同于资本主义商品流通过程的个性特点，这同样体现在货币、资本、生产、流通和分配等各个方面，以此为逻辑顺序，可以完成中国特色社会主义政治经济学理论体系的构建。白暴力等（2017）则认为，党的十八大以来，以习近平同志为核心的党中央所提出的"人民主体论"是对马克思主义政治经济学的丰富和发展，构成了中国特色政治经济学体系的逻辑起点。王朝科（2018）则认为，中国特色社会主义政治经济学是以促进实现全体人民共同富裕为核心的规律体系。因此，中国特色社会主义政治经济学的逻辑起点必然是剩余产品。王丰（2021）通过借鉴马克思主义经济细胞学说，遵循习近平新时代中国特色社会主义思想的"人民立场"，主张将"为人民的劳动"确立为中国特色社会主义政治经济学的理论起点。朱鹏华等（2022）以马克思主义政治经济学的逻辑起点与理论主线的确立方法为指导，综合研究对象、构建方法和中国特色社会主义经济的本质特征，提出党的领导是中国特色社会主义政治经济学的逻辑起点。谢富胜和康萌（2023）认为，中国特色社会主义政治经济学的逻辑起点仍是商品，商品生产和交换的内在价值规律外在表现为竞争规律，促使企业生产方式变革，并在经济循环中形成广泛的社会关系，表现为各种经济范畴，从而具有内在联系的中国特色社会主义理论体系以商品为起点得以构建，具有自身的特殊性。

围绕中国特色社会主义政治经济学的研究主线，现有研究从不同维度进行了探索。李济广（2019）认为，中国特色社会主义经济学必须遵循社会主义政治经济学的基本原则，以公有制为主线，这是社会主义经济制度的基本内涵所决定的。王一钦（2022）则提出，中国社会主义经济建设的具体历史条件，决定了中国特色社会主义政治经济学理论体系建设的逻辑起点，是建立在落后国家建设社会主义的特殊历史条件基础之上的，即劳动者与生产资料的结合方式，而跨越资本主义建设社会主义，在经济发展中不断增添社会主义要素则构成中国特色社会主义政治经济学的逻辑主线。余斌（2023）指出，中国特色社会主义政治经济学首先要说明的是，中国特色社会主义是处于初级阶段的社会主义。也正是因为中国特色社会主义处于社会主义初级阶段，党的十一届三中全会才会在完成政治上的拨乱反正之后，决定把全党的工作重点转移到社会主义现代化建设上来。因此，中国式现代化才是中国特色社会主义政治经济学的逻辑主线。谢富胜和杜欣林（2023）主张，中国特色社会主义政治经济学理论体系在历史发展维度上可以构建相应的"原理论—阶段论—战略政策论"；在系统内部，各个层次的理论内容则围绕"生产方式—经济循环—经验现象"的逻辑主线辩证展开。

（四）关于中国特色社会主义政治经济学学科定位的研究

学科定位对于学科建设而言至关重要。明确学科定位能清晰界定学科的研究对象、范畴与边界，让研究者清楚知道学科的核心内容与外延，避免研究的盲目性和无序性，使学科研究更具针对性和聚焦性。

围绕中国特色社会主义政治经济学的学科定位，学者们从不同维度进行了探索。洪银兴（2016）分别从生产力和生产关系角度对其进行学科定位，他认为中国特色社会主义政治经济学在生产关系上属于社会主义初级阶段的政治经济学，在生产力上属于中等收入发展阶段的政治经济学。王立胜（2016）则从其概念本身语义指出，中国特色社会主义政治经济学包括三个层面的含义：第一，它属于政治经济学，它是政治经济学范畴中的一种；第二，它是社会主义政治经济学，区别于资本主义政治经济学；第三，它是中国特色社会主义政治经济学，区别于其他国家的社会主义政治经济学，是中国特色的，强调的是中国。张宇（2017）明确提出，中国特色社会主义政治经济学是中国特色社会主义的政治经济学，而不是中国特色的社会主义政治经济学，前者的重点在于中国特色社会主义经济，强调的是中国特色；后者的重点在于社会主义经济，强调的是社会主义经济的一般。对此，杨角和岳宏志（2017）也指出，中国特色社会主义政治经济学是当代中国的马克思主义政治经济学，它作为马克思主义基本原理与中国经济社会具体实践相结合的产物，是马克思主义政治经济学进一步的升级和发展，同时也是对中国特色社会主义经济建设以来，中国在经济实践当中所积累的经验系统化、理论化，具有丰富的中国元素和鲜明的中国特色。

（五）关于中国特色社会主义政治经济学学科体系建设路径的研究

学科体系的建设是一项长期且艰巨的过程，它需要理论体系、话语体系等的支撑。对此，党的十八大以来，围绕如何推动中国特色社会主义政治经济学学科体系建设，学者们从多角度开展了深入且广泛的研究，大体形成了以下四类观点。

第一，坚持对马克思主义政治经济学的继承、发展与创新来推动学科体系建设。高帆（2016）强调，构建中国特色社会主义政治经济学，首先要对传统的马克思主义政治经济学进行创新，包括以下三个可能路径：一是论证新格局下马克思主义政治经济学某些理论的适用性；二是立足于马克思主义政治经济学的科学内涵阐释新的实践；三是汲取不同经济学的比较优势形成更具综合性的理论体系。

第二，将马克思主义政治经济学与中国特色社会主义经济实践相结合来推动学科体系建设。贺卫华（2017）结合我国经济发展进入新常态以来，改革开放发展实践中出现了许多新情况、新问题，提出要在改革开放实践中创新和发展马克思主义政治经济学，建构中国特色社会主义政治经济学。具体而言，要不断拓展中国特色社会主义政治经济学的研究对象与任务，概括总结、提炼升华我国改革开放实践中的新问题、新材料和新事实，以及建构中国特色社会主义政治经济学的理论体系和话语体系。

第三，通过总结提炼中国特色社会主义的伟大实践来推动中国特色社会主义政治经济学学科体系建设。周文（2016）指出，不能拘泥于过去的条条框框，更不能按照原来的政治经济学体系去构建新的理论体系，同时也不能简单化地诠释经典原著，而必须结合现实，从中国实践的经验中提炼出规律性的系统化理论，并且能够对未来世界的发展提出中国方案，贡献中国价值、中国智慧。乔榛（2017）则指出，吸收马克思主义政治经济学的重要思想，借鉴西方经济学的有益成果，更重要的是探究中国特色社会主义道路，这是最终构建中国特色社会主义政治经济学理论体系的理论支点和现实依托。杜永峰（2021）认为，构建中国特色社会主义政治经济学理论体系，是提炼和总结我国社会主义经济建设实践经验和规律性成果的历史逻辑，也是提升中国特色经济学科解释力、影响力和话语权的内在诉求。在建构过程中，应当遵循马克思主义政治经济学的基本理论和根本方法，直面中国特色社会主义政治经济学理论体系建构的诸多重大理论与现实问题，应以学理维度为本、以术语维度为用、以方法维度为基、以时代维度为实和以创新维度为魂。

第四，通过完善理论体系建构方法论来推动学科体系建设。孙浩进（2023）指出，从建构一种成熟理论形态的标准来考量，当前中国特色社会主义政治经济学研究，还未完全概括出通用的学术体系和话语体系，仍存在理论研究中"标签化"、政策研究中"边缘化"、研究范式的"虚化"等问题。唯有建构起涵盖生产关系维度上"致用"、生产力维度上"实用"、生产关系与生产力互动演化维度上"适用"等核心范畴的中国特色社会主义政治经济学的方法论体系，才能够增强对经济实践的理论解释力。

二、习近平经济思想研究

2017 年中央经济工作会议首次提出了"习近平新时代中国特色社会主义经济思想"（以下简称"习近平经济思想"）。习近平经济思想作为新时代中国特色社会主义理论体系的重要组成部分，是马克思主义政治经济学中国化时代化的最新成果，为我国经济高质量发展提供了科学指导。近年来，随着中国特色社会主义进入新时代，习近平经济思想的研究逐渐成为学术界和实践领域的热点话题。通过对相关文献的梳理与分析，可以更好地把握该思想的理论内涵、发展脉络以及实践意义。

（一）研究概览：基于 Cite Space 的可视化分析

关键词聚类分析是揭示研究热点及其内在关联的重要方法。通过对习近平经济思想相关文献的关键词进行聚类分析，可以直观地呈现该领域的主要研究主题及其相互关系。聚类结果显示，关键词主要集中在"习近平经济思想""中国式现代化""中国特色社会主义""供给侧结构性改革""马克思主义生产力理论"等主题。这一结果表明，当前研究不仅聚焦于习近平经济思想的理论内涵，还强调其在新时代背景下的实践价值和发展方向。整体来看，聚类分析揭示了习近平经济思想研究的核心议题，为进一步深入探讨提供了基础框架（见图 3-6）。

关键词突现分析能够揭示研究领域的阶段性热点和前沿话题。本书通过筛选 2016—2025 年相关 CSSCI、北大核心和 AMI 文献，运用 Cite Space 中的 Brustness（突现度）功能生成关键词突现图谱。结果显示，"经济思想""习近平""新常态""政治经济学""发展理念"等关键词突现强度较高。这

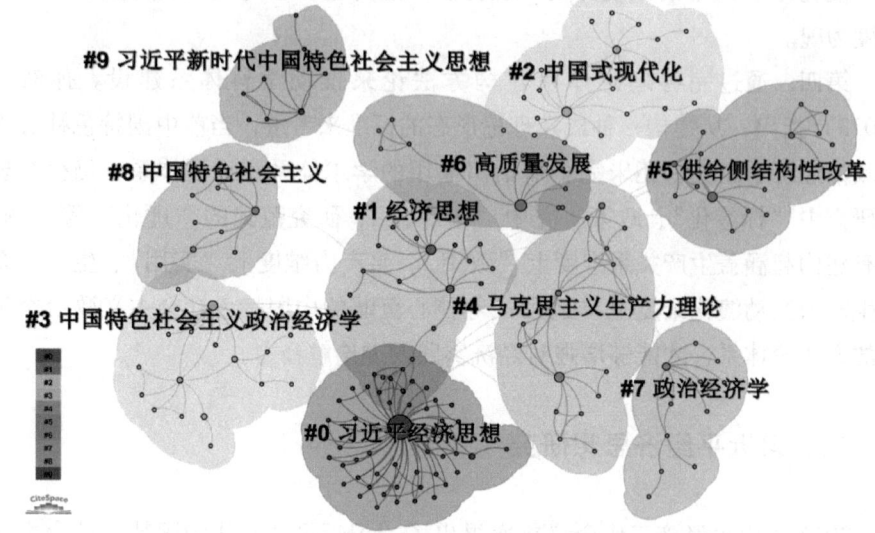

图3-6 习近平经济思想研究的关键词聚类结果

表明当前及未来阶段的研究热点将集中在以经济思想和发展理念为基础,结合数字技术和实体经济的领域。从时间维度来看,2017年成为研究的分界点。此前,研究主要侧重于对习近平经济思想的理论解读;2017年至今,随着中国特色社会主义进入新时代,"新时代""新常态""高质量发展""中国式现代化"等成为研究热点,反映出研究主题的动态变化和时代特征。这一分析揭示了习近平经济思想研究的阶段性特征和未来发展趋势(见图3-7)。

关键词	年份	强度	起始年份	终止年份	2013—2025年
经济思想	2015	7.83	2015	2018	
习近平	2015	4.39	2015	2018	
新常态	2015	2.67	2015	2017	
政治经济学	2016	2.20	2016	2017	
发展理念	2016	1.61	2016	2017	
习近平新时代中国特色社会主义经济思想	2018	3.13	2018	2021	
以人民为中心	2018	1.90	2018	2021	
新时代	2017	1.55	2018	2022	
中国式现代化	2021	3.23	2023	2025	
高质量发展	2019	2.73	2023	2025	

图3-7 习近平经济思想研究的关键词突现结果

除此之外，核心作者分析能够揭示某一研究领域内关键学者及其合作网络。通过对习近平经济思想研究领域的发文作者进行共现分析，生成作者合作网络图。分析发现，当前该领域的作者数量较多，但学者间的合作数量相对较少，合作关系较为稀疏。尽管已形成如周文、顾海良、邓力平等小型研究团队，但仍有大量作者处于"单打独斗"的状态，研究团队之间的联系也不够紧密，呈现出"小聚集、大分散"的态势。这一现状表明，尽管已有部分核心学者在该领域发挥了重要作用，但整体研究网络的协同性不足。未来需要进一步加强学者之间的合作，形成更广泛的研究网络，以提升研究质量和影响力（见图3-8）。

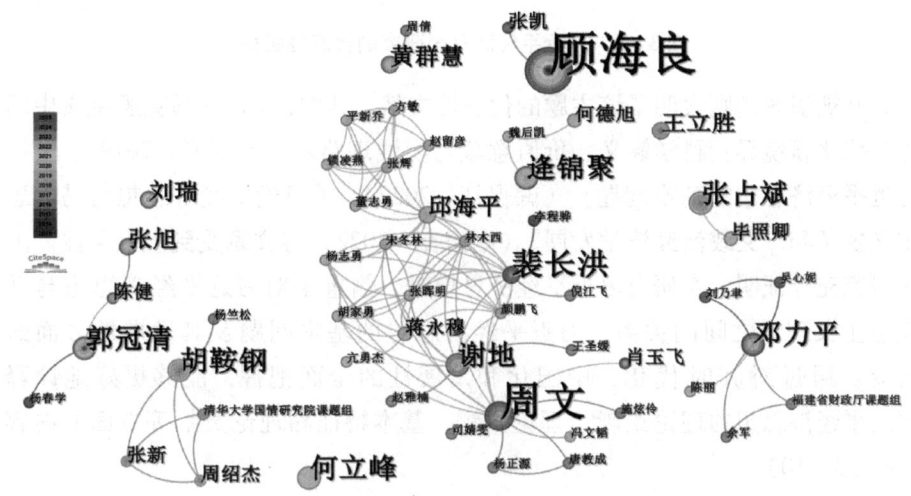

图3-8 习近平经济思想研究的代表性作者

发文机构分析能够揭示某一研究领域内不同科研机构的实力和影响力。通过对习近平经济思想研究领域的发文机构进行统计分析，生成发文机构合作图谱。结果显示，中国社会科学院、北京大学、复旦大学、中国人民大学等机构是该领域的核心研究机构。这些机构大多集中于华北和华东地区，反映出这些地区在习近平经济思想研究方面的先行优势。然而，当前机构间合作关系仍处于较低水平，跨区域、跨机构的合作较为少见。这一现状表明，尽管部分核心机构在该领域取得了显著成果，但整体研究的协同性有待提升。未来需要进一步加强不同地区和机构之间的交流与合作，整合资源，促进学术思想的碰撞与创新，为习近平经济思想的理论研究和实践应用提供更广阔的空间（见图3-9）。

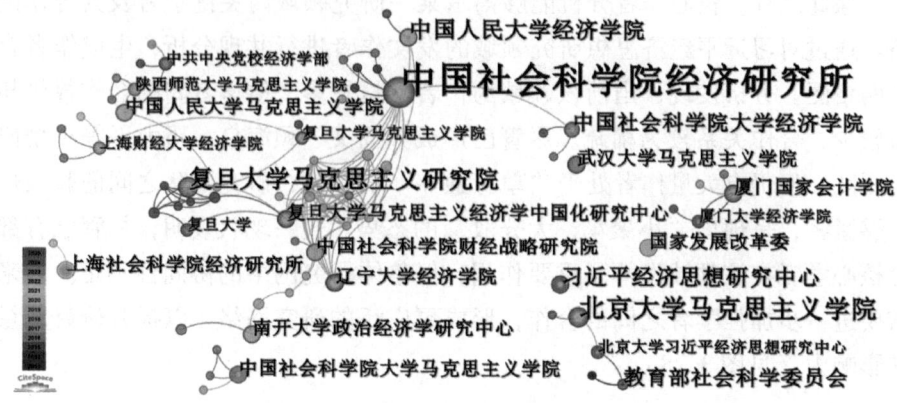

图3-9 习近平经济思想研究的代表性机构

共被引图谱则表明了该主题的代表性文献。其中,《开辟马克思主义中国化时代化新境界:科学涵义、价值意蕴与实践理路》(邱乘光,2019)、《论习近平经济思想的基本问题》(韩保江,2022)、《习近平经济思想与马克思主义狭义和广义政治经济学发展》(顾海良,2022)等文章受到重点关注。上述研究充分证明,在研究习近平经济思想时,侧重于对习近平经济思想与马克思主义理论之间的关系、习近平经济思想的基本问题及其发展性方面的研究。通过对其时代化、中国化和发展性的全面把握,能够更好地诠释习近平经济思想的理论逻辑、理论内涵、基本特征和理论贡献等方面的内容(见图3-10)。

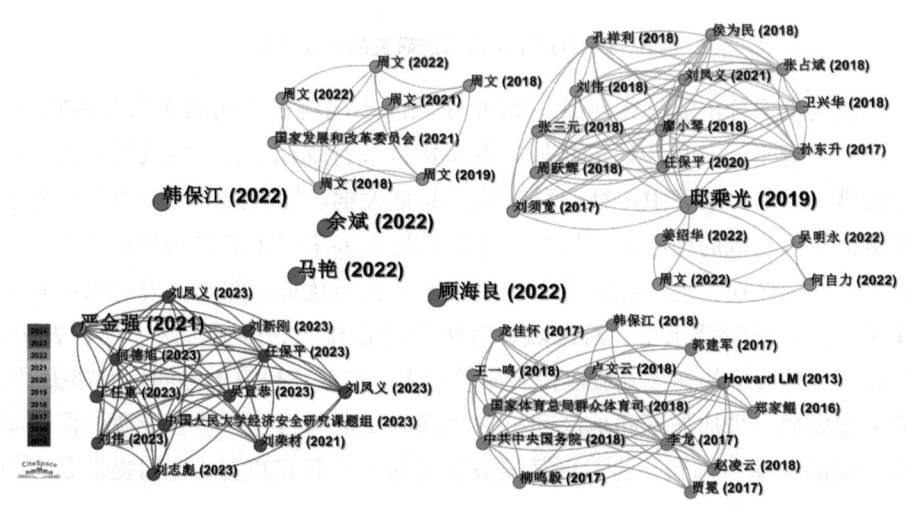

图3-10 社会主义市场经济条件下资本问题研究的共被引文献

（二）关于习近平经济思想的理论逻辑研究

作为一个完备的思想体系，习近平经济思想必然有着严密的逻辑体系。为此，学界从习近平经济思想的整体性出发，对其内在所蕴含的逻辑进行了深入研究，着重剖析其逻辑起点、逻辑主线与逻辑结构问题，系统地解读了习近平经济思想的理论体系形成与建设问题。

第一，逻辑起点是思想体系形成的基石，围绕习近平经济思想的逻辑起点问题，学界进行了深入研究，大致形成了以下几类观点。一是"历史阶段论"。方玉梅（2018）基于马克思主义政治经济学是从研究特定历史阶段的生产开始的，提出习近平经济思想的逻辑起点应当是马克思主义生产发展的阶段性特征与经济发展新常态。二是"人民本体论"。孔祥利（2018）指出，以人民为中心是习近平新时代中国特色社会主义思想的最高价值标准和奋斗追求，也成为立足于社会主义初级阶段新时代社会主要矛盾之上的习近平新时代中国特色社会主义经济思想的逻辑起点。三是"经济利益关系论"。严金强（2021）以唯物史观为方法论基础，进一步探索习近平新时代中国特色社会主义经济思想的逻辑起点为特色商品所负载的特殊价值关系，即"中国特色的经济利益关系"，并且这种利益关系中还包含了生产关系的规定性，在我国现阶段表现为不同所有制经济的利益关系、不同市场主体的利益关系、区域之间和城乡之间的利益关系等。四是"主要矛盾论"。刘荣材（2021）、乔惠波和张凯（2021）、魏郡和侯爱萍（2022）则主张将新时代中国特色社会主义主要矛盾作为习近平经济思想的逻辑起点，他们认为马克思以商品作为政治经济学的逻辑起点，是由于资本主义社会主要矛盾及与此相关的各种具体矛盾要通过商品集中体现，而在社会主义条件下，社会主要矛盾和社会生产的根本目的实现了有机的统一，社会主义主要矛盾获得了直接的独立的表现形式，不再需要通过商品曲折地表现出来。五是"经济建设中心论"。张占斌和毕照卿（2022）认为，坚持以经济建设为中心是党的基本路线和重要内容，也是习近平经济思想的逻辑基点。

第二，在逻辑起点基础上，学界进一步围绕逻辑主线展开深入研究，形成了诸多具有代表性的观点。一是"现代化发展"逻辑主线论。关凤利和孟宪生（2021）主张将"实现平衡发展"作为逻辑主线，以此反映马克思主义经济思想主题的一脉相承性、中国社会主义经济建设的客观现实性以及当前国民经济发展的问题导向。二是"'以人民为中心'的发展思想"逻辑主线论。王宝珠和马艳（2021）也提出，"以人民为中心"的经济发展能够契合新时代中国特色社会主义经济实践主题，有效反映习近平经济思想的理论本质，是习近平经济思想的理论主线。三是"七个坚持"逻辑主线论。张勇（2022）主张将"七个坚持"作为习近平经济思想的逻辑主线。

第三，学术界还从不同维度对习近平经济思想的逻辑结构展开了广泛且深入的研究，形成了诸多成果。孔祥利和赵娜（2018）指出，习近平新时代中国特色社会主义经济思想的理论框架可以概括为：一个主要内容——新发展理念；一条主线——供给侧结构性改革；三个"一以贯之"——社会主义初级阶段基本国情、党对经济工作的领导和以人民为中心的发展思想；三个转变——社会主要矛盾、经济发展状态和经济发展阶段的转变。王朝科（2019）将习近平经济思想概括为由"发展规律（原理）论—发展道路论—发展战略论—发展政策论"构成的思想体系。马建堂（2019）从方向论、目标论、主体论、认识论、方略论、动力论、底线论7个方面概括了习近平经济思想的逻辑结构。马艳、王琳和严金强（2022）从逻辑体系、基本理论、绿色发展理论和开放发展理论四个层次对习近平经济思想的逻辑架构进行深入剖析。赵建英（2023）将习近平经济思想十三个方面的基本内容概括为逻辑引领、逻辑起点、逻辑中介、逻辑终点、逻辑旨归五个部分，其中，逻辑引领是坚持和加强党对经济工作的全面领导，逻辑起点是新阶段新常态，逻辑中介是建设现代化经济体系，其由指导原则、行动指引、工作策略与方法、重要保障四个层面构成，逻辑终点是高质量发展，逻辑旨归是不断满足人民日益增长的美好生活需要。鲁品越（2023）提出，习近平经济思想通过经济建设实践的各个层面展开，形成了各个层面的经济思想：通过生产关系系统层面形成了经济制度体系与经济政策体系的经济思想；在生产力系统层面形成了新发展格局与新发展战略的经济思想；在经济环境层面形成了关于生态环境与经济安全的思想；在中国经济与世界经济关系上形成了世界经济的人类命运共同体思想。

（三）关于习近平经济思想的理论内涵和基本特征研究

习近平新时代中国特色社会主义经济思想坚持辩证唯物主义和历史唯物主义，指导我国经济发展不断取得历史性成就、发生历史性变革，科学回答了新时代我国经济建设的形势任务、战略举措、工作方法等，具有丰富的内涵。周文和方茜（2018）从"七个坚持"维度对习近平经济思想的深刻内涵进行了剖析和思考，指出"七个坚持"涵盖了经济发展需要遵循的根本原则和最终目的、经济工作的主线和总基调、经济发展新阶段的科学分析、经济资源配置方式的权衡、经济发展新战略的有效部署等多方面内容。丁兆庆（2019）指出，习近平经济思想是立足党的领导的本质论，聚焦以人民为中心的价值论，坚持适应、把握和引领经济发展新常态认识论，坚持市场经济体制改革的核心、经济工作的主线和主基调的实践论和方法论的科学思想。韩保江（2022）则从新时代中国为什么发展、实现什么样的发展、怎样实现高质量发展、如何保障高质量发展对习近平经济思想的基本问题进行了剖析。蒋永穆和亢勇杰（2022）围绕"经济发展为谁服务""谁来领导经济工作""新时代如何促进经济发展""用什么方法开展经济工作"四个方面，探究了习近平经济思想的内涵。裴长洪（2024）将习近平经济思想的理论内涵概括为四部分：社会主义社会的基本经济理论、新时代我国经济建设规律的理论、中国与世界经济关系的理论和习近平经济思想的世界观和方法论。还有学者选择从习近平经济思想的基本问题切入探究其内涵。

围绕习近平经济思想的基本特征，现有研究从不同维度进行了总结和概括。贾绘泽（2018）认为，习近平经济思想呈现出既立足新时代中国经济发展实际，又主动地参与全球经济治理和构建广泛的利益共同体；既蕴含强烈的问题意识，又具有坚定的自信；既重视先进发展理念引领，又具有重大经济战略安排；既坚持经济发展的基本规律，又遵循经济发展的基本价值；既坚持社会主义基本方向，又重视对其他国家的经验借鉴等鲜明特征。姜锵（2018）将习近平经济思想的特征概括为科学性、实践性、创新性、系统性、针对性和辩证性。张兴祥、洪永淼（2022）将习近平经济思想的基本特征概括为"五个揭示"：揭示以人民为中心发展的核心要义；揭示党总揽全局、协调各方的领导核心作用；揭示新时代中国特色社会主义经济建设的根本要求；揭示我国经济发展新的方式、动力和方法；揭示中国式现代化新道路的选择。

此外，学界还对习近平经济思想的方法论和理论基础进行了深入研究。李楠和李源峰（2018）提出，马克思列宁主义、毛泽东思想、邓小平理论、"三个代表"重要思想、科学发展观中所包含的经济思想共同构成了习近平新时代中国特色社会主义经济思想的理论基础。邱乘光（2019）认为，习近平经济思想是以马克思主义政治经济学、毛泽东思想和中国特色社会主义经济理论为指导，对党的十八大以来推动我国经济发展变革新的实践经验的科学总结和理论概括。杨长福和谭欢（2022）指出，习近平经济思想是马克思主义政治经济学在21世纪的最新成果，在运用唯物辩证法、系统方法、历史与逻辑相统一等方法基础上，做出了原创性贡献。吴明永和呼翠翠（2022）则认为，习近平经济思想是以马克思主义基本原理为根本理论渊源，以中国化马克思主义政治经济学理论为直接理论来源,以中华优秀传统文化思想为重要思想滋养的理论创新成果。周文和肖玉飞(2022)主张习近平经济思想的理论逻辑在于既继承创新丰富发展马克思主义政治经济学,也是对西方主流经济学理论的突破与超越,实现了政治经济学的重大理论创新,不断开拓当代中国马克思主义政治经济学新境界。

(四)关于习近平经济思想的理论贡献研究

作为马克思主义政治经济学中国化时代化的最新成果,习近平经济思想对于发展和创新中国特色社会主义政治经济学、指导中国特色社会主义政治经济学实践具有重要理论贡献。围绕习近平经济思想的理论贡献,学界从三个维度展开了深入研究。

第一,习近平经济思想对马克思主义政治经济学的创新性发展。洪银兴(2021)立足中国经济发展道路,从经济发展转变之路、二元结构现代化之路、中国式现代化之路、可持续发展的绿色发展之路和基于新发展格局的开放之路五个维度考察了习近平经济思想对马克思主义政治经济学的创新发展。王璐(2023)将习近平经济思想对马克思主义政治经济学的创新性发展进行了概括:对社会主义经济发展目的理论的发展、对社会主义经济制度理论的创新发展、在社会主义经济建设中对发展理念和战略理论的完善、对社会主义市场经济理论的发展、对反贫困与共同富裕理论的完善、对社会主义对外开放理论的发展、对经济社会现代化的理论的发展,以及对经济发展工作策略和方法论的发展。

第二,习近平经济思想立足中国特色社会主义经济实践的原创性贡献。秦书生和王艳燕(2021)将习近平经济思想的原创性贡献概括为八个方面:一是提出以新发展理念为思想指引统筹经济发展全局的新要求;二是提出以稳中求进为工作总基调引领经济发展新常态的新思想;三是提出以推动高质量发展为主题转变经济发展方式的新论断;四是提出以深化供给侧结构性改革为主线完善宏观调控体系的新战略;五是提出以改革创新为根本动力培育中国经济新动能的新举措;六是提出以满足人民日益增长的美好生活需要为根本目的的新观点;七是提出以建设现代化经济体系为战略目标推动社会主义现代化建设走深走实的新谋划;八是提出以构建新发展格局为战略遵循探索经济发展的新路向。邱海平(2022)认为,习近平经济思想的原创性贡献集中表现为创新思想方法和工作方法,形成了以实事求是为核心并由一系列具体思想方法组成的思想方法体系和以坚持党的领导为核心并由一系列具体工作方法组成的工作方法体系；创造性地提出了新发展理念，为解决我国经济社会发展中存在的突出矛盾和问题，提供全新的系统理念和解决方案；创造性地提出"经济发展新常态"等一系列新的经济概念和术语，丰富和发展了中国特色社会主义政治经济学理论及体系。逄锦聚（2022）从坚持党对经济工作的战略谋划和统一领导；坚持以人民为中心，逐步实现全体人民共同富裕；坚持和发展中国特色社会主义，全面建设社会主义现代化国家，全面推进中华民族伟大复兴；坚持发展和完善社会主义基本经济制度；坚持以创新、协调、绿色、开放、共享新发展理念为引领，实现国民经济高质量发展等十五个方面对马克思主义政治经济学作出的原创性贡献进行了总结和概括。

第三，习近平经济思想对中国经济实践的指导作用。周跃辉（2018）提出用习近平新时代中国特色社会主义经济思想指导中国经济实践应当立足 8 项重点工作，主要包括坚持以供给侧结构性改革为主线，统筹推进激发各类市场主体活力、实施乡村振兴战略、实施区域协调发展战略、提高保障和改善民生水平、加快建立多主体供应、多渠道保障、租购并举的住房制度，以及推进生态文明建设等工作。胡鞍钢和周绍杰（2019）也提出，应以习近平经济思想为引领，推进着力实施创新驱动发展模式、构建全方位高水平的对外开放新格局、完善资本市场建设和构建高质量发展的体制机制等重点领域建设。

三、党的十八大以来重要会议精神研究

党的十八大以来，中国在政治、经济、社会、文化等多领域均取得了举世瞩目的成就，这一系列成就的背后，是党在历次重要会议中高瞻远瞩的战略布局与精准科学的决策引领。从理论层面来看，会议精神是马克思主义中国化时代化最新成果体现，不断丰富和发展着中国特色社会主义理论体系，为学术研究提供了全新的视角与丰富的内涵。从实践角度而言，会议精神指引着各地区、各行业的改革发展，推动着社会全面进步，在经济转型、科技创新、民生改善等诸多方面发挥着关键作用。因此，深入研究党的十八大以来的重要会议精神，对理解中国发展道路、把握未来发展方向具有极为重要的意义。

（一）研究概览：基于 Cite Space 的可视化分析

通过关键词聚类分析，能够直观呈现党的十八大以来重要会议精神研究

的核心主题及其内在关联。聚类结果显示,研究主题主要围绕"进一步全面深化改革""中国特色社会主义""中国式现代化""中国共产党""共同富裕"等核心概念展开,反映了党的十八大以来重要会议精神研究的理论聚焦与实践指向。这些关键词的聚集表明,当前研究不仅关注持续进行中的重点任务,还强调时代发展过程中产生的新问题和作出的新布局。聚类结果中的主题模块相互交织,体现了相关研究的系统性与综合性(见图3-11)。

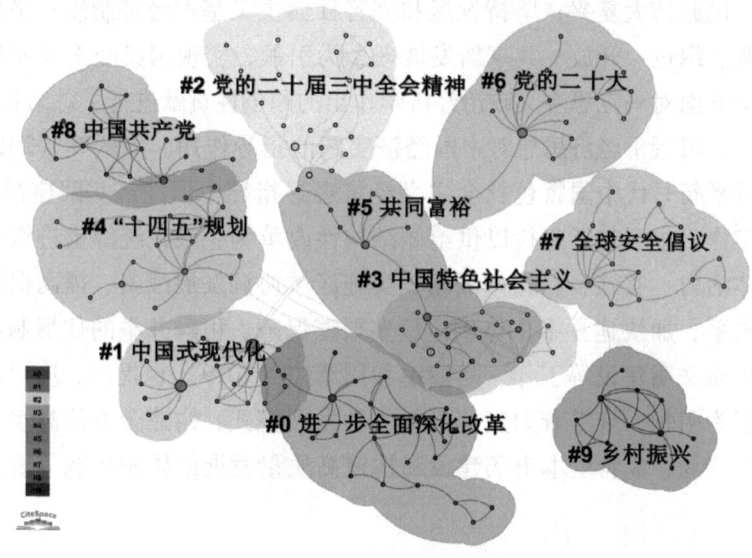

图3-11 党的十八大以来重要会议精神研究的关键词聚类结果

关键词突现图揭示了2016—2025年党的二十大精神研究的十大热点演进轨迹。2016年"中国特色社会主义"率先突现,作为基础性命题持续至2021年,贯穿五年规划研究周期。2017年集中涌现"新时代""党的十九大精神""习近平新时代中国特色社会主义思想""新发展理念",形成理论创新研究集群,其中前三个热点聚焦党的十九大理论突破,研究热度延续至2018年,而新发展理念研究持续至2020年。2019年"制度建设"突现,对应党的十九届四中全会部署,研究延续至2020年。2020年"党的十九届五中全会"成为焦点,研究跨度至2021年。2021年"高质量发展"初现,研究深化期延伸至2023年,贯穿新发展格局构建全程。2022年呈现三大研究高峰:"党的二十大"成为核心,跨年研究持续至2023年。"党的二十大报告"作为独立研究对象突现,体现纲领性文件的解读深度。"高质量发展"研究强度持续攀升,形成跨年度持续性热点。纵向观察,党的十九大系列概念在2017—2018年形成理论阐释波峰,党的十九届五中全会与党的二十大则分别构成政策研究

(2020—2021年)与战略研究(2022—2023年)两大节点,基础性命题与阶段性热点形成互补研究体系(见图3-12)。

关键词	年份	强度	起始年份	终止年份	2016—2025年
中国特色社会主义	2016	1.41	2016	2021	
新时代	2017	3.30	2017	2018	
党的十九大精神	2017	2.42	2017	2018	
习近平新时代中国特色社会主义思想	2017	1.63	2017	2018	
新发展理念	2017	1.06	2017	2020	
制度建设	2019	1.25	2019	2020	
党的十九届五中全会	2020	1.16	2020	2021	
党的二十大	2022	5.63	2022	2023	
高质量发展	2021	1.93	2022	2023	
党的二十大报告	2022	1.78	2022	2023	

图3-12 党的十八大以来重要会议精神研究的关键词突现结果

代表性作者分析图能够有效揭示在党的十八大以来历次会议精神研究领域内的关键学者及其合作网络。从图中可以看出,在该研究领域,蔡昉、刘伟等学者处于网络中心位置,表明他们在党的十八大以来历次会议精神研究中发挥了重要作用。以蔡昉、刘伟等为代表的学者与其他学者联系较为紧密,说明他们积极开展协同研究,有力地推动了对会议精神研究的不断深入。此外,部分连线较少或孤立的作者,虽然合作范围有限,但有可能在一些特定的、细分的领域开辟新的研究方向,丰富对会议精神研究的维度。总体而言,作者之间的合作关系呈现出有核心紧密合作群体,同时又存在多元分散探索的格局,这对于学术创新以及党的十八大以来历次会议精神研究成果的传播都具有积极意义(见图3-13)。

代表性机构图集中展示了在党的十八大以来历次会议精神研究方面具有影响力的科研机构及其相互关系。中国社会科学院及其下属多个研究所、中国人民大学及相关学院在图中位置显著,表明它们在该研究领域成果丰富,处于前列。各机构间的连线显示,围绕党的十八大以来历次会议精神研究,不同机构之间存在着广泛的交流与合作。这种合作网络有助于整合学术资源、促进知识共享,从而推动对会议精神的研究不断深入。不过,图中部分机构关联紧密,可能会使研究力量相对集中,一定程度上对研究视角的多元化发展产生限制(见图3-14)。

图3-13 党的十八大以来重要会议精神研究的代表性作者

图3-14 党的十八大以来重要会议精神研究的代表性机构

共被引图谱则表明了该主题的代表性文献。其中,《现代财政制度的构建:一个公共秩序的分析框架》(吕冰洋,2021)、《新时代加强党的政治建设的逻辑意蕴》(上官酒瑞,2019)、《政治的逻辑与新时代党的政治建设》(刘宗洪,2019)等文章受到重点关注。上述研究充分体现了党的十八大所强调的全面提高党的建设科学化水平,契合党的十八大以来党中央将政治建设摆在首位,推动全面从严治党向纵深发展的战略布局。它们不仅在理论层面丰富了党的政治建设内涵,更为各领域贯彻落实党的重要会议精神,在实践中加强党的政治领导、提升党组织政治功能、净化党内政治生态等提供了理论依据与实践指导（见图 3-15）。

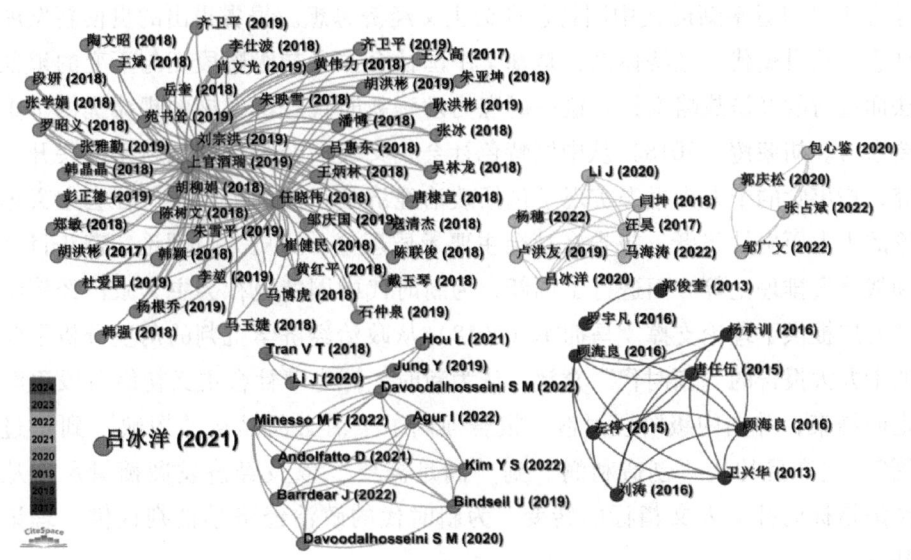

图 3-15　党的十八大以来重要会议精神研究的共被引文献

（二）关于党的十九大精神的研究

党的十九大全面回顾和总结了党的十八大以来党和国家事业的历史性变革和历史性成就，作出中国特色社会主义进入新时代、我国社会主要矛盾发生转化等重大政治判断，深刻阐述了新时代中国共产党的历史使命，确定新时代的奋斗目标和战略安排。围绕学习贯彻党的十九大精神，学者们从多维度解读其理论创新与实践部署，形成了丰富的研究成果。高尚全（2017）从改革的角度对党的十九大报告进行了解读，指出报告不仅提出了一系列新判断、新思想和新方略，还对新时代中国特色社会主义建设的方方面面进行了详尽的改革部署，是奠定未来30年改革目标及方略的重要纲领性文件。张二震（2018）从中国与世界经济关系的角度探讨了党的十九大报告的新思想，指出报告对当前世界经济的总体判断、格局演变、机遇挑战以及中国的方略提出了新理论。报告强调经济全球化是生产力发展的客观规律，逆全球化趋势源于全球经济治理体系的问题，中国应坚持推动构建人类命运共同体。杨德山和虎旭忻（2018）从社会主要矛盾转化的角度对党的十九大报告进行了解读，认为新时代我国社会主要矛盾的变化是改革开放以来党对中国特色社会主义现代化发展状况认识不断深化的结果。报告明确了解决这一主要矛盾的基本原则和基本方略，为新时代的发展指明了方向。王立胜和陈健（2018）

从政治经济学视角对党的十九大报告进行了阐释，指出新时代经济发展的指导思想是习近平新时代中国特色社会主义经济思想。报告提出的贯彻新发展理念、建设现代化经济体系，是基于中国社会主义初级阶段变与不变的辩证法而进行的经济战略安排。这一研究为理解新时代经济发展的规律提供了重要参考。胡荣涛（2018）从中国特色社会主义政治经济学的创新角度展开研究，指出党的十九大报告实现了包括政治经济学在内的中国特色社会主义理论的重大历史性飞跃。报告在社会主要矛盾理论、历史方位理论、奋斗目标和战略安排理论等方面进行了创新，为新时代中国特色社会主义政治经济学的发展提供了理论支撑。马拥军（2018）从政治经济学批判的角度分析了党的十九大报告的"新时代"意涵，认为新时代标志着社会主义初级阶段逐渐走向结束，并向中级阶段过渡。报告强调了生活必需品从"短缺"到"过剩"、生产目的从"创造利润"到"满足需要"以及经济发展衡量尺度从经济指标向社会人文指标的转变，为新时代的政治经济学批判提供了理论基础。

（三）关于党的十九届四中全会精神的研究

自党的十九届四中全会通过《中共中央关于坚持和完善中国特色社会主义制度、推进国家治理体系和治理能力现代化若干重大问题的决定》（以下简称《决定》）以来，学术界围绕其核心精神展开了多维度研究。李君如（2019）最早从制度建设的战略部署切入，指出《决定》通过"分三步走"目标明确了制度完善与治理能力现代化的实践路径，为后续研究提供了宏观框架。白永秀（2020）率先探讨了党的十九届四中全会对社会主义市场经济体制的理论创新，提出将市场经济体制上升为基本经济制度是突破性贡献，其内涵覆盖所有权、分配制度等六方面，为市场经济与社会主义深度融合奠定基础。蒋立山（2020）则从法治视角分析社会治理现代化，强调党的十九大至四中全会期间社会治理逻辑转向"公平正义优先"，法治路径需与党的领导、道德治理协同推进。逄锦聚（2020）进一步呼吁经济学研究需回应制度优势转化、分配正义等重大命题，推动理论与实践相结合。阎树群与高微（2020）通过梳理新中国70年制度建设历程，提出党的十九届四中全会标志着中国特色社会主义制度进入"成熟定型"阶段，其制度图谱的构建深化了对国家治理规律的认识。王晓青（2024）基于政策文本分析金融数据治理，提出"数据价值挖掘"与"安全隐私保护"双核并重的治理框架，为数字经济时代制度创新提供了新思路。

（四）关于党的十九届五中全会精神的研究

党的十九届五中全会是在我国全面建成小康社会、开启全面建设社会主义现代化国家新征程的关键时期召开的一次重要会议，引发了学术界广泛而深入的研究。部分学者针对建议中的具体论述展开了多维解读。朱哲和刘佳怡（2021）立足《资本论》中生产力与生产关系理论，从劳动要素集中度、劳动资料工业化程度、财富分配方式等维度论证了全面建成小康社会的历史必然性，为全会精神提供了经典理论支撑。蒋茜和林银锋（2021）聚焦构建新发展格局，梳理了学界对其重大意义、科学内涵与实践路径的研究进展，强调该格局是应对国际环境变化、激活内需潜力的战略选择。杨文华和王竹（2021）从生态文明视角切入，结合"两山"理论阐释了党的十九届五中全会提出的生态治理路径，主张通过培育"生态人"、发展绿色生产力构建全球生态共同体。黄润秋（2021）进一步强调生态环境高水平保护与经济高质量发展的协同性，指出"十三五"时期生态治理经验为"十四五"规划提供了实践基础。此外，还有部分学者选择围绕党的十九届五中全会建议进行整体性研究。卢黎歌和李华飞（2021）对党的十九届五中全会建议进行了整体性解读，揭示其通过"三大板块十五部分"的结构设计实现人民立场与战略布局的统一，强调系统思维在政策制定中的核心地位。严书翰（2021）凝练全会精神核心要义为"三新"逻辑，即新发展阶段的历史方位、新发展理念的指导原则、新发展格局的实施路径，并强调党的全面领导与深化改革的关键作用。

（五）关于党的十九届六中全会精神的研究

党的十九届六中全会通过的《中共中央关于党的百年奋斗重大成就和历史经验的决议》（以下简称《决议》），引发了学术界多维度、深层次的解读与研究。在生态文明建设维度，邵光学（2022）将中国共产党百年生态文明建设划分为"孕育萌芽、初步探索、逐步发展、全面深化"四个阶段，提出生态文明建设的核心经验在于"坚持党的领导、人民至上、开拓创新、胸怀天下"，并建议从加强党的领导、完善制度体系、深化国际合作等方面推进未来生态治理。在治国理政维度，邹安乐（2022）指出，战略思维是新时代治国理政的核心方法论，其科学性体现为"战略坚定性与策略灵活性""谋当下与谋未来"等四对关系的统一。他强调，要从理论、方法、实践三方面协同推进，全面提升战略思维。还有学者从党的基本纲领入手开展研究。刘伟和范欣（2022）从马克思主义中国化视角出发，论证了党的基本纲领始终坚持以"为人民谋幸福、为民族谋复兴"为内核，指明其经济思想演进遵循生产关系变革的逻辑，其中习近平新时代中国特色社会主义经济思想更是开辟了马克思主义新境界。也有学者立足"两个确立"展开解读。方福前（2022）认为，"两个确立"是党百年奋斗经验的凝练，其决定性意义源于马克思主义中国化的实践逻辑，即"立足国情、回应时代之问"。更有学者抓住报告中的"坚持人民至上"论断，对其进行了深入解读。马俊峰和尹文华（2022）从思想渊源、文化根基、现实矛盾、全球视野四重逻辑，阐释"坚持人民至上"的历史经验，强调其作为中国特色社会主义精神财富的永恒价值。

（六）关于党的二十大精神的研究

党的二十大报告作为新时代全面建设社会主义现代化国家的纲领性文件，在学术界引发多维理论阐释与实践路径探讨。程恩富（2022）从马克思主义哲学、政治经济学与科学社会主义三重维度解析党的二十大理论创新，强调其是对马克思主义基本原理的继承与发展，尤其在习近平新时代中国特色社会主义思想的世界观与方法论层面实现突破。张神根（2023）系统阐释了中国式现代化的核心框架，指出其以全面建设社会主义现代化国家为主题，明确五大中国特色、本质要求、重大原则，并通过"五位一体"总体布局构建系统性政策体系，凸显党的领导在现代化进程中的核心地位。裴长洪和倪江飞（2023）认为，中国式现代化理论是马克思主义中国化时代化的标志性成果，其本质在于突破西方单一模式桎梏，通过驾驭资本逻辑与坚持独立自主方针实现现代化文明的多样性，为人类命运共同体提供中国方案。共同富裕作为中国式现代化的核心目标，蒋南平和李艳春（2023）基于马克思主义共同富裕理论提出制度保障与生产力协同发展的实践逻辑。孙博文（2023）聚焦城乡融合困境，揭示要素流动障碍与公共服务失衡是城乡差距的深层症结，主张以县域融合为切入点完善要素市场化配置机制。数字经济与乡村振兴协同路径方面，谢德城和涂明辉（2023）论证了数字经济能通过生产、治理、生态等多维效应赋能乡村振兴，但受制于制度滞后与人才短缺，需构建数字乡村规则体系与人才培育机制。李文秀和刘俊杰（2023）通过微观数据验证数字普惠金融可提升居民消费并缓解不平等，强调需针对中西部与低教育群体制定差异化政策。现代化经济体系层面，孙智君等（2023）从结构、组织、技术、金融四维度解析现代化产业体系，提出以先进制造业与产业链韧性为核心提升全球竞争力。金融改革层面，赵恒等（2023）则通过 DSGE 模型揭示法定数字货币对商业银行的潜在冲击，建议通过货币政策对冲存款替代风险。文化建设与生态治理的创新逻辑中，唐皇凤和覃之桉（2024）通过文本分析指出，党的文化建设话语从"服务政权"向"文化自信"转型，体现政治引领与文化自觉的双重驱动。生态环境建设层面，孙建华（2024）则提出中国式现代化生态观以"人与自然和谐共生"颠覆西方对立逻辑，需通过绿色生产力与生态文明体制改革释放发展活力。

（七）关于党的二十届三中全会精神的研究

党的二十届三中全会报告作为进一步全面深化改革、推进中国式现代化的纲领性指引，引发了学术界广泛研究。现有文献聚焦全会的历史意义、理论创新与实践路径，主要体现为以下维度：其一，党的二十届三中全会的历史定位与政治意蕴。龚云和朱莹（2024）从改革开放史、现代化史与社会主义发展史三重维度阐释其里程碑意义，强调全会标志着改革进入新阶段，为人类现代化提供新范式。武力与曲冠青（2024）通过梳理党的十一届三中全会至党的二十届三中全会的改革脉络，指出党的二十届三中全会是新时代深化经济体制改革、推进中国式现代化的关键节点。其二，中国式现代化的理论深化与实践逻辑。洪晓楠（2024）提出党的二十届三中全会从科学内涵、本质要求、重大原则等层面拓展了中国式现代化理论体系。孙建华（2024）以生态观为切入点，揭示党的二十届三中全会对"人与自然和谐共生"理念的创新性发展及绿色生产力的实践指向。其三，重点领域改革路径探析。经济领域，王学典（2025）主张以"利用、规范与引导"方针平衡资本效能与伦理边界。蔡昉等（2024）提出金融体制改革需聚焦服务实体经济与风险防控。城乡融合方面，孔祥智与李愿（2024）提出要以县域融合为突破口完善要素流动机制。安全与发展关系上，杨明杰等（2024）论证了高水平安全与高质量发展的良性互动需依托国家安全能力现代化。其四，改革的方法论与实施保障。李以所（2024）强调"对改革的改革"需凝聚共识并强化领导干部引领作用。乔春华（2024）指出，高校财务改革须以系统观念统筹会计、预算等环节协同推进。张良驯（2024）从制度、领域、措施三个维度进一步分析了党的二十届三中全会对青年发展的深远影响。

四、社会主义市场经济理论研究

在经济思想的发展进程中，社会主义市场经济理论意义重大。自社会主义制度确立，如何融合社会主义制度优势与市场经济活力，便是理论与实践的探索焦点。计划经济在特定时期推动社会主义国家工业化，建立起工业体系，但随着经济发展，其资源配置低效、企业活力不足等弊端渐显。市场经济虽有资源配置高效灵活的优势，却也面临贫富分化、市场失灵等问题。社会主义市场经济理论打破传统，在社会主义制度下，让市场决定资源配置，政府更好地发挥作用，实现公平与效率统一。深入研究该理论，对完善经济体制、推动高质量发展、贡献中国智慧意义非凡。

（一）研究概览：基于 Cite Space 的可视化分析

关键词聚类图直观呈现了社会主义市场经济理论研究涉及的重要主题及其相互关系，为理解该领域研究现状提供了框架。"社会主义市场经济""高水平社会主义市场经济"等关键词的出现，表明社会主义市场经济的运行机制、内涵、特点等方面始终是研究重点。"改革开放""政府""有为政府"等关键词的出现，揭示了改革开放对社会主义市场经济发展的推动作用，以及政府在市场经济中扮演的角色、发挥的职能等是重要研究方向。"民营经济"这一关键词反映出非公有制经济在社会主义市场经济中的发展、地位与作用等问题备受关注。"数字经济"的存在，暗示数字经济与社会主义市场经济的融合（见图 3-16）。

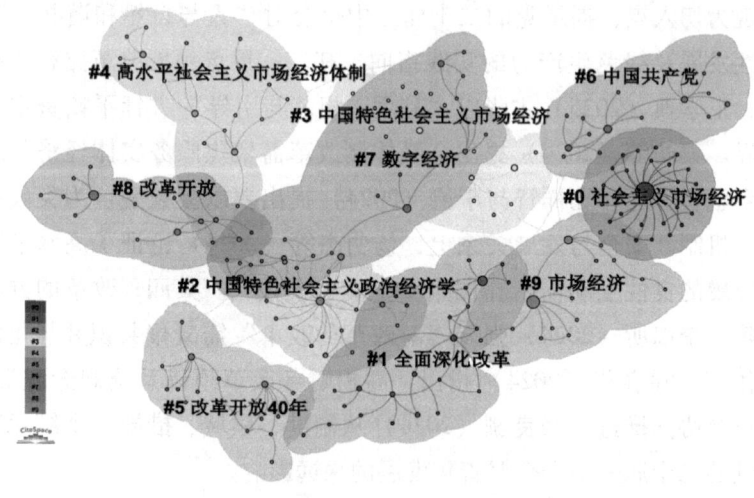

图 3-16 社会主义市场经济理论研究的关键词聚类结果

关键词突现图展示了 2016—2024 年社会主义市场经济理论研究的阶段性热点主题。2016 年，"社会主义"和"市场经济"成为热点，这与当时我国对社会主义基本经济制度的深入探讨、强调公有制主体地位的背景相关，体现了理论界对社会主义和市场经济兼容问题的关注。2018年，"改革开放"热度飙升，表明当年改革开放相关的理论与实践研究成为焦点，可能与改革开放40周年引发的回顾与展望研究热潮有关。2020年，高质量发展开始突现，表明学界高度关注中国经济发展模式的深刻转型。2021年，"有效市场"和"有为政府"凸显，这与我国持续推进市场与政府关系的优化、构建更加完善的社会主义市场经济体制的政策导向相契合，表明理论界围绕如何更好发挥市场在资源配置中的决定性作用和政府作用展开深入研究（见图3-17）。

关键词	年份	强度	起始年份	终止年份	2016—2024年
社会主义	2016	3.80	2016	2017	
市场经济	2016	3.50	2016	2017	
改革开放	2018	7.40	2018	2019	
改革开放40年	2018	4.35	2018	2019	
现代化经济体系	2018	3.26	2018	2020	
社会主义基本经济制度	2020	5.19	2020	2021	
有效市场	2021	4.88	2021	2022	
有为政府	2021	4.53	2021	2022	
共同富裕	2016	5.76	2022	2024	
高质量发展	2020	3.73	2022	2024	

图3-17 社会主义市场经济理论研究的关键词突现结果

代表性作者分析能够有效揭示某一研究领域内关键学者及其合作网络。从社会主义市场经济理论研究的代表性作者分析图谱可以看出，2016—2024年，围绕社会主义市场经济理论研究，学界展开了广泛研究。其中，余金成、刘凤义、周文等作者节点较大，表明他们在该领域研究中发挥了重要作用。同时，以周文、任保平、余金成等为代表的学者与其他学者联系紧密，表明他们持续致力于开展协同研究，这将有效推动社会主义市场经济理论研究不断深化。此外，部分孤立或连线较少的作者，虽合作相对有限，但可能在新兴或小众领域开拓新的研究方向，丰富领域研究维度。总体而言，作者间的合作关系呈现出既有紧密核心合作圈，又有多元分散探索的态势，有利于学术创新与知识传播（见图3-18）。

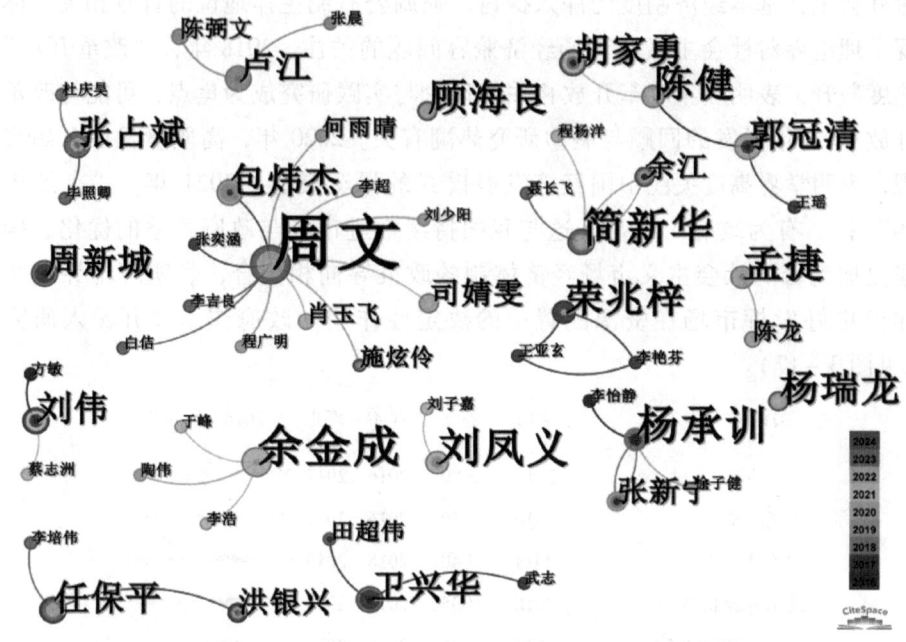

图 3-18 社会主义市场经济理论研究的代表性作者

代表性机构图集中展示了在社会主义市场经济理论研究方面具有影响力的科研机构及其相互关系。中国社会科学院经济研究所、中国人民大学、复旦大学中国社会科学院等机构在图中占据重要位置，表明它们在该领域的研究成果较为丰硕，处于领先地位。同时，机构之间的连线反映出，围绕这一领域，同地区或同机构内部的联系不断加强。虽然这种机构间的合作网络有利于整合资源、共享成果，推动社会主义市场经济理论研究向纵深发展，但学术研究在地域或机构上过于集中，也将在一定程度上限制学术研究的多元发展（见图 3-19）。

共被引图谱则表明了该主题的代表性文献。其中，《构建高水平社会主义市场经济体制的三维论析》（林志友，2021）、《马克思"资本章"对资本理论的开创性探索——兼论社会主义市场经济条件下的资本理论问题》（顾海良，2022）、《关于社会主义利用资本的几个理论问题》（邱海平，2022）等文章受到重点关注。上述研究基本涵盖了社会主义市场经济内涵、重要任务和建构路径等方面内容，为理解社会主义市场经济理论提供了重要理论启示（见图 3-20）。

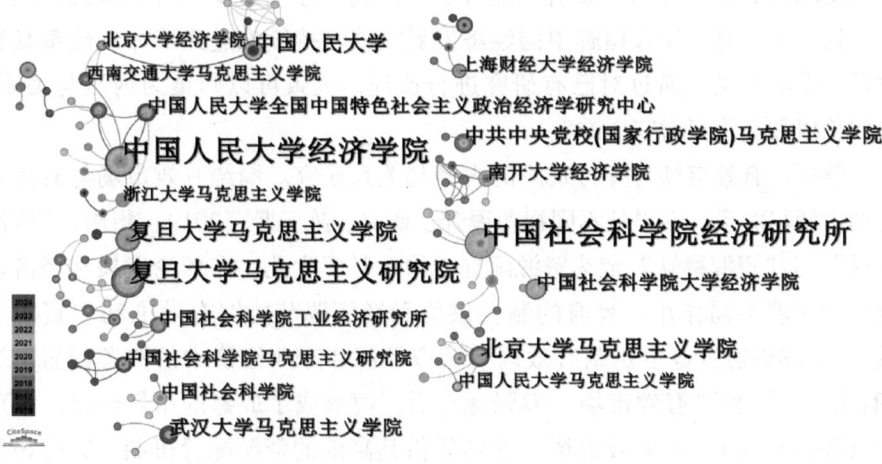

图 3–19　社会主义市场经济理论研究的代表性机构

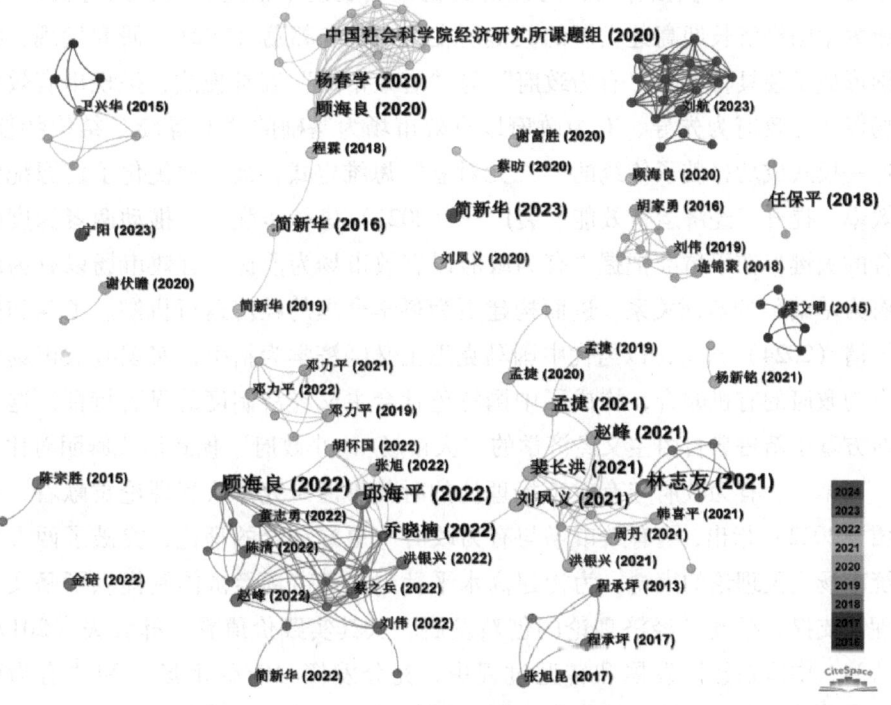

图 3–20　社会主义市场经济条件下资本问题研究的共被引文献

（二）关于有为政府和有效市场的研究

在经济与社会发展的理论探索和实践进程中，"有效市场与有为政府"成为备受瞩目的核心议题，吸引了经济学、公共管理学等多学科领域的广泛关注。这一议题对于深入理解中国经济发展模式、持续推进经济体制改革具有举足轻重的意义。通过对已有研究进行梳理，大致可以归结为内涵与关系、时代价值和实践探索三个维度。

第一，有效市场与有为政府的内涵与关系研究。围绕有效市场与有为政府的内涵与关系，学界从不同视角展开了研究。陈云贤（2019）指出，"资源生成"与"资源稀缺"成为资源配置中的一对孪生儿，在理论发展和经济建设中发挥着不同作用。政府的制度供给和经济调节能够有效推动"资源生成"，市场则通过竞争机制有效调节城市经济和产业经济中的资源配置。当"有为政府"和"有效市场"双强融合后，便形成了成熟的市场经济。钟茂初（2021）认为，"有效市场"能够凭借其高效的资源配置机制，充分释放市场活力；"有为政府"则通过在产业扶持、社会补偿机制构建、全要素生产率提升等方面的积极作为，为经济的稳健发展筑牢根基。两者的有机结合，成为中国经济长期高速发展的关键所在。刘儒和郭荔（2021）研究发现，我国形成了独具特色的"有为政府"与"有效市场"互补模式，呈现出有效市场以有为政府为先导、有为政府以有效市场为基础的"双螺旋"结构特征。这一模式成功打破了传统的"二元对立"思维定式，极大地优化了资源配置效率，提升了经济运行效能。裴广一（2021）进一步强调，推动两者深度融合的关键，在于精准把握"有为政府以有效市场为前提、有效市场以有为政府为基础"的辩证关系，进而构建更为科学合理的经济运行机制。王瑶和郭冠清（2024）指出，以当代中国马克思主义经济学为指引，实现有效市场和有为政府的有机融合，构成了中国特色社会主义经济制度的显著特征，这与西方基于新古典自由主义经济学的"大市场 + 小政府"模式形成鲜明对比。

第二，有为政府与有效市场理论的时代价值研究。从其理论贡献看，马珺（2022）指出，"有效市场与有为政府"更好结合的理论，突破了西方传统市场失灵理论的束缚，为构建高水平社会主义市场经济体制提供了坚实的理论支撑，推动了经济理论的创新发展。从其实践价值看，林毅夫（2017）认为，中国在经济发展和转型过程中，充分发挥"有效市场"和"有为政府"的协同作用，为其他发展中国家提供了宝贵的经验借鉴，有助于这些国家突破发展困境，实现经济的可持续增长。刘志彪和孔令池（2024）强调，处理好政府与市场关系是进一步深化经济体制改革的逻辑主线与关键环节，处理好政府与市场关系的标志是"放得活、管得住"。李晓嘉（2024）指出，实现有效市场和有为政府更好结合，使市场在资源配置中起决定性作用的同时更好发挥政府作用，成为构建高水平社会主义市场经济体制的核心问题。政府和市场两者有机统一、缺一不可，政府通过在优化职能责任、建设市场体系、优化营商环境和激发主体活力等方面积极"有为"，推动市场在公平竞争、有序统一和创新突破上更加"有效"，从而进一步实现经济高质量发展，让中国式现代化的发展成果更多更公平惠及全体人民。

第三，有为政府与有效市场关系的实践探索研究。学界进一步围绕有为政府和有效市场关系的实践探索从经济发展各领域展开了研究，形成了诸多具有代表性的观点。在区域经济发展维度，程必定（2023）提出，地方政府应充分挖掘和培育递增性区域比较优势，积极推动区域一体化发展。具体而言，政府需遵循市场逻辑，精准引导区域产业发展方向，同时为产业的高质量发展提供强有力的科技支持和风险可控的投资保障，以此促进区域经济的协同共进，实现优势互补、共同发展。在产业结构转型维度，王园园和王亚丽（2023）的实证研究表明，数字经济对产业结构转型具有显著的促进作用，且有效市场与有为政府的协同配合能够进一步强化这一正向效应。随着市场化水平的提升和政府效率的提高，数字经济对产业结构转型的边际效应呈递增趋势，有力地推动了产业结构向高端化、合理化方向演进。在统一大市场建设维度，沈坤荣和徐礼伯（2023）强调，在全国统一大市场建设中，科学界定政府与市场的边界至关重要。需从中央与地方两个层面综合考量，优化两者关系，并充分借助数字经济的发展机遇，借鉴国际先进经验，实现有效市场与有为政府的深度融合与协同发展。

（三）关于社会主义市场经济下的新型举国体制的研究

在我国追求经济高质量发展、实现科技自立自强的进程中，新型举国体制与社会主义市场经济的协同发展成为重要研究领域。新型举国体制在社会主义市场经济环境下不断演进，两者相互作用，对推动国家发展意义重大。众多学者围绕这一主题展开研究，为理解和完善相关体制机制提供了丰富的理论支持。

第一，新型举国体制的产生与发展和我国不同历史阶段的发展需求紧密相连，其内涵也会随着时间发展不断丰富和完善。包炜杰（2021）指出，"举国体制"于2002年在竞技体育领域正式提出，"新型举国体制"则在2011年科技部规划中首次出现。这一演变反映了国家发展战略的动态调整，以适应不同时期的发展需求。蔡跃洲（2021）梳理党领导科技创新治理的历程发现，新中国成立后形成计划经济条件下的举国体制，改革开放后科技体制持续改革，党的十八大以来新型举国体制开始探索并取得显著成效，其内涵在实践中不断丰富。陈劲、阳镇、朱子钦（2021）认为，新型举国体制有着深厚的历史渊源，可追溯至古代举国体制和新中国成立后的传统举国体制。在社会主义市场经济时期，它在政治逻辑、资源配置方法论、国家治理等层面实现创新，突出党在国家发展全局中的核心引领地位，注重资源的优化配置和国家治理能力的现代化。

第二，围绕新型举国体制与社会主义市场经济的关系，现有研究从不同维度进行了总结和概括。何虎生（2019）认为，新型举国体制具有强大的特征优势，对于社会主义市场经济建设而言，它不仅兼顾市场决定资源配置和更好发挥政府作用，具有竞争优势，还提倡"政产学研用"相结合，具有协同优势。刘戒骄等（2021）以科技创新领域为例，市场机制激发企业创新活力，以新型举国体制整合各方资源，攻克关键核心技术难题，推动产业升级。钟惠波（2021）指出，新型科技举国体制实现了运行目标从技术突破到原始创新、从国家安全到国家优势，以及运行机制从计划到市场、从投入到链接的转变，可概括为社会主义市场经济条件下的资源与关系模式。谢富胜和潘忆眉（2022）认为，举国体制的实质表现为党和国家根据治理需要组织大规模协作，创造出"社会劳动生产力"，这对于推动社会主义市场经济建设具有重要意义。周文和李吉良（2024）提出，新型举国体制是中国特色社会主义市场经济下资源配置的创新形式，彰显集中力量办大事的制度优势，是新型生产关系的体现，两者共同助推高质量发展和中国式现代化的生产方式创新变革。

第三，学界还对社会主义市场经济体制下的新型举国体制构建进行了深入研究。唐亚林等（2021）认为，新型举国创新体制，是一个旨在实现社会主义市场经济条件下关键核心技术攻关与突破的跨越式发展，包括规划目标引领、组织制度支撑、核心技术攻关、市场配置资源、多方团结协作的集合体，并需要通过构建将以党中央统一指挥为核心的领导决策体制、集中统一的组织管理体制、科学统筹的整体规划机制、精细高效的项目运行机制、生态良好的市场竞争机制与团结协作的集体攻关机制等融为一体的举国体制运行模式，使之得到有效落地。高菲等（2023）指出，新型举国体制的实施需要明确其适用范围是以关键核心技术攻关为牵引的全域创新，参与主体是在社会主义市场经济体制下的科技创新举国体制，是政府、高校和科研院所、新型研发机构、大中小企业、金融机构和各类服务/中介平台/机构等多元创新主体，其组织体系是由宏观决策体系、基础支撑体系、任务攻关体系和激励体系组成的复合体系。

（四）关于高水平社会主义市场经济的研究

构建高水平社会主义市场经济体制是立足新发展阶段、贯彻新发展理念、构建新发展格局，推动高质量发展的现实需要，也是开启全面建设社会主义现代化国家新征程和实现共同富裕的战略需要。围绕高水平社会主义市场经济，学界从三个维度展开了深入研究。

一是高水平社会主义市场经济的内涵研究。宁阳（2023）将高水平社会主义市场经济体制的内涵要义概括为：有效市场和有为政府的深度融合，经济发展和生态保护的有机统一，区域协调发展与共同富裕的内在契合，高水平开放与新发展格局的良性互动，创新驱动产业结构优化升级，依法规范和引导各类资本健康发展。唐任伍（2023）从价值内涵切入，指出高水平社会主义市场经济的"高水平"体现在价值追求、发展目标、调控手段、开放程度、流通体系等方面。其具体内容表现为"产权有效激励、要素自由流动、价格反应灵活、竞争公平有序、企业优胜劣汰"的充满活力的体制。李京京和李红亮（2024）从唯物史观视角加以考察，指出高水平社会主义市场经济体制发源于马克思主义经典作家的政治经济学思想，厚植于中国经济体制改革40余年理论创新与实践创新的良性互动。其"更高起点"高在全球治理格局调整和国内社会主要矛盾转化的"时空方位"、坚持党的领导的"阶级方位"、秉持人民至上价值理念的"价值方位"。"更高层次"高在有效市场与有为政府相统一、公平竞争与共同富裕相统一、经济效益与绿色发展相统一、立足内需与扩大开放相统一、政府治理与多元治理相统一、法治规范与道德约束相统一的辩证智慧，"更高目标"高在"建成社会主义现代化强国"总体目标和"产权有效激励、要素自由流动、价格反应灵活、竞争公平有序、企业优胜劣汰"具体目标的有机结合。付文军（2024）则认为，高水平社会主义市场经济体制在本质上就是社会主义制度的自我完善和自我发展。"高水平"表征着社会主义市场经济体制的要求与目标，"社会主义"规定着这种特殊经济体制的性质与方向，"市场经济"则是完善社会主义制度的手段。

二是高水平社会主义市场经济的内在逻辑研究。路嘉煜和沈开艳（2021）认为，从历史逻辑来看，高水平社会主义市场经济体制是中国经济与时代发展的必然结果；从现实逻辑来看，是中国式现代化的重要保障；从理论逻辑来看，是中国特色社会主义政治经济学的中心命题。社会主义市场经济体制的"高水平"，应当是体现在坚持以人民为中心的发展思想，体现在相对于资本主义社会的市场经济体制，所具有的优越性，体现在对经济发展更有力的支撑。白永秀和张可馨（2024）也指出，从理论逻辑来看，高水平社会主义市场经济体制是社会主义市场经济理论在新的历史起点上的创新和发展；从历史逻辑来看，高水平社会主义市场经济体制是党在建立、完善社会主义市场经济体制的过程中逐步形成的。申始占和杨春学（2024）进一步强调，只有从解构多种所有制经济的相互关系入手，采取有效措施来推动多种所有制经济的共荣共进，才是建设高水平社会主义市场经济体制的底层逻辑。

三是高水平社会主义市场经济的建构路径。常庆欣（2021）认为，政府和市场在动态调整中形成的相互促进、相辅相成的格局，是高水平社会主义市场经济体制的基本特征之一。因此，构建高水平社会主义市场体制，需要政府通过在市场体制引导、营商环境塑造和主体活力激发上"有为"，推动市场在方向把握、运行公平和创新突破上"有效"，从而进一步推动经济高质量发展、增进人民福祉、实现共同富裕。张占斌（2023）则围绕中华优秀传统文化助推构建高水平社会主义市场经济体制，提出一个"紧密结合"，统筹处理"两个关系"，抓好三个"重点群体"原则。周绍东（2024）强调，必须牢牢把握推进全面深化改革的"六个坚持"原则——坚持党的全面领导、坚持以人民为中心、坚持守正创新、坚持以制度建设为主线、坚持全面依法治国、坚持系统观念，在此指导下推进高水平社会主义市场经济体制建设。刘方（2024）指出，推进社会主义市场经济体制实现高水平，应继续坚持社会主义市场经济改革方向，把激活经营主体活力、深化垄断行业改革、创新生产要素市场化配置方式、加快建设全国统一大市场、持续完善宏观经济治理体系摆到更加重要的位置，继续依靠市场化改革不断解放和发展生产力，为加快中国式现代化建设提供制度保障。赵振华（2024）认为，构建高水平社会主义市场经济体制应当坚持和落实"两个毫不动摇"、加快构建全国统一大市场和完善市场经济基础制度。

五、政治经济学视野下的"生产力"研究

生产力是构成社会生产的物质内容，是社会发展的物质根源。人类社会发展的历史归根结底是生产力发展的历史，解放和发展生产力是社会主义的根本任务。近年来，学界结合经典文本与中国实践，围绕马克思主义生产力理论与发展新质生产力等重要理论与现实问题展开深入研究，取得了丰硕的研究成果。

（一）研究概览：基于 Cite Space 的可视化分析

关键词揭示论文的聚焦点。针对十年来政治经济学视野下"生产力"的

研究集中度，利用 Cite Space 软件进行关键词聚类分析（见图 3-21）。图 3-21 直观地揭示了生产力理论研究所涉及的重要主题及其相互关系，为我们提供了一个全面理解该领域研究现状的框架。其中，"新质生产力"作为中国经济学自主知识体系构建中的标识性概念，毫无疑问成为该领域最主要的研究热点，"科技创新""数字技术"等关键词的出现，也表明近期学者们注重从创新、数字生产力等不同视角对新质生产力展开解读，其内涵与外延得到充分展现。此外，"高质量发展""生产关系""政治经济学"等关键词紧密相连，不仅凸显了唯物史观"生产力—生产方式—生产关系"的研究路径，且各关键词之间的逻辑关联与作用机制也随着研究的深入而进一步明晰。与此同时，在发展新质生产力的背景下，"金融危机""经济安全"等关键词的出现，反映出学界将经济和金融的良性循环纳入研究视野，生产力理论研究的问题域得到拓展。

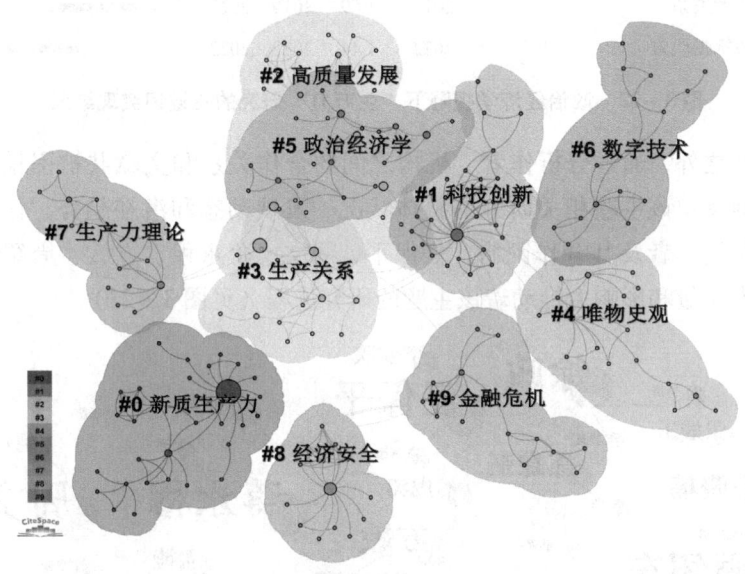

图 3-21 政治经济学视野下"生产力"研究的关键词聚类结果

在关键词聚类的基础上，利用关键词突现图，可以直观分析近 10 年的阶段性热点主题（见图 3-22）。该图揭示了 2016—2024 年"突现"成为研究热点和前沿主题的前十大关键词。其中，"生产力""生产关系""马克思"等关键词持续构成研究热点，这贴合马克思主义政治经济学基础范式。随着 2017 年党的十九大首次提出"中国特色社会主义进入了新时代"明确了中国发展新的历史方位，2018 年后"新时代""新发展理念"等迅速成为生产力研究的热点议题，呼应了中国经济朝着更具韧性、更高质量迈进的现实。此外,"数据生产力""数字技术"作为近年来的新热点,相关研究的重要性不言而喻,特别是以"新质生产力"概念的提出为重大契机,该领域的研究成果必将持续大量涌现。

关键词	年份	强度	起始年份	终止年份	2016—2025年
生产力	2016	9.81	2016	2022	
马克思	2016	3.52	2016	2022	
中国特色社会主义政治经济学	2016	2.00	2016	2019	
李斯特	2016	1.61	2016	2020	
马克思主义	2017	2.07	2017	2018	
中国特色社会主义	2017	2.04	2017	2021	
科学技术	2017	1.82	2017	2018	
生产方式	2017	1.85	2019	2021	
生产关系	2017	1.69	2019	2022	
传统生产力	2022	1.44	2022	2023	

图3-22 政治经济学视野下"生产力"研究的关键词突现结果

除此之外,通过分析作者、机构之间的合作关系和文献共被引情况,可以全面地反映该主题相关研究的整体状况、发展动态和潜在趋势。作者图谱展示了关键学者及其合作网络,任保平、周文、蒋永穆、方敏、周绍东等学者以高发文量和影响力推动着该主题的研究进程(见图3-23)。

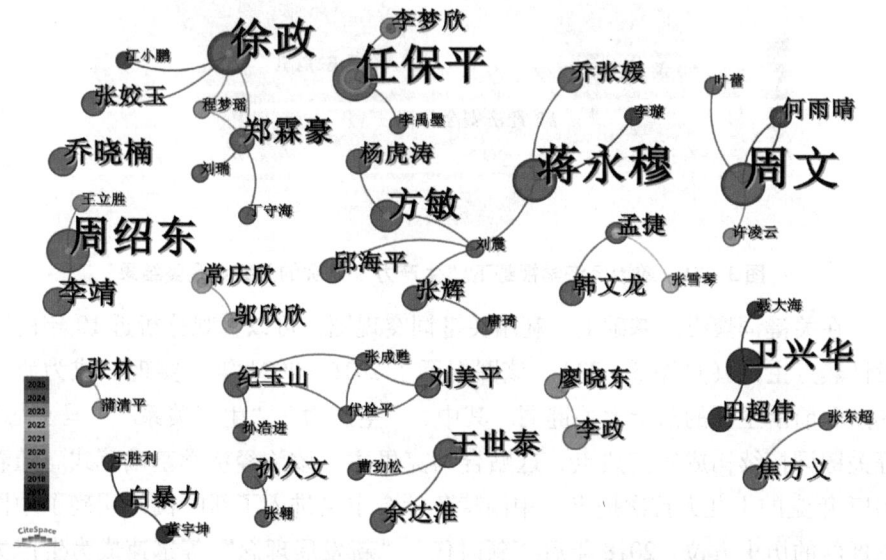

图3-23 政治经济学视野下"生产力"研究的代表性作者

机构图谱则展示了不同科研机构的实力和影响力。其中，中国人民大学、北京大学、复旦大学、四川大学、武汉大学、中国社会科学院、西北大学等机构的研究成果在数量和影响力方面领先（见图3-24）。

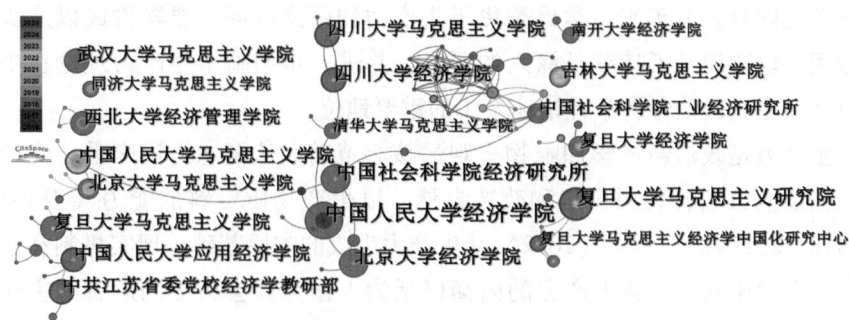

图3-24　政治经济学视野下"生产力"研究的代表性机构

共被引图谱则表明了该主题的代表性文献（见图3-25）。其中，《论新质生产力：内涵特征与重要着力点》（周文、许凌云，2023）、《"新质生产力"的提出逻辑、多维内涵及时代意义》（高帆，2023）、《新质生产力赋能高质量发展的内在逻辑与实践构想》（徐政等，2023）、《新质生产力的基本意涵、历史演进与实践路径》（魏崇辉，2023）、《新质生产力促进经济高质量发展的机制分析与实现路径》（杜传忠等，2023）等文章受到重点关注。可以发现，共被引频次较高的文献均是有关新质生产力的研究，这也侧面反映了政治经济学视域下生产力研究的发展趋势和热点方向。

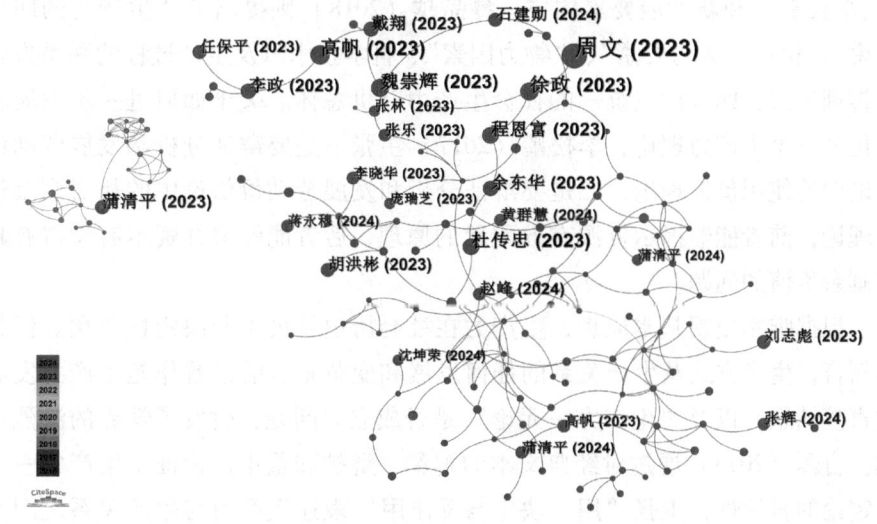

图3-25　政治经济学视野下"生产力"研究的共被引文献

（二）关于马克思主义生产力理论及其发展的研究

生产力理论是马克思主义政治经济学的重要组成部分，构成了唯物史观的基础性内容。近年来，学界聚焦于生产力的概念内涵、要素构成以及决定性作用等议题展开了持续且深入的研究，并进一步明晰了生产力理论在中国特色社会主义政治经济学理论体系中的重要地位。

生产力是政治经济学和唯物史观的核心范畴。从概念内涵来看，生产力是人们适应自然、利用自然和改造自然，以生产物质资料的能力（卫兴华、田超伟，2017）。吴育林（2022）从生产力生成的本原基础、现实机制和客观效应三个理论向度，将生产力的内涵概括为人作为社会历史创造者的主体能力、人们共同活动方式的社会合力、人们认识自然和改造自然的现实力量的有机统一整体。王满林（2021）提出，唯物史观视域下的生产力，是指一个社会在物质生产领域所具备的主体力量与客体力量的总和；政治经济学视域下的生产力，是指物质生产活动在一定时间内的效率，并认为国内教科书把劳动者纳入生产力的要素之中是对生产力概念的误释。王朝科（2024）提出，马克思的生产力概念一方面明确指向社会生产、社会生活领域，另一方面其又是对这一广阔领域高度的理论抽象，从而使之具备最大时空范围内的适应性和发展性。就要素构成而言，学界长期以来对此持有不同见解，并形成了"二要素论""三要素论"等代表性观点。卫兴华、田超伟（2017）认为，以上均不符合马克思有关论述的原意和社会生产实践，马克思讲的生产力由"简单要素"和新发展要素构成。鲁品越（2018）则提出了"生产力的四要素说"，包括"人力要素"、"物力因素"、科学技术以及生产过程的联系方式与管理方式，四者构成统一的社会生产力有机总体。关于如何进一步发展和深化马克思生产力理论，李松龄（2017）主张一是要辩证分析和发展劳动价值论中的使用价值理论，二是要辩证分析和发展劳动价值论中的相对剩余价值理论，前者能够揭示资源有效配置的原理，后者能够解释资本有偿占有超额剩余价值的问题。

根据唯物史观基本原理，生产力在社会历史发展中起决定性作用。但具体而言，生产方式及生产关系的任何发展和变革是否能被看作是生产力发展的直接结果，以及"生产力一元论"是否成立等问题，引发了学界的激烈讨论。肖磊（2018）通过对经典文本的解释、辩护和重申，论证了生产力一元决定论的科学性，主张"用'决定与反作用'表述生产力与生产关系之间的关系是合适的"。然而，在"生产力一元论"的反对者看来，这种观点将生产力在塑造一种生产方式或经济社会形态时所具有的归根结底的作用，等同于生产力的发展在历史过程中的直接决定作用。然而在实际历史进程中，除了生产力系统的自主变化外，阶级斗争和国家间竞争是推动生产方式演变的两大直接动因（孟捷，2016）。此外，也有诸多学者强调联系生产关系研究生产力的重要作用，提出历史发展强调的是"生产力系统"和"生产关系系统"的整体互系作用（许光伟，2017；王今朝、余红阳，2021）。此外，也有学者主张生产力是每一个历史阶段发展的基础，但"生产力决定论"并不成立（郭冠清，2020）。对此，鲁保林、梁永坚（2021）提出了商榷性意见，强调中国经济的改革和发展历程验证了生产关系一定要适合生产力状况的规律。

将视野聚焦于我国，生产力理论的总结、阐发与创新不仅构成了中国特色社会主义政治经济学的重要内容，对于中国经济发展实践同样至关重要。在理论维度上，将生产力理论作为中国特色社会主义政治经济学的重要研究内容，学界已达成共识性意见。洪银兴（2016）提出，中国特色社会主义政治经济学要把对生产力的研究放在重要位置，以增进国民财富作为目标和归宿。杨承训、承谕（2017）强调系统保护生产力是科学、持续发展和长治久安的保证，理论上应成为中国特色社会主义经济学的重要内容。而对于如何发展中国特色社会主义生产力理论，学界也提出了诸多建设性观点。卫兴华、聂大海（2017）提出，中国特色社会主义政治经济学不是研究技术层面的生产力，而是研究社会层面的生产力。进一步地，中国特色社会主义政治经济学从三个维度研究生产力的发展问题。其一是怎样改革不适应生产力发展的旧体制，其二是怎样改进决定生产力发展的诸要素，其三是生产力的社会层面（卫兴华、田超伟，2017）。程启智、罗飞（2016）则提出了从马克思的要素生产及其生产力理论和生产关系依赖理论，分别发展出马克思主义的纯经济学和制度经济学的研究进路。

在现实维度，社会主义社会优胜于资本主义社会，一个突出的表现是能够创造更高的劳动生产率，从而推动生产力的更大发展（寿思华，2017）。中国与资本主义国家通过技术创新促进生产资料和科学技术要素的协同发展以及通过制度创新促进劳动者发展的过程具有相似性。但所有制结构的差异，中国与资本主义国家通过制度创新形成的组织管理方式存在根本区别，这导致生产力系统协调度的不同发展趋势并最终体现为经济增长率变化趋势的差异（骆前秋，2021）。当然不可否认的是，在我国发展的现阶段，大多数劳动者还不能自觉地超出必要劳动时间之外为社会提供剩余劳动，这构成了劳动者个人利益与社会利益之间矛盾的生产力根源，因此市场经济体制需要对劳动实施科层制度的管理性强制和市场制度的竞争性强制，实现社会生产力的持续发展（荣兆梓，2021）。新时代，要更加重视和发挥好生产关系一定要适合生产力性质的规律的作用（周新城，2018）。

（三）关于"新质生产力"的研究

2023年9月，习近平总书记在主持召开新时代推动东北全面振兴座谈会时强调："积极培育新能源、新材料、先进制造、电子信息等战略性新兴产业，积极培育未来产业，加快形成新质生产力，增强发展新动能。"自"新质生产力"术语问世以来，政治经济学界对其进行了广泛探讨，已经初步勾勒出新质生产力的六大内容体系。

第一，关于新质生产力的生成逻辑。学界基于唯物史观基本原理，结合新科技革命发展态势与我国经济发展现实状况，从历史逻辑、理论逻辑与现实逻辑三个维度揭示了新质生产力的发展缘起。就历史逻辑而言，人类社会从传统生产力向新质生产力方向发展是历史的必然趋势（李政、廖晓东，2023），新质生产力既是生产力系统演进的结果（王朝科，2024），也与中国共产党百年来的实践探索密不可分（魏崇辉，2023）。就理论逻辑而言，新质生产力作为生产力的质变源于生产方式的根本改变（方敏、杨虎涛，2024），可在劳动方式变革的视角下以劳动者能力提升的积累过程透析新质生产力的生成逻辑（刘刚，2023）。就现实逻辑而言，可从供给和需求两个层面明晰新质生产力的形成逻辑（高帆，2023）。新质生产力缘起于实体经济与数字经济惯性使然、传统经济发展方式的创新性延续、经济结构迭代升级的现实需求（王世泰、曹劲松，2024），数字经济为加快形成新质生产力提供重要支撑（周文、叶蕾，2024）。

第二，关于新质生产力的内涵与外延。首先，学界主要从以下几个方面界定了何谓新质生产力。其一，新质生产力是劳动者、劳动资料和劳动对象及其优化组合的跃升（周绍东、胡华杰，2023；李政、崔慧永，2024；程振锋，2024）。其二，新质生产力是在传统生产力基础上实现的关键性技术和颠覆性技术创新（周文、许凌云，2024；张林、蒲清平，2023），本质上是以科技创新为主导，以"算力"为代表的新质态的生产力（刘志彪等，2023；周文、叶蕾，2024）。此外，也有学者从系统论视角出发，将新质生产力界定为由相互联系、相互作用的生产力要素、生产力结构、生产力功能构成的"要素—结构—功能"系统（黄群慧、盛方富，2024）。其次，新质生产力的要素构成也是学界关注的重点。洪银兴（2024）将新质生产力概括为新科技、新能源和新产业以及这三个方面融合发展的数字经济。简新华、聂长飞（2023）提出，新质生产力的主要内容包括高新科学技术、高素质劳动力和新型高品质生产资料。蒋永穆、乔张媛（2024）认为，新质生产力的"新"主要体现在新要素、新技术、新产业，其"质"体现在高质量、多质性、双质效，其"力"表现为数字、协作、绿色、蓝色和开放五大生产力。

第三，关于新质生产力的主要特征。学界相关讨论揭示了新质生产力究竟新在何处。李晓华（2023）认为，新质生产力不仅呈现出颠覆性创新、产业链条新、发展质量高等一般特征，在新的时代背景下还具有数字化、绿色化的时代特征。徐政等（2023）从以新发展理念为思想指引、以科技创新为根本驱动力和以产业培育为主要着力点三个方面概括了新质生产力的关键特征。胡莹、方太坤（2023）则提炼了新质生产力的以脑力劳动者为主的主体特征、颠覆性创新驱动的技术特征、多要素渗透融合的结构特征、数智化和绿色化产业的形态特征。谢富胜等（2024）强调发展新质生产力突出了科技创新的引领作用，并布局与之相适应的新型生产关系。

第四，关于新质生产力发展的现实挑战与实践路径。当前，新质生产力发展面临着体制机制障碍、传统产业难以支撑、战略性新兴产业仍然存在明显短板、人才储备基础仍需进一步夯实等现实挑战（徐政等，2023），且当今世界面临的形势复杂多变，全球经济波动带来安全隐患增加（张震宇，2024）。在此背景下，加快形成和发展新质生产力，需从以下几个维度着手。其一是加大科技创新力度。新质生产力的核心引擎是科技创新（韩喜平、马丽娟，2024），生产力现代化背景下形成新质生产力，首先必须构建新质生产力的科技创新体系（任保平，2024；张辉、唐琦，2024）。其二是重视人才培育。创新型人才是生成新质生产力过程中最活跃的主体性力量，因此，培育创新型人才是加快形成新质生产力的重要举措（胡莹，2024）。其三是搭建产业载体。新质生产力的载体在于构建现代化产业体系。科技创新切实体现为新质生产力，须将科技创新产业化（刘伟，2024），推动科技创新和产业创新在深度融合中发展新兴产业和未来产业（洪银兴，2024），加快数字经济与实体经济深度融合，推动传统产业深度转型（胡莹，2024；周文、何雨晴，2025），全面优化保障新质生产力发展的金融供给（石建勋、徐玲，2024）。其四是加快形成与新质生产力相适应的新型生产关系（周文、许凌云，2023；谢富胜等，2024；尹西明等，2024），包括构建公有主体型的多种产权制度、劳动主体型的多种分配制度、国家主导型的多种调节制度、自力主导型的对外开放制度（程恩富、罗玉辉，2024）。其五是完善制度保障。新质生产力的形成不仅是一个技术过程和经济过程，还是一个系统的政治和社会过程，因此要发挥制度对新质生产力发展的保障作用（赵峰、季雷，2024），加大顶层布局力度，为发展新质生产力提供宏观指导（程恩富、陈健，2023）。其六是打造安全稳定的外部环境，给新质生产力的发展提供基础保障，破除"修昔底德陷阱"魔咒，支撑构建强劲有力的"双循环"新发展格局（姚树洁、张小倩，2024）。

第五，关于新质生产力发展的评价体系与统计测度。以科学的评价体系揭示我国新质生产力的发展水平，能够为发展新质生产力提供有效决策参考。王珏、王荣基（2024）基于新质生产力的内涵从劳动者、劳动对象和生产资料三大维度构建了新质生产力综合评价指标体系。韩文龙等（2024）选取实体性要素和渗透性要素双重维度构建了新质生产力的指标体系。卢江等（2024）基于科技生产力、绿色生产力和数字生产力3个一级指标构建了新质生产力的综合评价体系。乔晓楠、马飞越（2024）综合计算了包括物化劳动和活劳动在内总的劳动时间投入，进而以全劳动生产率评估生产效率，同时分别从生产投入和劳动力再生产投入中识别新质成分及其动态变化。综合以上研究可以发现，当前我国新质生产力从总体上呈增长趋势，但由于经济基础、产业基础、要素基础等禀赋差异存在，我国不同省份之间的差距极大，反映了中国新质生产力水平的区域异质性。

第六，关于新质生产力及其理论的重大意义。一方面，新质生产力为经济持续增长增添动力，对中国经济持续健康发展至关重要，学界主要从以下几个方面概括了发展新质生产力的积极意义。其一，发展新质生产力是实现以人民为中心发展的现实要求（徐政等，2023）。其二，新质生产力赋能高质量发展。其内在逻辑是以新技术加速生产方式变革，以新动能提高经济增长速度，以新质能提升经济发展质量（沈坤荣等，2024）。其三，新质生产力是中国式现代化的必然选择。现代化的本质是一个不断由先进生产力取代落后生产力的动态发展过程，新质生产力是生产力现代化转型的最新体现（任保平，2024）。其四，新质生产力赋能现代化产业体系建设。新质生产力主要通过助推产业体系的完整化、安全化、创新化、智能化、绿色化和融合化，赋能现代化产业体系建设（王飞等，2024）。另一方面，就"新质生产力"术语而言，这是习近平经济思想的又一重大范畴创新。习近平总书记首创的新质生产力，承担了马克思主义经济学在21世纪创新的术语革命的使命（乔榛，2024）。新质生产力理论极大地拓展和深化了对生产力和新质生产力的认识，是生产力理论的重大创新（邱海平，2024）。

六、政治经济学视野下的"生产方式"研究

马克思在《资本论》德文第一版序言中提到,"我在本书要研究的,是资本主义生产方式以及和它相适应的生产关系和交换关系"。生产方式是指人们为获取物质生活资料而进行生产的方式。物质资料的生产方式是人类社会存在和发展的基础,集中体现着人类社会的物质性。生产方式作为政治经济学研究的核心范畴,对于理解经济社会发展的内在逻辑和动力机制具有重要意义。近年来,随着全球化、数字化、智能化等趋势的加速发展,生产方式正经历着前所未有的变革。通过深入研究生产方式,可以揭示社会经济发展的内在逻辑和动力机制,理解不同社会形态下生产方式的特征及其对社会进步的影响,这对于认识当前经济社会发展的现状、预测未来趋势、探索适合本国国情的发展道路具有不可替代的重要作用。

(一)研究概览:基于 Cite Space 的可视化分析

针对 10 年来政治经济学视域下"生产方式"概念的研究集中度,利用 Cite Space 软件进行关键词聚类分析可以直观反映出该主题所涉及的核心概念及其相互关系,从而为我们提供一个全面理解该领域研究现状的框架(见图 3-26)。首先,"政治经济学"和"数字劳动"是两个相对独立的聚类,显示出政治经济学理论在数字劳动领域中的发展和应用。数字劳动的研究逐渐发展成为政治经济学中的一个重要分支,关注数字化时代劳动形式的变化及其经济影响。"马克思主义政治经济学"聚类表明这一理论框架在生产方式研究中占据重要地位。马克思主义政治经济学强调资本积累、剩余价值和生产关系的分析,为理解现代经济体系提供了重要的理论工具。"《资本论》"作为聚类的中心,凸显了这部经典著作在生产方式研究领域中的深远影响。《资本论》通过对资本主义生产方式的深入剖析,揭示了资本主义矛盾和运动规律,指导了后续政治经济学的研究。"乡村振兴"和"中国式现代化"两个主题聚类体现了当前中国特定的生产方式研究热点。乡村振兴研究关注农业和农村发展,旨在探索符合中国国情的农村现代化道路。中国式现代化则涉及中国经济社会发展的整体转型,探讨在全球化背景下中国特有的现代化模式及其挑战。"政治经济学批判"聚类显示了学术界对政治经济学理论本身的反思和批判。这种自我审视有助于推动政治经济学理论的创新和发展,揭示其解释力和适用范围。"研究对象"和"剩余价值理论"聚类表明,生

产方式研究中不同理论和方法的应用广泛性。研究对象聚类可能涵盖了各种经济现象的实证分析，而剩余价值理论则关注劳动价值论在资本主义分析中的具体应用。"中国特色社会主义政治经济学"作为一个独立的聚类，体现了对社会主义条件下生产方式探索的独特视角。这一主题研究结合了中国实际，发展了适合中国特色社会主义的政治经济学理论，为其他发展中国家提供借鉴。

综上所述，图3-26揭示了生产方式研究中的多元化主题及其相互关系。在不同研究热点和理论框架的互动中，生产方式研究领域呈现出丰富而动态的发展态势。这种学术分析不仅有助于深入理解现有研究成果，也为未来的研究方向提供了重要参考。

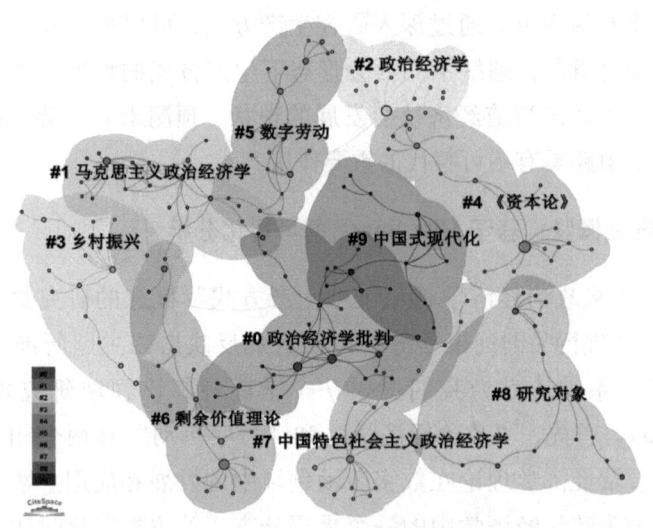

图3-26 政治经济学视野下"生产方式"研究的关键词聚类结果

在关键词聚类的基础上，利用关键词突现图，可以直观分析近10年的阶段性热点主题（见图3-27）。图3-27展示了2016—2024年十四大突现强度较高的关键词，这些关键词反映了对应年份中的研究热点。从整体趋势来看，关键词的突现体现了研究主题之间的逻辑关联和学术演变的轨迹。首先，从图3-27中可以看出，"中国特色社会主义政治经济学"在2016—2017年，引用量大幅增长，强度达到了3.79，这表明在这一时期，中国特色社会主义政治经济学成为了学术研究的热点，受到了广泛的关注和引用。同样，马克思主义在2016—2017年的引用量也有显著增长，强度为2.18，这说明这一时期马克思主义的研究也备受学术界的重视。到了2018年，研究热点逐渐转向现代化经济体系和马克思主义政治经济学。其中，"现代化经济体系"的引用量从2018年开始持续增长，直到2019年，强度为2.63，而"马克思主义政治经济学"在2018年的引用量增长强度达到了1.99，显示出这两个主题在学术研究中的重要性。在2020年，研究热点发生了新的变化，"生产方式"和"剩余价值理论"成为了学术界的关注焦点。特别是"剩余价值理论"，其引用量从2020年开始快速增长，强度达到了1.77，这表明对马克思主义经济学中的剩余价值理论的重新关注和探讨。进入2021年，"新发展格局"的提出引起了学术界的广泛讨论，其引用量增长强度为1.78，显示出这一新概念在学术研究中的重要性。随后，在2022年，"共同富裕"和"中国式现代化"成为新的研究热点，尤其是"共同富裕"，其引用量增长强度高达3.44，显示出这一主题在学术界引起了极大的关注和讨论。同时，"中国式现代化"的引用量增长强度也达到了2.74，表明这一主题的重要性。最后，在2021年出现的"数字劳动"概念，在2022—2024年，其引用量持续增长，强度为2.37，这表明随着数字化时代的到来，数字劳动成为学术研究的新热点。可以看出，从2016—2024年，学术研究热点经历了从政治经济学和马克思主义到现代化经济体系，再到剩余价值理论、新发展格局、共同富裕、中国式现代化和数字劳动的转变。这些变化反映了不同历史时期，学术界对不同问题的关注和探讨，也为我们提供了了解当前学术研究动态的重要参考。

关键词	年份	强度	起始年份	终止年份	2016—2024年
中国特色社会主义政治经济学	2016	3.79	2016	2017	
马克思主义	2016	2.18	2016	2017	
现代化经济体系	2018	2.63	2018	2019	
马克思主义政治经济学	2016	1.99	2018	2020	
生产方式	2018	2.10	2020	2021	
剩余价值理论	2020	1.77	2020	2021	
新发展格局	2021	1.78	2021	2022	
共同富裕	2022	3.44	2022	2024	
中国式现代化	2022	2.74	2022	2024	
数字劳动	2021	2.37	2022	2024	

图3-27 政治经济学视野下"生产方式"研究的关键词突现结果

除此之外，通过分析作者、机构之间的合作关系和共被引情况，可以全面地反映区域协调发展相关研究的整体状况、发展动态和潜在趋势。作者图谱展示了关键学者和他们的合作网络，其中付文军、周绍东、顾海良、白刚、刘伟、郗戈、许光伟、任保平、卫兴华等学者以高发文量和影响力推动着"生产方式"研究的发展（见图3-28）。

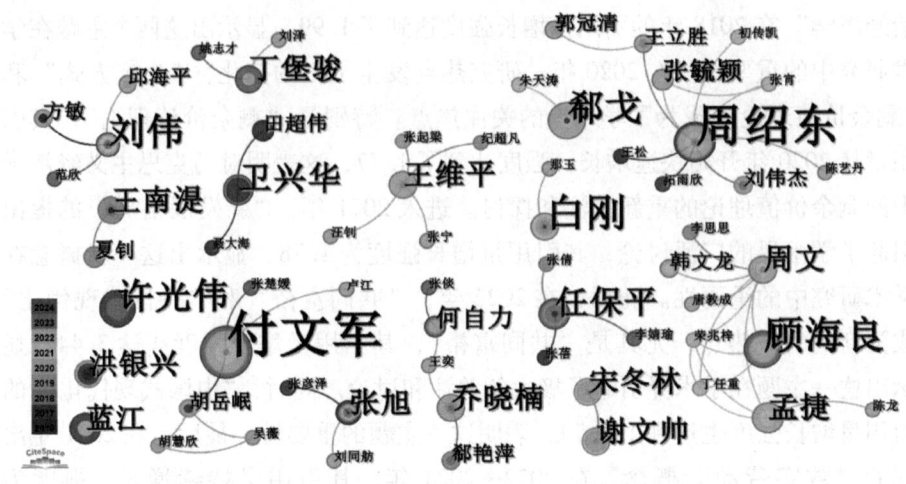

图3-28 政治经济学视野下"生产方式"研究的代表性作者

机构图谱则展示了不同科研机构的实力和影响力,以及它们之间的合作模式和资源分布。其中浙江大学、中国人民大学、北京大学、南开大学、复旦大学、武汉大学等机构的研究成果在数量和影响力方面较为领先(见图3-29)。

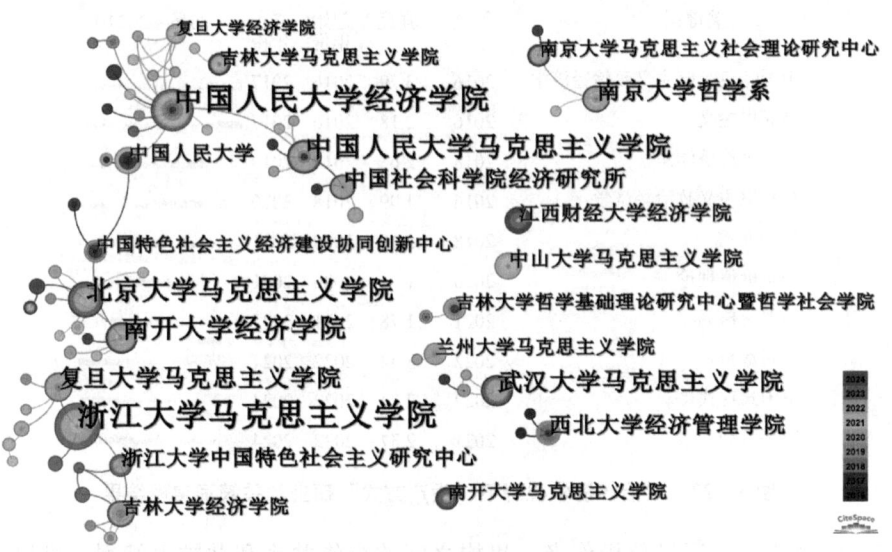

图3-29 政治经济学视野下"生产方式"研究的代表性机构

共被引图谱则揭示了该领域的研究热点、核心文献和知识结构的演化过程。其中,《中国特色社会主义政治经济学论纲》(逄锦聚,2016)、《以创新的经济发展理论阐释中国经济发展》(洪银兴,2016)、《也谈中国特色社会主义政治经济学研究对象》（陈伯庚，2017）、《有领导有谋划地自觉发展是社会主义的客观要求和重要特点——兼析社会主义初级阶段的理论与实践》（卫兴华，2017）等文章受到重点关注（见图3-30）。

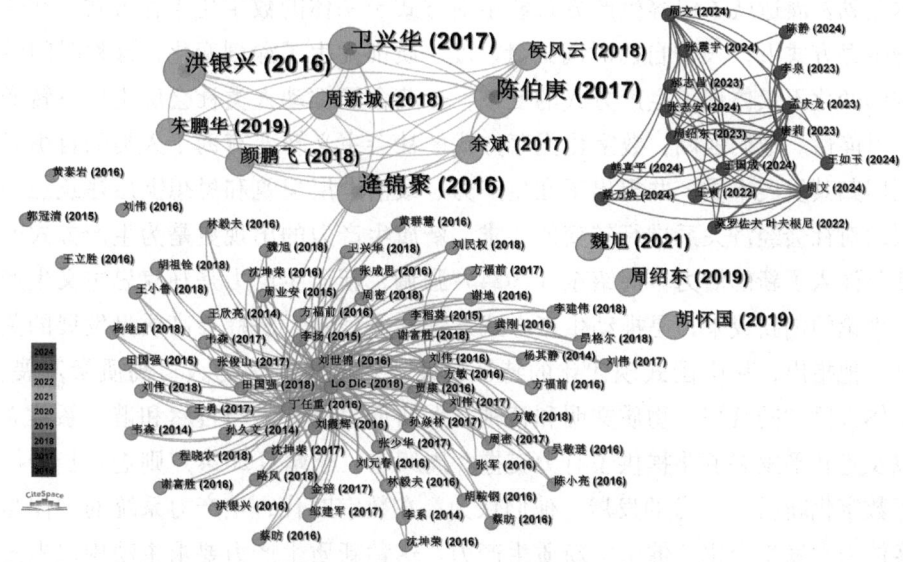

图3-30 政治经济学视野下"生产方式"研究的共被引文献

将作者图谱、机构图谱和共被引图谱结合起来，可以更清晰地看到该领域的知识流动、合作网络和学术传承，发现学科交叉融合的新方向，以及潜在的合作机会和研究前沿。这种综合性的分析方法为我们提供了更全面、更深入的视角，有助于我们更好地把握研究的整体脉络和发展趋势。

（二）关于生产方式的概念与新时代内涵拓展的研究

生产方式作为政治经济学研究的核心范畴，其概念与内涵随着时代的发展不断演进和拓展。从传统的生产力和生产关系统一体，到数字时代下的智能化、数字化新型生产方式，生产方式正经历着深刻变革。传统上，生产方式被视为生产力和生产关系的统一体，是一定历史阶段上社会生产和再生产过程的整体（丁堡骏、吴霞，2023）。这一观点强调了生产方式在社会经济发展中的基础性作用，以及生产力和生产关系之间的相互作用和制约关系。

然而，在数字时代和全球化浪潮的推动下，生产方式的内涵发生了深刻变革。孙琳琼（2024）从马克思政治经济学批判的美学意蕴出发，深入探讨了资本主义生产方式对人类审美活动的影响。她指出，马克思通过对资本主义生产方式的批判，不仅揭示了资本主义社会的不合理性，还将人类自由解放的研究推进到对作为自由活动之典范的审美活动的考察。这一研究不仅丰富了马克思的哲学思想，也为我们理解生产方式变革与人类自由解放之间的内在联系提供了新的视角。周绍东、拓雨欣（2024）则进一步指出，数字技术蓬勃发展造就了包容生产方式和生活方式于一体的数字化生存方式。在这种生存方式下，人类自由时间的量、度、质都发生了深刻变化，这种时间结构的变化不仅体现了生产方式的变革，也蕴含了推动人类社会历史形态转变的可能性。他们强调，数字化生存方式的社会主义转变有助于人类的自由时间回归其发展本质，并提出了在生产力、政治上层建筑和思想上层建筑三个层面对社会经济关系进行转变的要求。新质生产力的出现更是为生产方式的变革注入了新的活力。周绍东（2024）强调，新质生产力是马克思主义生产力理论的创新成果，是推动生产方式系统性变迁和经济社会高质量发展的关键。他指出，从中国式现代化的特征出发，新质生产力为人口高质量发展、全体人民共同富裕、物质文明和精神文明协同发展、人与自然和谐关系建立以及走和平发展道路提供了有力支撑。周绍东、李靖（2024）则进一步分析了数字化新质生产力的发展。他们认为，在数字时代，生产力系统的主体与客体因素发生变化，催生了新质生产力。这种新质生产力要求主动构建先进的数字化生产关系以加快形成新质生产力。他们详细阐述了数字化生产关系的内涵，包括公共数字平台为新质生产力发展提供数据保障、按数字劳动分配和按数据要素分配有机结合等方面，为理解数字时代生产方式的变革提供了新的思路。

（三）关于生产方式与经济社会发展的研究

生产方式作为经济社会发展的基础，对经济社会的发展速度和方向具有决定性影响。不同历史时期的生产方式，反映了当时经济社会发展的不同阶段和特征。在资本主义生产方式下，生产力虽然得到了快速发展，但也带来了贫富差距扩大、社会矛盾激化等问题（丁堡骏、吴霞，2023）。胡乐明、胡怀国（2023）从中国特色社会主义现代化的视角出发，指出中国式现代化既是生产力的现代化又是生产关系的现代化，是社会主义生产方式迭代升级的历史过程。他们强调，社会主义生产方式旨在实现共同富裕和社会公平，为中国式现代化提供了制度保障和理论基础。随着新质生产力的出现，生产方式正在发生系统性变迁，为中国式现代化提供了历史性机遇（周绍东，2024）。新质生产力不仅推动了生产力的快速发展，还促进了生产关系的变革，为经济社会的高质量发展提供了有力支撑。同时，生产方式的变革也对区域协调发展和现代产业体系的构建提出了新要求（任艳，2020）。她指出，通过优化区域间和产业间的生产关系，可以更好地发挥各地区的比较优势，实现经济社会的协调发展。刘越、王小军（2022）则进一步探讨了生产条件的改变对生产方式演化与变革的影响。他们认为，生产条件的改变是生产方式演化与变革的路径，自在的生产条件跃迁至自为的生产条件将促进生产方式的演化。因此，作为生产方式变革的外在表现，共同富裕的实现也要充分利用自在的生产的技术条件与社会条件，充分调动简单物化与社会杂化的动力机制。此外，生产方式的变化还对劳动者的地位和作用产生了深远影响。郑礼肖（2023）指出，劳动者是推动生产方式变革的主体，其作用主要体现在促进特殊物质生产条件的形成与一般化、提升自身与生产资料结合的规模和层次、影响自身与生产资料结合的空间分布等方面。然而，生产方式变革在现实中面临着劳动者作用不充分不全面的难题，需要通过提高劳动者素质、优化劳动者配置、实现劳动者增收以及推动劳动者消费升级等方式来全面提升劳动者在生产方式变革中的作用。

（四）对资本主义生产方式的批判与反思

马克思通过分析资本主义生产方式对劳动力商品的剥削和剩余价值的积累，揭示了资本主义社会的内在矛盾和不合理性（丁堡骏、吴霞，2023）。随着数字技术的发展，数字资本主义成为一种新型资本主义形态，对劳动者进行了更加隐蔽和高效的剥削（蓝江，2022）。邱海平、曾悦梅（2023）指出，在零工经济和零工劳动中，资本控制劳动的方式发生了新的变化，但并没有改变资本主义生产方式和生产关系的本质。他们强调，必须坚持以马克思经济学理论为指导，科学认识数字化时代资本主义经济的发展规律和历史趋势。对资本主义生产方式的批判不仅有助于我们认识其内在矛盾和不合理性，还为我们探索更加合理、公正的生产方式提供了重要启示。宋志娇、杨思远（2023）从政治经济学维度阐释了卢卡奇的社会存在合类性思想，为构建人类命运共同体提供了理论基础。他们认为，人类命运共同体思想与社会存在合类性思想有着共同的理论渊源、变革力量和价值追求，为理解当代社会问题和探索未来发展方向提供了新的视角。胡建东（2023）则进一步指出，在数字时代，资本批判既要重视作为表现形式的数字化生产方式，更要重视人类交往活动背后抽象的社会关系。他强调，数字资本主义所实现的剥削创新根源于从传统商品模式向"位于商品中心的社会关系"的转变，因此，在数字社会未来发展的问题上，需要探索以数字生产资料"共享"为方向原则的局部性、阶段性具体路径。这些研究共同表明，对资本主义生产方式的批判与反思是理解当代社会问题和探索未来发展方向的重要途径。通过深入剖析资本主义生产方式的本质和运行机制，我们可以更好地认识其内在矛盾和不合理性，为构建更加合理、公正的生产方式提供理论支撑和实践指导。

（五）生产方式的未来趋势与发展方向

随着科技的发展和社会的进步，生产方式正在朝着更加智能化、数字化、绿色化的方向发展。这些趋势将对经济社会发展产生深远影响。李越（2021）从马克思主义政治经济学视角出发，深入分析了智能化生产方式对产业结构变迁的作用机理。他认为，智能化生产资料参与生产能够直接提升产业效率，加快传统产业改造升级和新产业部门的出现。同时，智能化生产方式还能够实现对非生产性时间的节约以及生产组织之间、生产组织和消费者之间的高效协作，从而推动产业结构的优化升级。周绍东、拓雨欣（2024）则进一步指出，数字化生存方式的出现对生产方式产生了深远影响。在数字化生存方式下，人们可以更加便捷地获取信息和服务，提高了生活质量和幸福感。同时，数字化技术也为人们提供了更多的自由时间和选择空间，促进了人的自由全面发展。他们强调，数字化生存方式的社会主义转变有助于人类的自由时间回归其发展本质。未来，生产方式的发展将更加注重可持续性和包容性。高桂爱、刘刚、杜曙光（2021）从高质量发展的视角出发，指出生产方式的历史演进是政治经济学基础的重要组成部分。他们认为，高质量发展阶段的政治经济学基础可以归结为新科技革命所要求的劳动方式以及符合新时代社会主义生产目的的生产社会形式。因此，未来生产方式的发展需要在促进生产力发展的同时，更加注重社会公平和可持续发展。此外，随着全球化和区域一体化的加速推进，生产方式的国际化趋势也日益明显。各国之间的经济合作与竞争将更加激烈，生产方式的变革与发展将受到国际政治经济格局的深刻影响。因此，我们需要密切关注国际政治经济动态，加强国际合作与交流，共同推动生产方式的创新与发展。

（六）中国特色社会主义政治经济学视角下的生产方式研究

在中国特色社会主义政治经济学视角下，生产方式的研究具有特殊的重要意义。刘学梅、郭冠清（2019）指出，中国特色社会主义政治经济学研究的是中国社会主义初级阶段生产方式以及相应的生产和交换条件。这一研究对象的确立既体现了马克思主义政治经济学的基本原则和方法论要求，也符合中国经济社会发展的实际情况。在中国特色社会主义实践中，生产方式不断变革和发展。改革开放初期，中国通过引入市场经济机制等手段推动了生产方式的变革和发展（陈鹏，2018）。这一变革不仅提高了生产效率和产品质量，还促进了经济社会的快速发展。在新时代背景下，中国又通过供给侧结构性改革等手段推动了生产方式的进一步变革和发展（谢富胜、高岭、谢佩瑜，2019）。供给侧结构性改革旨在提高供给体系质量和效率，增强经济持续增长动力，为经济社会的高质量发展提供新的动力源泉。胡乐明、胡怀国（2023）进一步强调了生产方式的社会主义性质。他们认为，在公有制为主体、多种所有制经济共同发展的制度下，可以更好地发挥国有经济的主导作用和民营经济的补充作用，促进经济的均衡发展和社会的和谐稳定。同时，他们还指出，中国特色社会主义政治经济学应注重生产方式的创新和发展，通过加强科技创新和绿色发展等方面的工作，为生产方式的变革和发展提供新的动力和支持。此外，中国特色社会主义政治经济学还强调以人为本的发展理念。庞庆明（2019）指出，共享发展是社会主义制度自我完善的内在要求，以社会主义生产方式的确立和完善为其基础性条件。他强调，消除绝对贫困、大力改善民生、实现共同富裕是社会主义的发展方向，而这些都需要以生产方式的变革与发展为支撑。

（七）生产方式研究的跨学科与国际视野

生产方式的研究不仅局限于政治经济学领域，还涉及其他学科和国际视野的交叉融合。这种跨学科和国际视野的交叉融合为生产方式的研究提供了新的思路和方法。于沫（2020）从社会形式与物质生产的视角出发，对马克思的《政治经济学批判大纲》进行了解读。她强调，对马克思社会形式概念的理解不应仅仅局限在资本主义商品经济对整个社会现实的"赋形"力量上，还应追溯其来源并将其批判性地纳入物质生产领域。这一研究不仅为物质生产作为社会的根基提供了科学论证，也为我们重新理解马克思的资本主义批判理论提供了新的思路。周绍东、李晶（2020）则强调了生产方式概念在政治经济学中的重要性。他们认为，生产方式是连接生产力和生产关系的桥梁和纽带，是理解经济社会发展规律的关键。他们呼吁回到马克思有关政治经济学研究对象的正确认识中去，实现政治经济学与各种应用经济学的交流与沟通。这一观点对于推动生产方式研究的跨学科融合具有重要意义。在国际视野下，生产方式的变革与发展也呈现出多样化的趋势。任琳、孙振民（2020）从国际政治经济学的视角出发，定义了权力及其生产方式，并考察了权力及其生产方式的变化对大国获取权力和财富渠道的影响。他们认为，随着全球化和区域一体化的加速推进，大国之间的权力博弈将更加激烈，而生产方式的变革与发展将成为大国竞争的重要领域。周绍东、潘敬萍（2020）则进一步指出，构建现代产业体系是实现高质量发展的关键所在。他们强调，现代产业体系是实体经济、科技创新、现代金融和人力资源四位协同的有机整体，需要把握好先进制造业与现代服务业之间、实体经济与虚拟经济之间的关系。这一研究不仅为构建现代产业体系提供了理论支撑，也为我们理解国际产业竞争和合作提供了新的视角。

七、政治经济学视野下的"生产关系"研究

生产关系是生产力诸要素相结合的社会形式，是在物质生产和再生产过程中所形成的经济关系。新时代坚持和发展中国特色社会主义，必须不断适应社会生产力发展调整生产关系，以新型生产关系赋能新质生产力发展。近年来，学界在生产关系理论相关问题研究上取得了诸多成果。

（一）研究概览：基于 Cite Space 的可视化分析

关键词揭示论文的聚焦点。针对十年间政治经济学视野下"生产关系"的研究集中度，利用 Cite Space 软件进行关键词聚类分析（见图 3-31）。图 3-31 直观地揭示了生产关系理论研究所涉及的重要主题及其相互关系，为我们提供了一个全面理解该领域研究现状的框架。由此可见，相关研究主要遵循两条研究进路：一是与"生产关系""唯物史观""制度决定论"等关键词相关，即联系"生产力"与"制度变迁"考察生产关系，反映了唯物史观视角下生产关系的基本运动规律；二是与"劳动关系""共同富裕"等关键词相关，即聚焦于生产关系"三要素"及其相互关系展开研究。此外，"新型生产关系"作为该主题的核心关键词，其出现与发展新质生产力这一经济社会主题紧密相关。生产关系必须与生产力发展要求相适应。发展新质生产力，必须进一步全面深化改革，形成与之相适应的新型生产关系。

在关键词聚类的基础上，利用热点词突现图，可以直观分析近十年的阶段性热点主题（见图 3-32）。图 3-32 揭示了 2016—2025 年"突现"成为研究热点和前沿主题的前十大关键词。其中，"生产力""生产方式""唯物史观""劳动关系"等关键词持续构成研究热点，刻画出唯物史观"生产力—生产方式—生产关系"的研究框架。此外，"以人民为中心""社会主义"

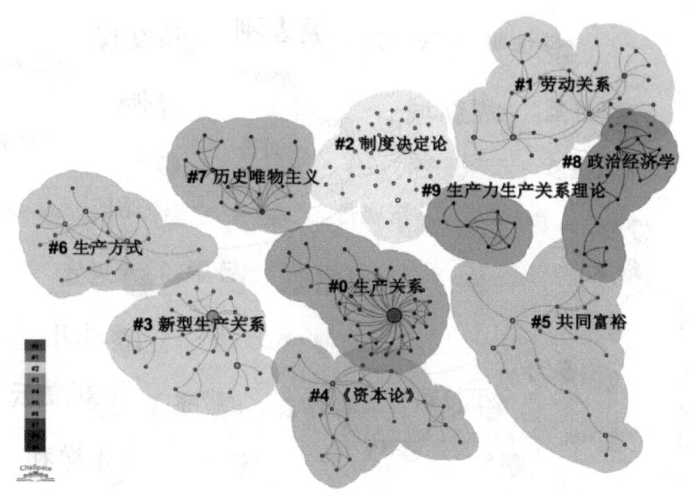

图3-31 政治经济学视野下"生产关系"研究的关键词聚类结果

等关键词的突现,表明学界研究聚焦于揭示社会主义生产关系与生产目的的特殊性。以2015年中央经济工作会议提出的推进"供给侧"结构性改革,以及2017年党的十九大提出的"乡村振兴"战略为契机,学界有关生产关系的研究更具现实指向,集中涌现了大量研究成果。

关键词	年份	强度	起始年份	终止年份	2016—2025年
以人民为中心	2016	2.03	2016	2017	
中国特色社会主义政治经济学	2016	1.63	2016	2017	
生产力	2016	2.80	2018	2019	
社会主义	2016	1.63	2018	2019	
乡村振兴	2018	1.45	2018	2020	
生产方式	2016	1.64	2020	2023	
劳动关系	2019	1.85	2021	2022	
数字经济	2021	1.63	2021	2023	
唯物史观	2016	1.44	2022	2023	
总体性	2022	1.13	2022	2023	

图3-32 政治经济学视野下"生产关系"研究的关键词突现结果

除此之外,通过分析作者、机构之间的合作关系和文献共被引情况,可以全面地反映该主题相关研究的整体状况、发展动态和潜在趋势。作者图谱展示了关键学者及其合作网络,周新城、马文保、周绍东、孔祥利、王生升等学者以高发文量和影响力推动着该主题的研究进程(见图3-33)。

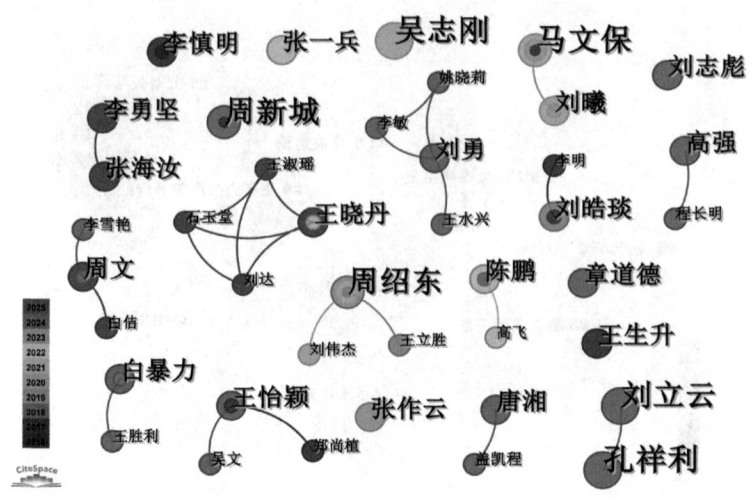

图 3-33　政治经济学视野下"生产关系"研究的代表性作者

机构图谱则展示了不同科研机构的实力和影响力，其中，中国人民大学、南开大学、北京大学、复旦大学、西安交通大学、东北大学、陕西师范大学等机构的研究成果在数量和影响力方面较为领先（见图 3-34）。

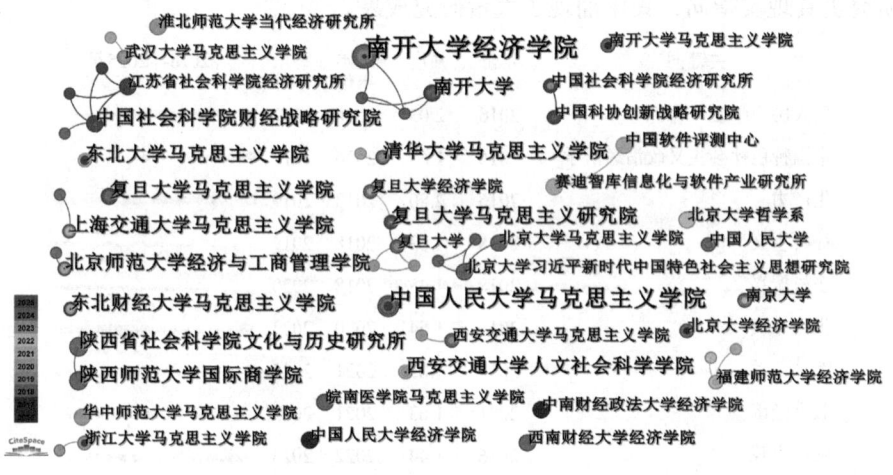

图 3-34　政治经济学视野下"生产关系"研究的代表性机构

共被引图谱则表明了该主题的代表性文献（见图 3-35）。其中，《零工经济是一种劳资双赢的新型用工关系吗》（谢富胜、吴越，2019）、《也谈中国特色社会主义政治经济学研究对象》（陈伯庚，2017）、《智能算法控制下的劳动过程研究》（杨善奇、刘岩，2021）、《马克思主义政治经济学的研究对象与生产力的关系》（卫兴华、聂大海，2017）等文章受到重点关注。可以发现，共被引频次较高的文献既有结合中国特色社会主义政治经济学理论体系切入生产关系议题的研究，也有结合新的时代背景考察生产关系演变的研究，这反映了政治经济学视域下生产关系研究的发展趋势和热点方向。

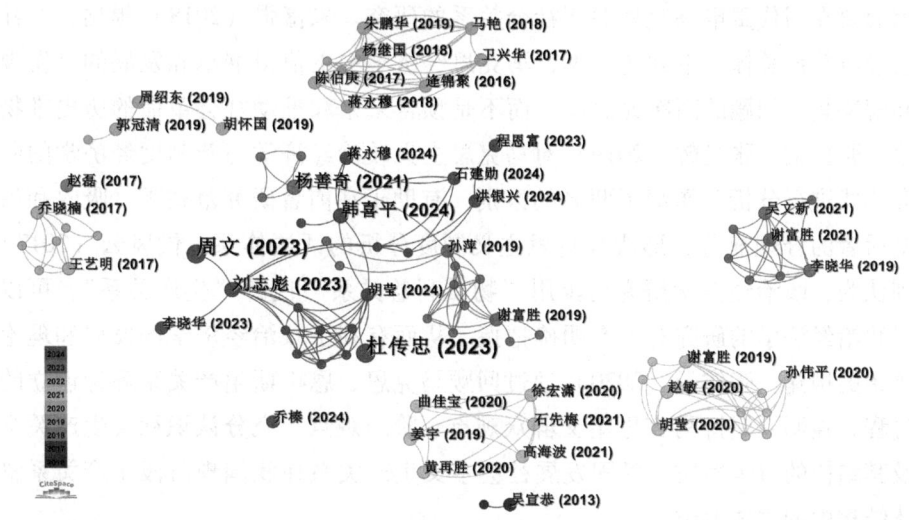

图3-35 政治经济学视野下"生产关系"研究的共被引文献

（二）关于马克思生产关系理论及其发展的研究

学术界对生产关系理论的回顾与梳理，以探寻其理论来源为前提，并从深度和广度方面拓展了对生产关系以及生产力与生产关系之间辩证统一关系的认识。

第一，在深化和拓展对生产关系的要素构成方面。周新城（2017）认为，经济关系至少有两个层次的内容，一是反映社会经济形态本质的人与人之间的经济关系，即社会经济关系；二是在具体组织生产、交换、分配、消费过程中发生的人与人之间的经济关系，即组织经济关系。张雷声（2017）提出，《资本论》中关于生产关系的研究涉及多个层面，既表现为从交往关系角度研究生产关系，也表现为以生产资料所有制为基础研究生产关系；既表现为从总体规定性角度研究生产关系，也表现为以生产力的发展变化研究生产关系。鲁品越（2018）则指出，在生产关系的构成要素上，仅仅将实体产业经济的生产关系的构成要素当作整个社会生产关系的构成要素，而没有考察到《资本论》所揭示的各种关系的复杂结构，也没有概括虚拟经济与实体经济的关系、虚拟经济内部复杂的经济关系，以及由人自身生命的生产所产生出的社会关系，由此提出了生产关系的"三层级说"。

第二，在生产关系研究范式向广度和深度拓展方面。赵春玲（2017）认为，马克思主义政治经济学社会关系分析使人们对经济问题的认识从现象深入本质，为洞察社会经济结构和关系、认识本质、把握规律提供了科学方法，因而要在当代重申马克思关于社会关系的研究。朱富强（2018）提出，在社会经济关系总体上平和的时期，马克思经济学中更值得继承和发展的是发现和解决具体问题的高次元思维，而不是预告未来和推动社会革命的历史唯物论。张桂文、张光辉（2019）对马克思主义政治经济学与新制度经济学的研究范式进行分析并厘清了两者的区别，有助于在前者研究范式下，吸收和借鉴后者的合理成分，形成马克思主义制度分析的话语体系。侯风云（2017）则认为，政治经济学研究对象用"物质利益关系"代替"生产关系"，可以对政治经济学的研究对象有明确把握，从而有利于政治经济学的发展和理论体系的构建。张作云（2020）通过回顾马克思、恩格斯生产关系理论创立的过程，强调要坚持马克思主义群众观点、阶级观点，充分认识社会生产关系及其结构的阶级性质，巩固发展社会主义生产关系在我国现阶段生产关系整体结构中的主体地位。

第三，深化对生产力与生产关系之间辩证统一关系的认识。孟捷（2016）在历史唯物主义文献研究的基础上，指出生产关系的功能不仅在于适应和促进生产力的发展，而且在于增加统治阶级获取的剩余，且这两重功能既可能相互结合，也可能相互背离。王今朝、余红阳（2021）基于生产力和生产关系的本体论可以发现，生产力性质确实决定生产关系性质，但生产关系性质同时也决定着生产力的发展速度。李昊匡等（2020）从生产力与生产关系基本矛盾出发，建立了劳动分工、组织结构和竞争格局三个维度的体系框架，探讨历次产业革命对生产关系中生产组织模式的冲击与调整。

（三）关于社会主义生产关系的研究

马克思有关生产关系的研究是以《资本论》及其手稿群为文本基础，以资本主义生产关系为范本展开的。随着社会主义国家登上历史舞台，社会主义生产关系及其特殊性逐渐被纳入研究视野。近年来，学界从历史逻辑、现实逻辑和理论逻辑三个维度对社会主义生产关系展开了研究。

就历史逻辑而言，高飞、陈鹏（2022）指出，党的百年历史是自觉为中国先进生产关系扫清道路并促其形成发展的历史。生产关系的先进性主要看其和生产力水平之间的"匹配"性。张丽珍、梁宁（2021）梳理了从新中国成立初期建立社会主义生产关系以解放和发展生产力到改革开放后确立生产力标准改革社会主义生产关系，再到追求以先进生产力取代落后生产力直到新时代以来推动生产力整体性跃升的历史进程。王琳等（2018）总结了我国生产关系演变的理论机理，他们认为一是"生产力与生产关系的动态适应"是我国生产关系演变的逻辑主线；二是"以人民为中心"是我国生产关系演变的内在轴心；三是"政府控制力"是我国生产关系演变的宏观保障。就现实逻辑而言，卫兴华（2016）提出发展社会主义，应将生产力标准和社会主义价值判断标准统一起来，唯生产力论和唯生产力标准论是完全错误的。王今朝、余红阳（2021）认为，由生产力性质决定生产关系性质的命题所引申出的生产关系一定要适应生产力的命题本身就意味着，从政策和策略的角度看，社会主义国家更应该强调的是生产关系决定生产力的命题。就理论逻辑而言，刘灿（2016）提出，研究和揭示中国特色社会主义经济发展和运行中生产关系适合生产力性质、促进生产力发展的规律，形成的系统化、科学的理论体系，是政治经济学面临的重大课题。周新城（2017）强调，中国特色社会主义政治经济学既要研究体现社会主义本质特征的社会经济关系，又要研究经济具体运行过程中发生的组织经济关系。而组织经济关系又具有两重性，也即一方面反映生产、交换、分配的一般要求，另一方面又从属于社会经济关系，要反映和体现社会主义制度的本质、特点和要求。

此外，自 2023 年学界掀起了新质生产力的研究热潮以来，与之相适应的新型生产关系也受到学界广泛关注。其一，关于何谓新型生产关系。程恩富、罗玉辉（2024）的观点较具代表性，即社会主义新型生产关系包括构建公有主体型的多种产权制度、劳动主体型的多种分配制度、国家主导型的多种调节制度、自力主导型的对外开放制度。其二，关于新型生产关系与新质生产力的辩证统一关系。一方面，新质生产力的形成催生了新型生产关系。包括所有权类型的新样式、更为紧密复杂系统化的协作关系、适配度更高的要素市场、共享型的分配趋势等（尹俊、孙巾雅，2024）。以智能化技术为代表的新质生产力的发展，将会塑造与之相适应的新型生产关系形式、结构与性质，如人—人关系的协调地位降低，人—机关系的协调等重要性上升以及所有权关系、企业组织形式、分配方式和管理结构等都会发生根本性革命（刘志彪，2024）。另一方面，新型生产关系又促进了新质生产力的发展，表现为劳动的技术组织形式决定了社会生产向数字互联转变、经济的绿色发展方式决定了社会生产向和谐共生转变、制度的创新激励模式决定了社会治理向制度化治理转变（刘立云、孔祥利，2024）。其三，关于如何构建新型生产关系。逢锦聚（2024）提出，以经济体制改革为重点形成新型生产关系，要抓住经济体制改革的核心问题，即处理好政府和市场的关系。乔晓楠、王奕（2024）则通过对历次工业革命时期"新质"生产力和"新型"生产关系互动演进逻辑的梳理，提炼了以高水平社会主义市场经济体制、支持全面创新体制机制、现代化产业体系、中国特色现代金融体系、高水平对外开放体制机制五个方面的着力点。沈坤荣、程果（2024）指出，形成新型生产关系重在全面深化改革，需要着眼于生产、分配、交换和消费四个环节中的体制机制建构，进而塑造起与新质生产力发展相适应的新型生产关系。刘文祥（2024）则强调，新型生产关系的塑造要坚持中国共产党的领导和社会主义基本经济制度不动摇，坚持人民立场、动态适应、问题导向、循序渐进的基本原则。

（四）关于数字经济时代生产关系"变"与"不变"的研究

如何正确认识数字经济时代生产关系所发生的变化，是一个紧迫而有意义的理论和现实问题。闫坤、刘诚（2024）从生产资料所有权和控制力变迁、组织与市场更加灵活多变、社会分配普惠和差距扩大两种相反趋势并存以及国际生产关系开放性更高四个方面论述数字经济时代生产关系的演变特征。在劳资关系问题上，肖斌、李旭娇（2020）基于《中国经济原论》文本分析，提出零工经济在本质上不过是依托平台资本、数字资本存在且又被新型外表包裹下的旧式用工形态，资本对劳动剥削与榨取的本质并未更改。王永秋、顾春华（2021）认为，在生产关系的分配方式上，资本利用其敏锐的嗅觉，抢占人工智能霸权，越来越多的无产阶级沦为"无用阶级"，成为技术霸权的牺牲品。随着人工智能的广泛运用，资本有机构成逐渐提高，劳动力价值日益降低，必将产生大量过剩人口。在新型生产关系上，孙璇（2022）认为，随着人工智能技术广泛应用于各产业领域，人工智能应用背景下的生产关系表现为人们在以人工智能技术应用为显著特征的社会生产中发生一定的、必然的、不以他们的意志为转移的经济利益关系，呈现出同智能化、数字化生产方式相呼应的新的时代特征。现代生产关系也被带向了以新的"人机关系"为表征、以劳动关系为本质的新格局。姜耀东（2021）认为，数字时代资本主义生产关系不是等价交换，不是平等劳动，不是共享劳动产品，而是资本家购买劳动工具、劳动资料、劳动力，对工人剩余劳动进行无偿占有的过程。数字劳动的理论本质与马克思劳动价值论具有深度契合，这为认识数字劳动的价值走向奠定了理论基础。张立榕（2023）从生产资料所有制、人们在生产中的劳动组织形式以及劳动产品的分配三个层面概括了数据生产要素化带来的生产关系演变。

当然，尽管技术变革造成了生产关系的一系列变化，但资本的生产关系本质仍然"不变"。刘皓琰、李明（2017）认为，网络生产力下的新型经济模式看似带来了就业权利、生产资料、劳动成果等资源在社会范围内的共享，但究其本质则是资本为实现更大范围内控制所运用的手段，且剥削与控制的范围更大、方式也更加隐蔽。刘伟杰、周绍东（2021）也提出，尽管数字资本主义拓展了剥削范围，提高了剥削强度，增强了剥削隐蔽性，但没有改变资本主义生产关系的实质。

八、政治经济学方法论研究

马克思主义政治经济学方法论借鉴并吸收古典政治经济学研究方法，是辩证唯物主义和历史唯物主义在政治经济学领域研究中的具体应用。作为科学的方法体系，马克思主义政治经济学方法论为中国特色社会主义政治经济学的理论研究与实践指导提供了科学有效的方法和思路，不断推动中国政治经济学理论创新发展。近十年来，学界关于政治经济学方法论的研究取得了丰富成果。

（一）研究概要：基于 Cite Space 可视化分析

通过 Cite Space 软件对近十年关于政治经济学方法论研究的文献进行关键词聚类分析（见图 3-36）。分析结果表明，学术界关于政治经济学方法论的研究主要集中于政治经济学方法论本身内容与原则、马克思主义政治经济学方法论在中国的实践与发展即中国特色社会主义政治经济学方法论、习近平经济思想对政治经济学方法论的运用与创新三个方面。"经济学方法论""政治经济学批判""唯物史观"等关键词的出现表明学者们注重对政治经济学方法论本身的研究，对政治经济学方法论具体内容与基本原则的探讨依旧是学术研究的重点。同时，关键词"马克思主义政治经济学""中国特色社会主义政治经济学"等也表明，马克思主义政治经济学方法论在当今中国的发展也是学术界重点关注的研究方向，学者们的研究也较为关注中国特色社会主义政治经济学方法论。

关键词突现图（见图 3-37）展现了不同时段学术界关于政治经济学方法论的研究热点与趋势，总体来看，时间线突现图中不同时段的关键词变换，在一定程度上反映了学术界对政治经济学方法论的研究不断深化。其中，从 2018 年开始，"研究方法"与"思维"开始成为政治经济学方法论研究的重

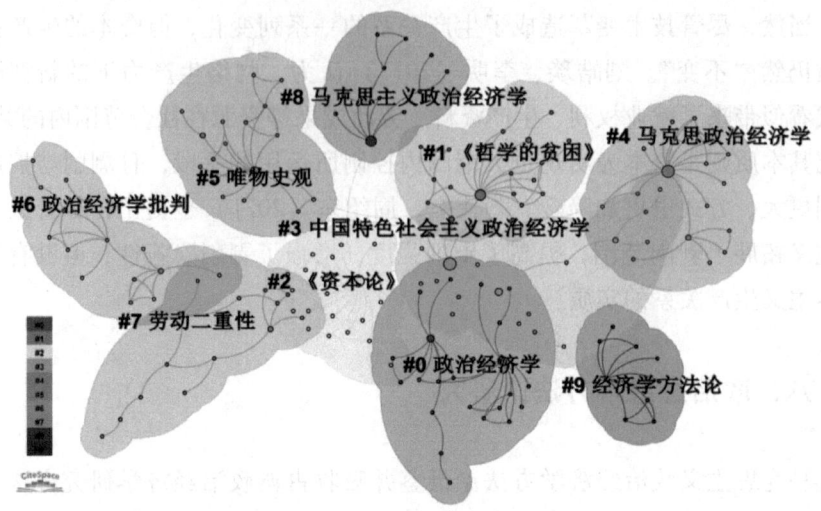

图 3-36 政治经济学方法论研究的关键词聚类结果

点,反映出这一时期学者们开始关注政治经济学方法论的哲学基础与思维理论内容。2020 年之后,"生产关系""唯物史观""所有制"等关键词的出现表明,随着对政治经济学方法论研究的进一步深入,学者们开始结合政治经济活动研究政治经济学方法论的具体内容与基本原则。同时,关键词"中国特色社会主义政治经济学"和"习近平新时代中国特色社会主义经济思想"的出现,表明对政治经济学方法论的研究由"一般"走向"特殊",学术界开始重点研究政治经济学方法论在中国的发展,即中国特色社会主义政治经济学方法论,以及习近平经济思想对政治经济学方法论的运用与创新发展。

关键词	年份	强度	起始年份	终止年份	2016—2024年
供给侧结构性改革	2016	1.34	2016	2017	
中国特色社会主义政治经济学	2016	1.06	2017	2019	
《哲学的贫困》	2017	1.06	2017	2018	
习近平新时代中国特色社会主义经济思想	2018	1.28	2018	2021	
唯物史观	2018	1.55	2020	2022	
实证	2020	0.98	2020	2021	
中国经济学	2021	1.19	2021	2024	
叙述方法	2018	1.10	2021	2022	
俄罗斯	2021	0.99	2021	2022	
习近平经济思想	2018	4.28	2022	2024	

图 3-37 政治经济学方法论研究的关键词突现结果

通过 Cite Space 软件对政治经济学方法论主题的论文发文作者进行共现分析，得到作者网络图谱和机构网络图谱（见图 3-38、图 3-39）。由图 3-38 可以看出，近年来在政治经济学方法论研究领域进行学术研究发文的作者数量较少，且作者之间的合作关系也较少，主要以顾海良、许光伟、户晓坤、宫敬才等关键个人作者与颜鹏飞和丁霞、王立胜和刘刚、蔡继明和靳卫萍等研究团队为主。

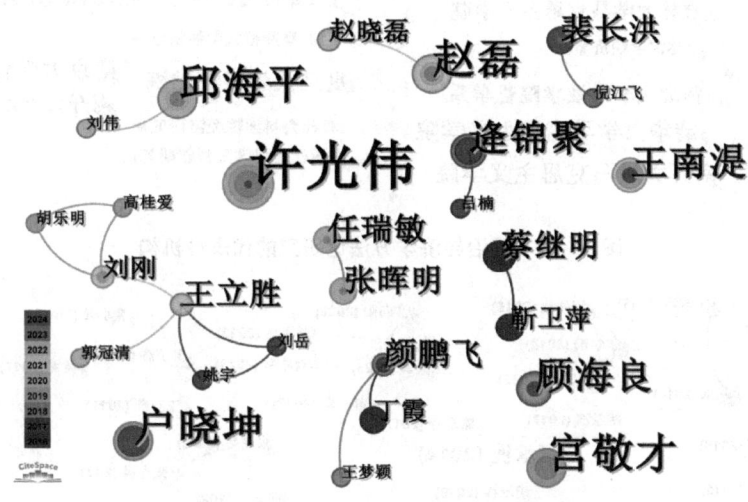

图 3-38　政治经济学方法论研究的代表性作者

图 3-39 反映了近十年来政治经济学方法论研究领域的科研机构数量及各科研机构之间的合作关系，观察图谱可以得到不同科研机构在该研究领域的科研实力与学术影响力。比如，中国社会科学院、中国人民大学和复旦大学等机构在政治经济学方法论研究领域的学术成果数量较多且影响力较大。同时，由网络机构图谱也可以看出，各科研机构之间存在较为密切的合作关系，共同推动着政治经济学方法论的研究进程。

共被引图谱则表明了该主题的代表性文献（见图 3-40）。其中，《马克思主义的总体方法论及其现实意义》（胡承槐，2014）、《〈资本论〉的辩证法：历史化的先验逻辑》（王南湜，2016）、《马克思主义哲学中国化 70 年及其历史贡献》（刘同舫，2019）、《从世界观和方法论高度认识把握习近平新时代中国特色社会主义思想》（辛向阳，2022）等文章受到了该领域学者们的重点关注。上述研究基本涵盖了政治经济学方法论的内容与原则、中国特色社会主义政治经济学方法论、习近平经济思想的政治经济学方法论运用与创新等方面的内容，为深化政治经济学方法论研究提供了重要理论启示。

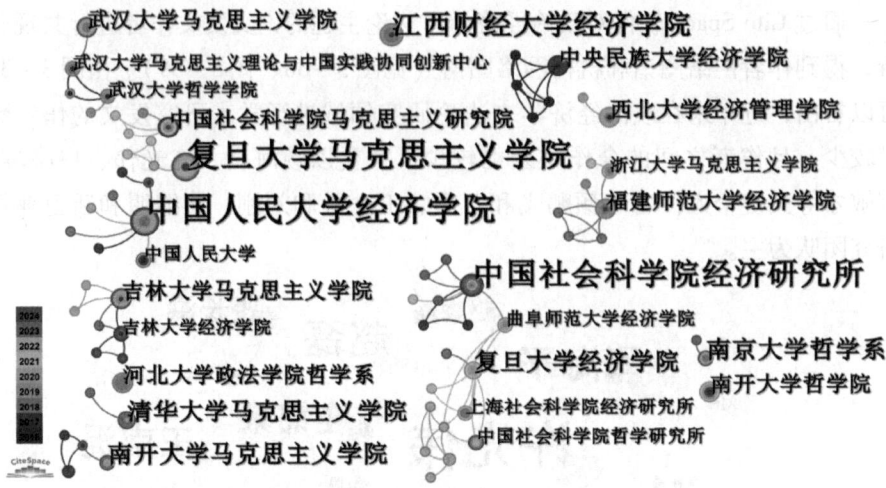

图 3-39 政治经济学方法论研究的代表性机构

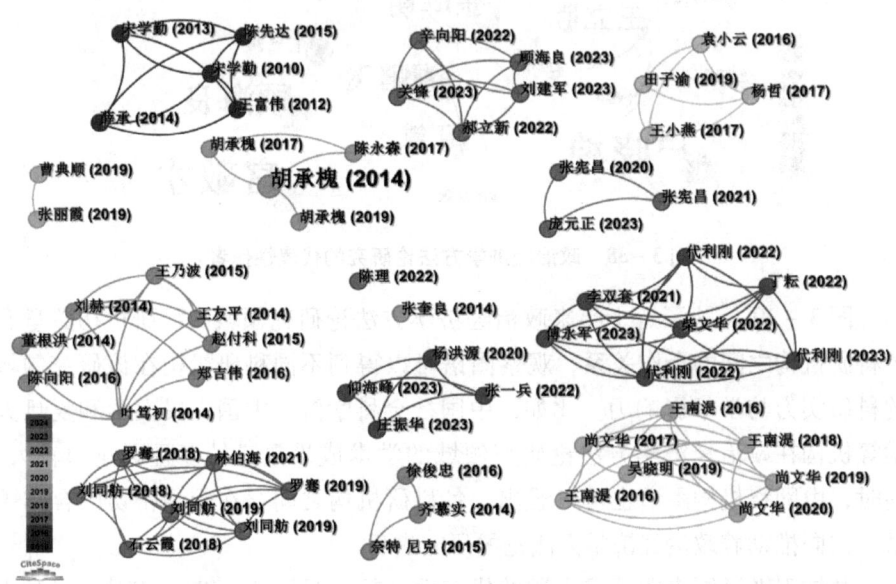

图 3-40 政治经济学方法论研究的共被引文献

（二）政治经济学方法论的内容与原则研究

马克思主义政治经济学的方法论是指在马克思主义政治经济学的研究中，用以认识经济活动和经济关系（生产关系）的方法的总和，以辩证唯物主义和历史唯物主义为核心，包括认识论和具体的研究方法。

马克思主义政治经济学方法论的具体内容与基本原则是学术界重点关注的研究热点。杨渝玲和林于良（2022）研究指出，马克思的经济学方法论是对亚当·斯密政治经济学的继承、批判与超越，再以政治经济学的方式对人类社会进行哲学思考的进路。胡磊和赵学清（2018）提出，马克思主义政治经济学的根本方法是唯物史观和唯物辩证法，具体方法包括科学抽象法、从具体到抽象的研究方法和从抽象到具体的叙述方法、逻辑与历史相一致的方法、分析和综合相结合的方法、数量分析法等。黄泰岩和王琨（2017）与李秀辉（2021）进一步指出，在马克思政治经济学方法论中，辩证唯物主义强调事物的矛盾运动及其规律性，而历史唯物主义则关注社会经济结构的变迁及其历史逻辑。在现实世界中，逻辑与历史、抽象与具体、自然属性与社会属性是在鲜活的实践过程中相统一的。户晓坤（2017）明确指出，政治经济学批判作为马克思主义经济学的理论基础及方法论原则，是马克思历史唯物主义在社会科学领域的贯彻和实施。林岗（2016）通过研究得出马克思主义政治经济学的方法论原则包含着以下四个分析规范：用生产关系必然与生产力发展相适应来解释社会经济制度变迁、将生产资料所有制作为分析整个生产关系体系的基础、依据与生产力发展的一定历史阶段相适应的经济关系来理解政治和法律的制度以及道德规范、在历史形成的社会经济结构的整体制约中分析人的经济行为。蔡继明和靳卫萍（2016）提出，马克思主义政治经济学的方法论原则主要包括科学抽象法、矛盾分析法、中介分析法、一般特殊个别的辩证法、历史唯物主义合力论、经济运行的生理学与经济发展的病理学、人类社会发展最终目标和实现手段的选择以及逻辑批判与逻辑一致性原则等。

《资本论》作为马克思主义政治经济学的经典著作，最为成熟地体现并运用了马克思主义政治经济学的方法论原则。夏永林和李昕（2021）探究了研究和理解政治经济学的重要方法：科学抽象法，并分析了这一方法在《资本论》中的体现和运用。他们认为在《资本论》研究与写作中，马克思在对前人的政治经济学理论体系及方法论梳理和总结后，提出了由抽象到具体的经济学研究方法和道路。许光伟（2019）认为，马克思在《资本论》创作中提出的将研究方法与叙述方法相区别的方法论存在形式表达和实质表达，体现了"思维学与逻辑学的统一"，这是研究方法与叙述方法关系的深层构境，可据此指导科学知识生产。赵磊（2018）在区分了"研究"与"叙述"的方法区别的基础上，明确指出唯物辩证法是《资本论》的基本方法，是马克思主义的方法论，是规定其他具体方法的原则和立场。

韩东（2017）指出，《资本论》的研究方法包括历史分析方法、辩证分析方法、逻辑分析方法、抽象分析方法等，这是马克思主义政治经济学的方法论基础。丁霞和颜鹏飞（2016）提出，《资本论》为构建当代中国马克思主义政治经济学体系提供了方法论基础，有助于把中国改革开放的实践经验上升为"系统的经济学说"。

（三）中国特色社会主义政治经济学方法论研究

中国特色社会主义政治经济学运用马克思主义政治经济学方法论，深深扎根于新中国成立以来的经济建设实践，尤其是改革开放以来的伟大经济变革历程，系统总结和提炼了我国社会主义经济建设的丰富经验。党的十八大以来，中国特色社会主义政治经济学理论体系在坚守马克思主义政治经济学方法论的基础上不断创新，逐渐形成蕴含深厚"中国基因"的政治经济学方法论。近十年来，中国特色社会主义政治经济学方法论引起了学界的广泛关注与热烈探讨，学者们从多个不同维度深入挖掘，全面系统地呈现了关于中国特色社会主义政治经济学方法论的研究成果。

坚持以中国特色社会主义政治经济学方法论为指导构建中国政治经济学理论体系，要继承和创新马克思主义政治经济学方法论。朱燕（2017）提出，构建科学的中国特色社会主义政治经济学理论体系应借鉴马克思"第二条道路"即"由抽象到具体"的逻辑方法，立足中国特色社会主义初级阶段的基本国情和改革发展实际。彭邦文和赵景峰（2020）认为，马克思的总体方法是马克思政治经济学体系构建的根本方法，要重点以马克思主义理论为基础，运用总体方法的基本内涵与原则来确定研究对象、起点范畴、中心范畴、逻辑主线，构建新时代中国特色社会主义政治经济学的理论体系。简新华（2021）认为，中国特色社会主义政治经济学始终坚持以下方法论原则：从当今时代特征和中国国情出发，紧密联系中国改革开放和经济发展的实际，实事求是，与时俱进，尽可能参考借鉴西方经济学特别是现代西方经济学的有用理论和方法，坚持和创新发展马克思主义政治经济学的经典理论和立场观点方法，逐步形成和完善中国特色社会主义政治经济学，用以指导中国改革开放和社会主义经济发展的实践。

辩证唯物主义和历史唯物主义方法论在中国特色社会主义政治经济学方法论中居于根本地位。逄锦聚（2023）认为，辩证唯物主义和历史唯物主义是马克思政治经济学的根本方法论，也是建构中国经济学自主知识体系的根本方法论。刘伟、邱海平（2022）主张中国特色社会主义政治经济学坚持运用唯物辩证法和历史唯物主义的世界观和方法论，注重从事物的普遍联系和矛盾运动出发理解社会经济发展过程，特别强调物质生产力及其发展在整个社会及其发展中的终极决定性地位和作用，注重从生产力与生产关系、经济基础与上层建筑的对立统一关系出发认识和揭示社会经济发展规律。程恩富（2021）认为，中国特色社会主义政治经济学要从初级社会主义社会的生产关系（经济制度）与生产力和上层建筑的互动互促关系中来揭示经济发展的变迁、特点和规律，要以唯物辩证法的主要规律和若干对范畴来揭示经济发展的变迁、特点和规律。

中国特色社会主义政治经济学要坚持实事求是、与时俱进，借鉴吸收哲学社会科学的普遍研究方法，推动中国特色社会主义政治经济学方法论自主创新。蔡继明（2016）认为，中国特色社会主义政治经济学研究应遵循一般特殊和个别的辩证法以及最一般的抽象产生的路径，既要根据当代资本主义的发展和中国改革开放的实践丰富和完善马克思主义政治经济学的基本原理，又要坚持马克思主义政治经济学的方法论原则，勇于对传统的理论进行批判、继承和创新。丁堡骏（2021）提出，马克思主义政治经济学必须随着中国社会主义经济建设的实践发展而与时俱进，推动构建中国特色社会主义政治经济学。黄少安（2024）进一步指出，作为马克思主义经济学的创新发展，中国特色社会主义政治经济学要在保持基本方法论一致性的基础上进行两个方面的创新：一是要完善和发展唯物史观，让历史唯物主义方法论更加适合"中国特色"社会主义政治经济学的创建和完善；二是从中华优秀的传统文化中提炼出适合于现代经济学发展的基本方法论，考虑为"合作"的经济分析寻找或建立相应的哲学基础。王立胜和郭冠清（2022）结合习近平的系列重要论述，从哲学基础、科学研究方法、实践认识论三个层面对中国特色社会主义政治经济学的方法论进行研究并得出结论：以辩证思维、系统思维、创新思维、底线思维等组成的科学思维方法是中国特色社会主义政治经济学在研究方法上的创新和发展，科学抽象法是其重要组成部分；中国特色社会主义政治经济学在实践认识论上的创新包括提出了坚持问题导向、稳中求进工作总基调等方法。石越（2017）从弗里德曼的《实证经济学方法论》出发，提出中国特色社会主义政治经济学应在批判实证经济学方法论的基础上，吸收其合理因素。

（四）习近平经济思想的政治经济学方法论运用与创新研究

习近平经济思想作为马克思主义政治经济学中国化时代化的最新理论成果，系统运用并创新发展了马克思主义政治经济学方法论。近年来，学者们深入探讨了习近平经济思想对马克思主义政治经济学方法论的具体运用与发展创新，取得了丰硕成果。

习近平经济思想始终坚持以马克思主义政治经济学方法论基本原则为指引，并在此基础上与时俱进、不断创新，形成适合中国发展实际的政治经济学方法论体系。马艳、王琳和严金强（2022）研究发现，习近平经济思想作为新时代马克思主义政治经济学中国化的理论成果，秉承了马克思主义政治经济学的方法论原则，以党的十八大以来我国社会生产力的新变化、科技和产业革命新动向、全面深化改革的新实践为依据，将唯物史观方法论原则的基本原理运用于新时代社会经济的各个领域，提炼和总结符合新时代条件和要求的社会主义经济建设新理论和新规律，开拓了当代中国马克思主义政治经济学的新境界。严金强（2021）认为，唯物史观是马克思主义政治经济学的方法论基础，也是习近平新时代中国特色社会主义经济思想的方法论基础。他进一步指出习近平新时代中国特色社会主义经济思想的逻辑起点为"中国特色的经济利益关系"，并以此为基础勾勒出习近平新时代中国特色社会主义经济思想的基本逻辑线索和整体逻辑框架。顾海良（2023）提出，习近平经济思想作为习近平新时代中国特色社会主义思想的重要组成部分，"六个必须坚持"自然成为与中国特色"系统化的经济学说"相适应的方法论体系。胡乐明（2021）认为，习近平经济思想既坚持了马克思主义政治经济学的方法论原则，同时又融通古今中外经济分析的合理成分，发展和创新了马克思主义政治经济学的思维原则和分析方法。纪志耿和陈庆玲（2019）指出，辩证思维是研究马克思主义政治经济学和中国共产党人经济理论的重要方法之一，是习近平新时代中国特色社会主义经济思想的重要方法论渊源。习近平新时代中国特色社会主义经济思想继承了马克思主义与中国共产党人在经济发展中阐发的辩证思维，并结合当代经济发展中的重点、难点问题，进一步创新和丰富了辩证思维在经济中的方法论作用，可以为促进经济高质量发展提供有益的借鉴和启示。谭苑苑（2021）以马克思主义三大科学方法论构成为研究视角，对习近平的中国特色社会主义政治经济学思想展开探讨：一是习近平坚持历史唯物主义的科学态度；二是习近平运用辩证唯物主义的思维方式；三是习近平遵循实践认识论的探索路径。杨长福和谭欢（2022）认为，习近平经济思想运用马克思主义政治经济学，对中国经济发展进行了科学的分析。在方法上，不仅注重改革发展的整体性和系统性，同时还聚焦改革发展的主要矛盾、关键领域、薄弱环节和短板之处，对马克思主义政治经济学的方法论做出了原创性贡献。

九、政治经济学思想史研究

政治经济学思想史是关于系统的政治经济学思想或理论的历史性学科，作为学术研究的重要领域，对于理解经济思想的演变、把握不同历史时期经济发展规律以及推动当代经济理论创新具有关键意义。随着时代的变迁和经济社会的发展，政治经济学思想史的研究也不断丰富和深化，涵盖了众多不同的研究视角和重要议题。通过对相关文献的梳理和分析，可以清晰地把握政治经济学思想史研究的脉络和趋势，以及马克思主义政治经济学在中国的传播、发展与创新。

（一）研究概览：基于 Cite Space 可视化分析

通过 Cite Space 软件对近十年关于政治经济学方法论研究的文献进行关键词聚类分析（见图3-41）。分析结果表明，学术界关于政治经济学思想史的研究主要集中于马克思主义政治经济学思想的演进与发展、政治经济学思想史研究的方法与视角、中国特色社会主义政治经济学思想史三方面。"马克思主义""经济思想史"等关键词的出现表明学者们注重对马克思主义政治经济思想本身的研究。同时，关键词"中国特色社会主义政治经济学""习近平经济思想""中国式现代化"等也表明，中国特色社会主义政治经济思想及其发展历史也是学术界重点关注的研究方向。

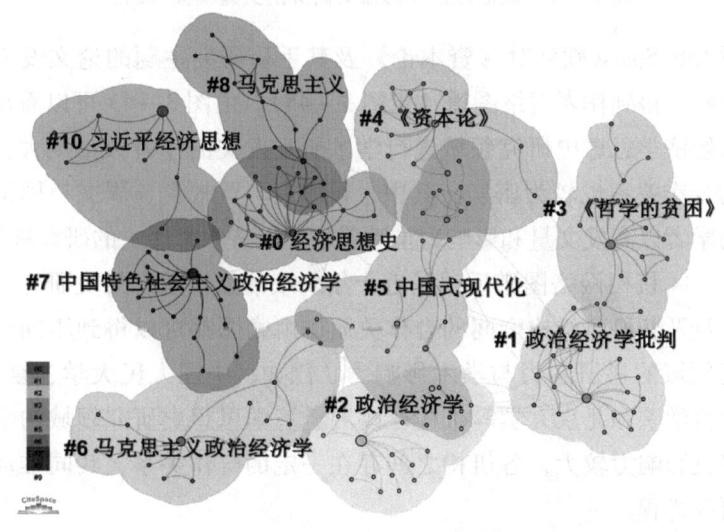

图3-41 政治经济学思想史研究的关键词聚类结果

关键词突现图（见图3-42）展现了不同时段学术界关于政治经济学方法论的研究热点与趋势。其中，从2016年开始，"恩格斯""经济思想史""思想史"就成为政治经济学方法论研究的重点，反映出这一时期学者们开始关注从社会思想史角度研究政治经济学理论。2018年之后，"市民奢华""习近平经济思想""人类命运共同体""习近平新时代中国特色社会主义经济思想"等关键词的出现表明，随着对政治经济思想史研究的进一步深入，学者们对政治经济学思想史的研究由"一般"走向"特殊"，学术界开始重点研究中国共产党的政治经济思想及其发展历史，致力于构建中国特色社会主义政治经济学理论体系。

关键词	年份	强度	起始年份	终止年份	2016—2024年
经济思想史	2016	5.12	2016	2020	
恩格斯	2017	0.88	2017	2019	
中国特色社会主义	2017	0.81	2017	2019	
剩余价值	2017	0.79	2017	2020	
思想史	2018	1.29	2018	2021	
熊彼特	2018	0.98	2018	2020	
市民社会	2018	0.67	2021	2022	
习近平经济思想	2022	4.63	2022	2024	
人类命运共同体	2022	0.54	2022	2024	
习近平新时代中国特色社会主义经济思想	2022	0.54	2022	2024	

图3-42 政治经济学思想史研究的关键词突现结果

通过Cite Space软件对《资本论》及其手稿研究主题的论文发文作者进行共现分析，得到作者网络图谱（见图3-43）。由图3-43可以看出，近年来在政治经济学思想史研究领域进行学术研究发文的作者数量庞大，有些作者之间的合作关系也较为密切。其中，顾海良、贾根良、周文、周绍东和孟捷等主要学者以高发文量和影响力推动着政治经济学思想史的研究进程。

图3-44机构网络图谱反映了近十年来政治经济学思想史研究领域的科研机构数量及各科研机构之间的合作关系，观察图谱可以得到不同科研机构在该研究领域的科研实力与学术影响力。比如，中国人民大学、复旦大学、中国社会科学院和北京大学等机构在政治经济学思想史研究领域的学术成果数量较多且影响力较大，各机构之间存在一定的合作关系，共同推动着这一领域的研究进程。

第三部分　中国政治经济学研究进展（2016—2025 年）　　105

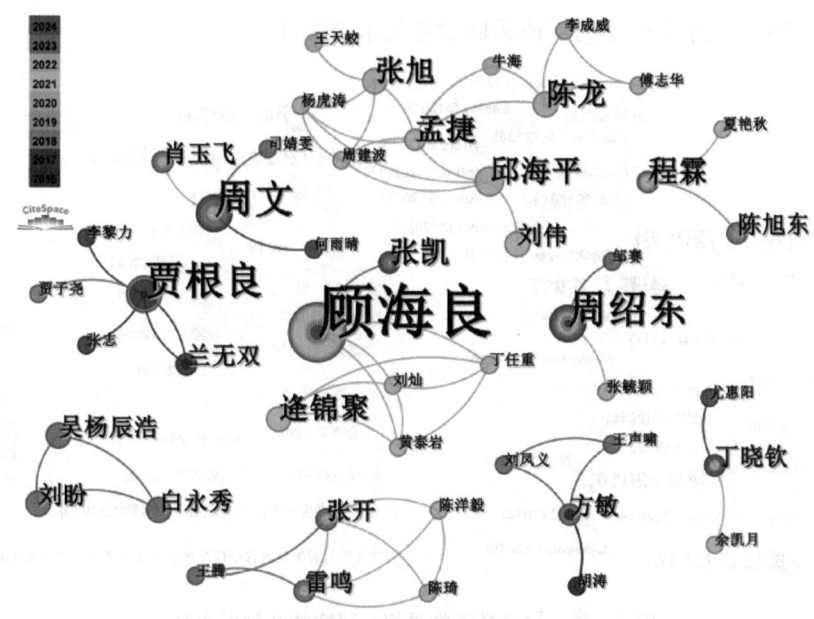

图 3-43　政治经济学思想史研究的代表性作者

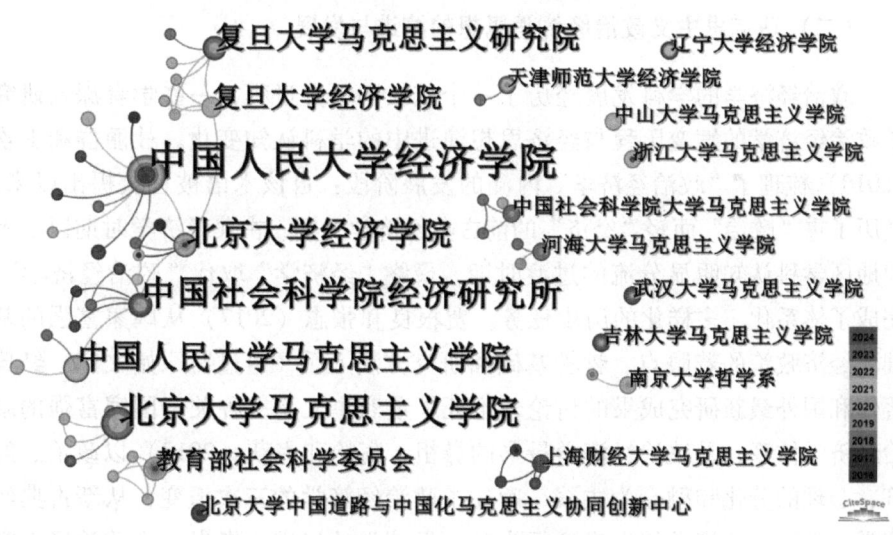

图 3-44　政治经济学思想史研究的代表性机构

共被引图谱则表明了该主题的代表性文献（见图 3-45）。其中，《关于经济思想史学科专业归属和栖息地的争论》（贾根良，2016）、《经济思想编史学：学科性质、内容与意义》（李黎力、贾根良，2017）、《中国特色社会主义政治经济学史的研究对象、功能与架构》（李家祥，2019）、《新时代中国经济发展的理论创新——学习习近平关于经济高质量发展的重要论述》（张雷声，2020）等文章受到了该领域学者的重点关注。

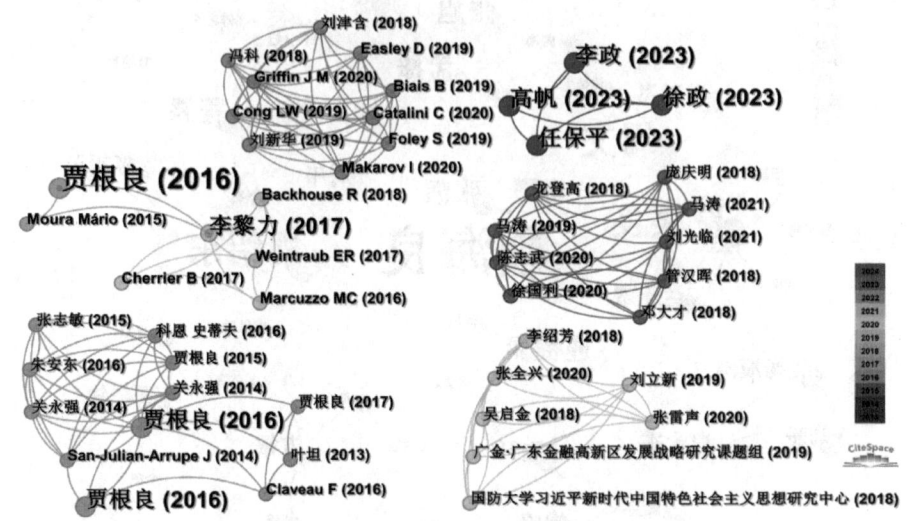

图 3-45　政治经济学思想史研究的共被引文献

（二）马克思主义政治经济学思想的演进与发展

政治经济学的学科发展经历了一个较长的历史过程，一些学者深入研究了政治经济学的嬗变历程与经济思想演进中的学科认知变化。杜丽群和王欢（2019）梳理了"政治经济学"内涵的发展阶段：自该术语被首次提出以来，经历了重"政治"而轻"经济"的前古典经济学时期、古典经济学时期以及不同地区学科认知明显分流的过渡时期，最终"经济学"取代"政治经济学"，完成了体系化、多样化的历史任务。贾根良和张志（2017）从国家富强的基础、经济政策的着眼点、哲学基础和研究方法入手，通过对原始文献、经典著作和国外最新研究成果的讨论，论证了重商主义是一种关于国家富强的政治经济学体系，是政治经济学最早的鼻祖。高岭和卢荻（2018）以政治、经济、心理的分化和融合为主线，阐述了政治经济学的三次嬗变，从新古典经济学、新政治经济学的生成到行为政治经济学的出现，指出行为政治经济学用社会人假设代替经济人假设，代表了未来政治经济学的发展方向。胡怀国（2019）基于思想史的考察，提出政治经济学自诞生之日起就深深地带有国家主体性的烙印，国家主体性是政治经济学与生俱来的基本属性。此外，政治经济学思想史的发展，需要对比政治经济思想史和西方经济史，借鉴西方经济思想史的叙事逻辑和建构理路。顾海良（2021）总结了卢森贝在《政治经济学史》中对政治经济学史研究的基本观点及其对政治经济思想史研究和发展的影响，尤其是对中国经济思想史学界的影响是长久的。

马克思政治经济学思想是政治经济学思想史研究的核心内容之一。众多学者着重探讨了马克思政治经济学批判思想的生成与发展。平成涛（2021）指出，马克思的政治经济学批判思想是政治经济学在19世纪进行自我反思的理论成果，其走向成熟的过程与唯物史观的形成与发展紧密相连，内在地关涉市民社会与政治国家的关系、阶级立场等六个方面的核心内容。李林（2017）通过对"财产权"的思想史溯源，引出蒲鲁东的"财产权"思想；进而在对蒲鲁东与马克思的比较分析中，梳理马克思对"财产权"概念的批判性反思。最终得出结论：根植于政治经济学批判的理论逻辑，马克思完成了对"财产权"与"自由"问题的回应与解答。刘荣军（2018）研究认为，马克思通过对市民社会理论的法哲学批判、政治经济学批判和意识形态批判，为科学回答"人的个体性、私利性和特殊性能否以及如何上升为社会的公共性、公益性和普遍性"这一现代社会发展的总问题提出了具有历史唯物主义原则的解决思路。在深化改革开放的背景下，重温近代市民社会理论的裂变聚变以及马克思对市民社会的批判继承具有重要的思想史效应和现实意义。周嘉昕（2018）指出，正是在对市民社会解剖即政治经济学批判的意义上，马克思通过批判古典政治经济学的劳动价值论而开创了剩余价值理论，揭示了现代资产阶级社会的对抗性历史本质，实现了他对自由主义的科学批判和根本超越。

《资本论》作为马克思政治经济学批判思想的集大成之作，在政治经济学思想史中占据着极其重要的地位。付文军（2022）认为，《资本论》完成了对世界历史之谜的政治经济学求解，从时间和空间维度考察世界历史，实现了对"自由个性"的现实求索并开启了人类文明的新形态，时至今日仍是回应时代之问和解答历史之谜的关键性理论资源。高云涌和王林平（2020）则从认识论角度分析，认为《资本论》的认识论是政治经济学批判语境中的历史科学认识论，具有批判反思性，这也使政治经济学批判带上了鲜明的存在论批判色彩。郗戈（2017）认为，对经济学与哲学关系的思想史考察与注重文本和理论本身的探讨同样重要，基于此，他进一步指出在《资本论》中，经济学与哲学实现了内在结合，马克思的哲学深化为一种关于资本主义生产方式的政治经济学批判，而政治经济学批判同时也被提升为一种关于现代世界的存在方式、生成方式与超越方式的新型哲学世界观。

（三）政治经济学思想史研究的方法与视角

历史唯物主义在政治经济学思想史研究中起着关键的方法论作用。许腾飞（2020）认为，《国民经济学批判大纲》首次将唯物史观的视角应用到对资本主义政治经济学的批判中，是马克思主义政治经济学的开篇之作，为马克思主义政治经济学的创立奠定了基础。丁涛和皮英林（2021）基于对《政治经济学批判大纲》（以下简称《大纲》）的深入考察，认为《大纲》指明了开展政治经济学的前提批判，从经济思想史的角度看，从《大纲》到《资本论》包含着马克思主义政治经济学的萌芽和创立过程，没有明确的"前提"和辩证唯物主义这一正确的方法，科学的政治经济学理论体系是无法建立起来的。顾海良（2017）指出，马克思经济思想史研究所秉持的社会观和历史观，是以唯物史观为基本遵循的，这是马克思经济思想史研究的核心立场和基本方法。胡莹和卢斯媛（2021）指出，马克思围绕剩余价值撰写政治经济学史，是因为剩余价值是其经济学理论体系的核心范畴。通过对《政治经济学批判》第二分册中剩余价值理论部分的考察，得出了关于经济思想史研究的方法启示：掌握经济学不同研究方法的继承和流变；强调经济现实对经济思想的塑造和制约；立足于重要代表人物，以点带面展开研究；要以马克思主义经济学的历史唯物主义研究方法为基础开展研究。

同时，不少学者认为，政治经济学思想史研究还应坚持多学科交叉的研究视角、探寻政治经济思想史研究的新思路。孟捷（2021）通过回顾斯大林和毛泽东对"剩余价值概念适用于社会主义政治经济学"的看法，认为在社会主义市场经济条件下，社会剩余价值生产规律是社会主义初级阶段的基本经济规律之一。顾海良（2017）认为，《资本论》第一卷"第二版跋"对政治经济学史基本脉络和过程特点的系统论述，从多方面丰富了马克思经济思想史观。政治经济学史研究中社会观和历史观及其阶级观，是马克思经济思想观的核心立场和根本方法。盛阳（2020）从传播思想史的角度探讨全球传播与政治经济学的互构与重校，认为这不仅是认识论和方法论层面的思想路径，也为文化走出去的传播实践提供了理论参照。胡怀国（2019）认为，经济思想史研究应更开放、开阔和扎实，挖掘经典文献的时代背景、人物生平、重大事件，分析经典文献与时代课题的互动关系，以重振经济思想史学科并为中国特色社会主义政治经济学提供学术滋养。

（四）中国特色社会主义政治经济学思想史研究

中国共产党经济思想的发展历程是马克思主义政治经济学中国化的生动体现，是政治经济学思想史研究的重点领域。进入新时代，我国政治经济思想史理论不断发展创新，要求从实际出发推动形成中国特色政治经济学思想史。

对于中国特色社会主义政治经济学的历史开端与资源发掘问题，周绍东（2018）认为，在构建中国特色社会主义政治经济学理论体系时，确定恰当的历史开端至关重要。应将其历史开端定位于中华人民共和国成立，尤其要系统发掘和整理1949—1957年过渡时期的社会主义政治经济学思想史资源，这有助于厘清商品经济和产品经济形态关系，理解生产资料所有制演进规律，也为当前深化改革提供理论启示。张林和周济民（2020）针对中国特色社会主义政治经济学史的书写范式进行考察，认为要把传统经济思想史研究拓展为包括思想史、政策史和事件三个元素的经济学史研究思路。中国特色社会主义政治经济学史起点与马克思主义政治经济学中国化起点一致。研究重点在于处理好理论和人物的关系，重视党的领导人和经济学家的贡献，同时在政策史研究中厘清思想、方略和政策关系并总结历史教训，在事件研究中呈现发展历程并推动其发展。刘清田（2019）结合中国特色社会主义政治经济学史的研究现状和最新成果，提出在发掘和建设中国特色社会主义政治经济学思想史的过程中，需要侧重和凸显四个方面的内容：梳理中国特色社会主义政治经济学本身开创、形成和发展的历史，同时要明确其历史发展的坐标系和对照组；要界定中国特色社会主义政治经济学史的历史起点，更要明晰起点界定的事实和学理依据；要构建叙述主线和内容结构，更要确立内在贯通始终的理论主线；要讲理论史，更要明确讲方法创新史。程霖和夏艳秋（2022）也强调，要在未来的研究与探索中坚持总结中国经济思想的光辉成就、提供解决现实问题的历史借鉴、挖掘构建中国经济学的理论要素、推动中国经济思想海外传播这四项学科使命，推动中国经济思想史学科的深化发展。

此外，学术界回顾并展望了中国特色社会主义政治经济学的历史进路。一部分学者对中国特色社会主义政治经济学思想史学术著作进行评述，探索构建中国特色社会主义政治经济学史的研究路径。孟捷、陈龙和牛海（2020）评价《中国特色社会主义政治经济学史纲》是该学科体系建设的第一部思想史著作，更是中国特色社会主义政治经济学思想史领域的杰作。他们认为该书从思想史角度回顾了中国特色社会主义政治经济学的理论发端、主线、主导和主题等核心问题，展现了历史逻辑、实践逻辑和理论逻辑的有机统一，科学性、现实性和建设性的有机统一，研究对象整体性和理论体系层次性的有机统一。伍丽（2019）评价《马克思经济思想史论》是对马克思经济思想史的回顾与探寻，其中既有对马克思经济学思想观点的汇总，又有其思想形成路径的探寻，同时还进一步考察了关于马克思主义经济思想史研究的几个问题。逄锦聚（2021）指出，李家祥的《中国特色社会主义政治经济学史论》着力于纠正经济学领域忽视经济史、经济思想史的不良倾向，就新时代如何构建中国特色社会主义政治经济学史的理论架构作出了创新性的探索，特别是书中从学说史的角度考察现实重大问题的尝试增添了学说史研究的生机和活力，为构建中国特色社会主义政治经济学提供了良好基础。

也有学者从思想史角度对中国特色的政治经济理论与实践展开研究。陈龙（2022）从思想史的角度回顾卫兴华关于"国家与市场"的观点并指出，"国家调节市场，市场引导企业"的思考写出了中国特色社会主义政治经济学关于国家与市场关系理论的一个"初稿"。胡怀国（2020）基于思想史视角理解社会主义基本经济制度，强调绝不能孤立地看待包括生产资料所有制在内的某种制度的单独的作用，而必须把包括社会主义基本经济制度在内的中国特色社会主义制度视为一个多层次、多领域的制度体系。陈旭东和程霖（2019）回顾中国现代经济思想史研究的学术史，揭示了中国现代经济思想史学科发展的内在机理、演进规律，并进一步探索了中国现代经济思想史研究的未来可行路径，以及推动构建具有中国特色的经济学学术话语体系的实践路径。张旭和王天蛟（2020）研究指出，在构建和发展中国特色社会主义政治经济学的过程中，迫切需要在理论层面上注重发掘中华优秀传统文化的价值，将思想史的发展传播与中国现实的历史方位结合起来，实现中国特色社会主义政治经济学的创新和发展。颜鹏飞和丁霞（2020）基于经济思想史视域，着重探讨了关于中国经济发展的重要问题：一是中国经济发展必须坚定不移以新时代中国特色社会主义政治经济学作为中国经济发展的指导思想；二是厘定政府与市场作用的边界，实现有效市场与有为政府的有效结合。

学术界关于政治经济学思想史的研究涵盖了马克思主义政治经济学思想的演进、政治经济学思想史的研究方法与视角、中国特色社会主义政治经济学思想史等多个重要方面。这些研究既注重对经典理论的挖掘和解读，也关注当代经济现实和理论创新的需求，为我们理解经济理论的发展和解决现实经济问题提供了重要的理论基础和历史经验。未来的研究可以进一步加强对不同政治经济学思想的比较研究，深入挖掘其在新的经济形势下的应用价值，同时结合更多学科的方法和视角，推动政治经济学思想史研究不断创新和发展，为构建中国特色社会主义政治经济学贡献更多智慧。

十、《资本论》及其手稿研究

《资本论》是马克思主义政治经济学的集大成之作。马克思在《资本论》

及其手稿中以剩余价值为中心，运用历史唯物主义原理深入剖析了资本主义经济形态，揭示了资本主义经济运行规律及其历史发展趋势，为实现全人类的自由和解放指明了方向。《资本论》及其手稿在当今时代背景下仍是剖析当代资本主义社会、发展中国特色社会主义经济和构建中国特色社会主义政治经济学理论体系的理论武器。近十年来，学界围绕《资本论》及其手稿的文本发展和传播历程、重要范畴、理论阐释、方法论应用、当代价值等方面进行了全面且深入的研究。

（一）研究概览：基于 Cite Space 可视化分析

通过 Cite Space 软件对近十年关于《资本论》及其手稿研究的文献进行关键词聚类分析（见图3-46）。分析结果表明，学术界关于《资本论》及其手稿的研究主要集中于《资本论》及其手稿的文本发展与全球翻译传播、重要范畴与理论阐释、《资本论》及其手稿的当代价值三个方面。"资本逻辑""价值形式""人的发展""直接生产过程的结果"等关键词的出现表明学者们重点研究《资本论》及其手稿中的相关理论及重要范畴，以及《资本论》及其手稿在创作中所运用的方法。同时，关于《资本论》及其手稿的文本内容及其在全球的翻译与传播也是学者研究的重点。此外，《资本论》及其手稿的当代价值尤其是对发展中国特色社会主义经济、构建中国特色社会主义政治经济学理论体系的重要指导意义也是学术界重点关注的热点研究方向。

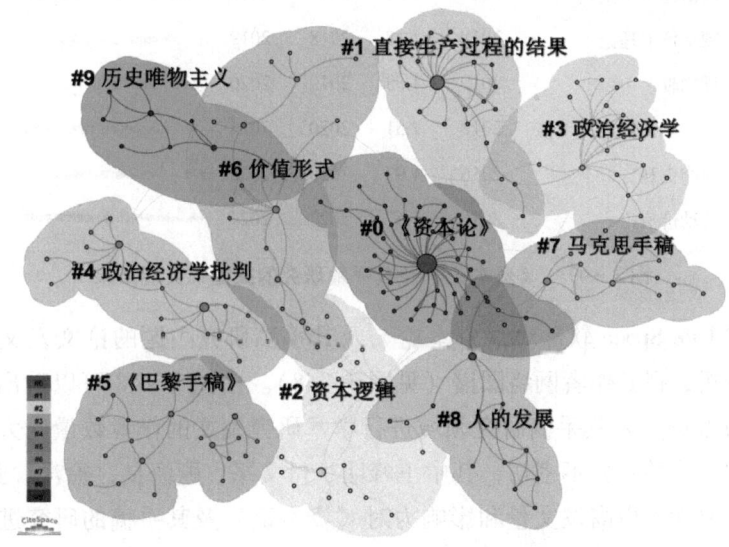

图3-46　《资本论》及其手稿研究的关键词聚类结果

关键词突现图（见图3-47）展现了不同时段学术界关于《资本论》及其手稿的研究热点与趋势。总体来看，时间线突现图中不同时段的关键词变换，在一定程度上反映了学术界对政治经济学方法论的研究不断深化。其中，从2016年开始，"分工"与"资本论"开始成为《资本论》及其手稿研究的重点，反映出这一时期学者们开始关注《资本论》及其手稿中的分工理论以及手稿文本等内容。2017年开始，"恩格斯""辩证法""政治经济学批判""拜物教"等关键词的出现表明，随着对《资本论》及其手稿研究的进一步深入，学者们开始探讨恩格斯在《资本论》创作中的重要贡献、《资本论》及其手稿创作过程中运用的方法论以及重点关注了《资本论》及其手稿中经典的"拜物教"理论。随后，关键词"剩余价值理论""唯物史观"和"劳动价值论"，表明对《资本论》及其手稿的研究越发深入，学术界开始重点研究《资本论》及其手稿的具体理论以及这些理论对构建中国特色社会主义政治经济学理论体系的重要价值。

关键词	年份	强度	起始年份	终止年份	2016—2024年
分工	2016	1.34	2016	2017	
资本论	2017	3.28	2017	2018	
恩格斯	2017	1.98	2017	2020	
辩证法	2017	1.41	2017	2019	
政治经济学批判	2017	1.38	2017	2018	
剩余价值理论	2018	1.48	2018	2019	
拜物教	2019	1.53	2019	2020	
《资本论》及其手稿	2018	2.51	2020	2024	
唯物史观	2016	1.97	2020	2022	
劳动价值论	2016	1.67	2022	2024	

图3-47 《资本论》及其手稿研究的关键词突现结果

通过Cite Space软件对《资本论》及其手稿研究主题的论文发文作者进行共现分析，得到作者网络图谱（见图3-48）。由图3-48可以看出，近年来在《资本论》及其手稿研究领域进行学术研究发文的作者数量庞大，但作者之间的合作关系并不密切，其中王峰明、付文军、顾海良、徐洋、张一兵、郗戈等主要学者以高发文量和影响力对《资本论》及其手稿的研究进程产生重要推力。

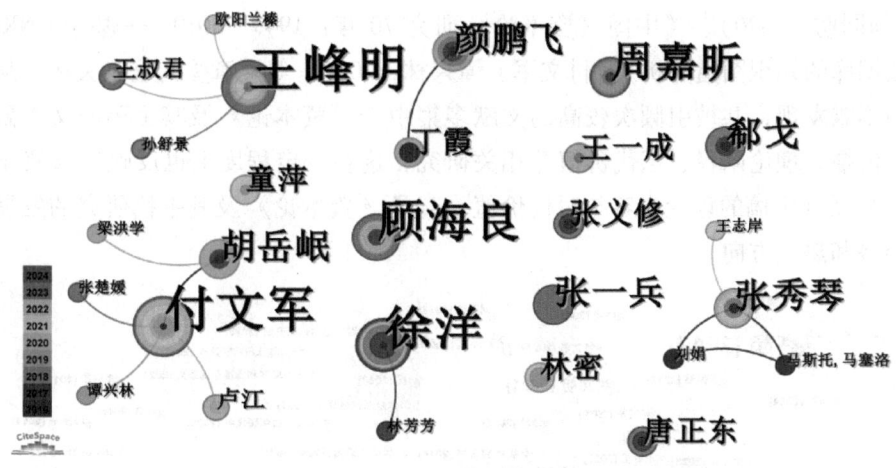

图 3-48 《资本论》及其手稿研究的代表性作者

图 3-49 机构网络图谱反映了近十年来《资本论》及其手稿研究领域的科研机构数量及各科研机构之间的合作关系，观察图谱可以得到不同科研机构在该研究领域的科研实力与学术影响力。比如，中国人民大学、南京大学、清华大学、北京大学、浙江大学等机构在《资本论》及其手稿研究领域的学术成果数量较多且影响力较大，共同推动着《资本论》及其手稿研究进程。同时，由网络机构图谱也可以看出，各科研机构之间的合作关系有待进一步加强。

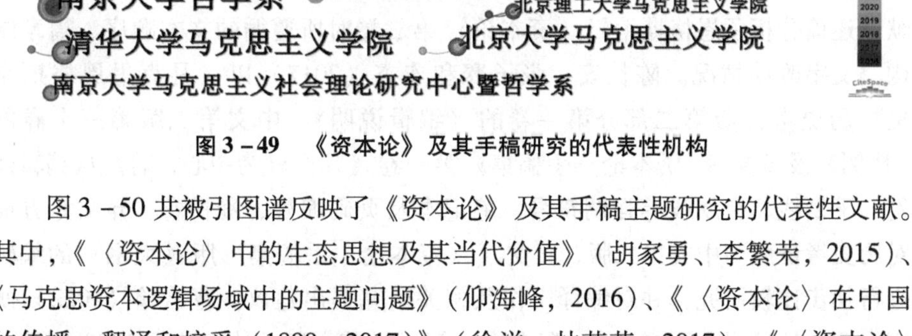

图 3-49 《资本论》及其手稿研究的代表性机构

图 3-50 共被引图谱反映了《资本论》及其手稿主题研究的代表性文献。其中，《〈资本论〉中的生态思想及其当代价值》（胡家勇、李繁荣，2015）、《马克思资本逻辑场域中的主题问题》（仰海峰，2016）、《〈资本论〉在中国的传播、翻译和接受（1899—2017）》（徐洋、林芳芳，2017）、《〈资本论〉方法的当代意义》（吴晓明，2018）、《马克思唯物史观叙事中的劳动正义》

(刘同舫,2020)、《中国〈资本论〉研究70年:1949—2019——基于CNKI数据库的知识图谱分析》(付文军、谭兴林,2020)等文章受到重点关注。从中不难发现,共被引频次较高的文献多集中于《资本论》及其手稿的文本翻译传播、理论阐释、当代价值等相关研究,这在一定程度上也反映出《资本论》及其手稿的理论内容与时代价值一直是《资本论》及其手稿研究的发展趋势和热点方向。

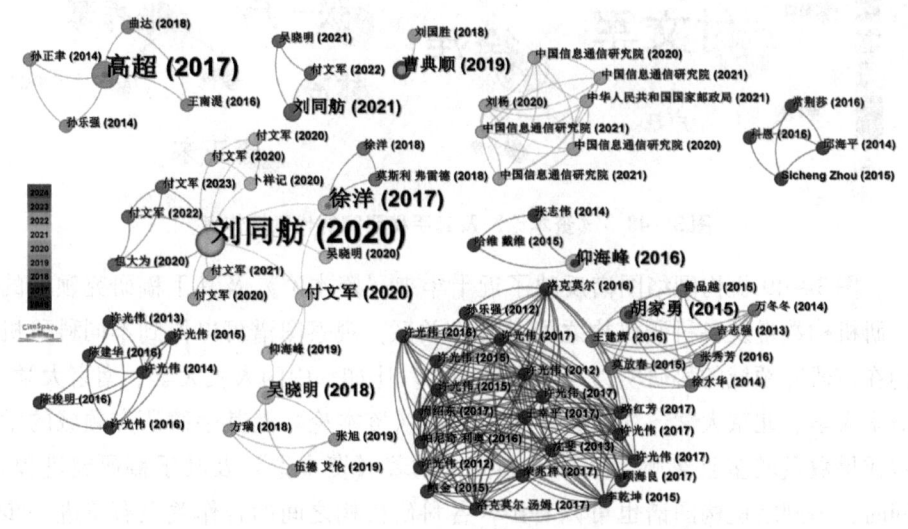

图3-50 《资本论》及其手稿研究的共被引文献

(二)《资本论》及其手稿的文本发展与传播历程

《资本论》及其手稿的面世与传播经历了一个复杂的过程,其中也存在着文本佚失、错序、讹误等问题。不少学者致力于廓清疑窦,深入研究了《资本论》及其手稿的文本勘定与传播历程。徐洋(2017)基于现存的MEGA文献,逐篇分析了恩格斯编辑《资本论》第二卷时所遵循的文本顺序、篇章结构、文字改动情况。陈长安、张子骞和连杰(2017)以《马克思恩格斯全集》历史考证版第二部分第一卷的《编辑说明》、中文第二版第三十卷的《凡例》及日文《〈资本论〉手稿集》第一卷《凡例》为中心,着重从编辑体例、下划线、旁划线等强调符号、笔记本及页码编号、资料卷、异文等方面对历史考证版与中文第二版、日文《〈资本论〉手稿集》版《大纲》的编辑进行初步比较研究,并对编译工作及相关研究提出建议。曹浩瀚(2022)研究发现,从编辑方面来看,《资本论》第一卷英文版总体上依据1883年德文第三版编辑,同时在个别地方依据美国版《编辑说明》,参考法文版进行了一定的修改，从而使这一版本成为具有通俗化特色的译本，更便于读者尤其是英国读者的理解接受。

近年来，《资本论》在全球的翻译与传播逐渐成为《资本论》及其手稿研究的一个热点。聂锦芳（2022）认为，在中国《资本论》翻译史上，"郭大力、王亚南译本"不仅是建立在之前各种试译、节译和第一卷全译基础上的集大成之作，而且由于较为准确地把握了从古典经济学到《资本论》的逻辑发展、统一了政治经济学的核心范畴，并通过不断地修改提供了更为准确的中文表达，彰显出重要的学术价值。韩保江和李娜（2022）回顾了《资本论》在中国的传播历程，强调《资本论》在中国的传播经历了一个由浅入深、由局部到整体的过程，并且伴随着中国共产党从幼年走向成熟，中国共产党对它的理解认识也不断深化。刘洵（2022）回顾并梳理了马克思《资本论》在苏联、俄罗斯的150多年的传播历史，对于理解马克思主义在俄文世界乃至全球的传播图景具有重大意义。薛睿（2020）以较为宏观的视角，将《资本论》及其手稿从19世纪70年代至今在法国的出版传播分为三个阶段进行回顾，并得出了其在法国出版传播的三个特征，即伴随法国社会主义运动曲折发展、存在诸多悬而未决的术语翻译论争和深受吕贝尔范式的影响。王瞻（2021）考察了《资本论》在马克思的祖国及其写作文本的母语国家——德国传播与被接受的历史。张秀琴和王志岸（2021）通过考察《资本论》在英美的传播历程，认为《资本论》在英美的传播与接受反映了19世纪后期以来资本主义社会经济文化发展现实与马克思主义理论文本之间最为激烈的碰撞和交锋。

同时，探析恩格斯对《资本论》的贡献也是相关研究的热点。顾海良（2020）认为，恩格斯在筑就《资本论》丰碑上的卓越贡献，显著地表现在编辑出版《资本论》第二卷和第三卷上，同时也突出地体现在对《资本论》整体结构和《资本论》第四卷研究上。程恩富和朱炳元（2020）高度肯定了恩格斯对《资本论》创作的贡献，恩格斯不仅完成了《资本论》第二卷和第三卷的编辑出版，而且加入了大量的自己的观点和见解，其整理出版《资本论》续卷，是对马克思主义政治经济学的重要贡献，也是对无产阶级和人类解放事业的伟大贡献。丁霞和颜鹏飞（2020）深入考察了《资本论》的创作过程，认为恩格斯对于《资本论》的创作和编辑出版作出了巨大的贡献，从而奠定了他在《资本论》创作史上的崇高地位，尤其恩格斯关于尊重和研究原著本身、原话和原文，以及反对根据第二手的材料来进行研究的编辑原则和学习原则，具有不可忽视的现代价值。王庆丰和石佳（2017）认为，恩格斯通过化学领域所发生的术语革命来类比《资本论》的术语革命，把对术语革命的探讨聚焦于以"剩余价值"为核心范畴的术语系统，指出术语革命的实质就是从"经验事实"的经济学范畴转变为"概念"的哲学范畴，将马克思《资本论》同古典政治经济学彻底区分开来，从而凸显了马克思《资本论》所具有的革命性意义和存在论意义。

（三）《资本论》及其手稿中的重要范畴与理论阐释

近年来，大量学者就《资本论》及其手稿的理论阐释与其中的重要范畴进行深入考察，并取得丰硕成果。

《资本论》中的商品、货币和资本等重要范畴一直是研究的重点。学者们通过对这些范畴的深入剖析，挖掘马克思在当时历史条件下对资本主义经济本质的深刻认识。商品作为资本主义经济的细胞，其内在的价值和使用价值的矛盾，为理解资本主义经济的运行规律奠定了基础。韩志伟和陈俊昆（2019）通过研究解释了马克思《资本论》以对商品的分析为开篇是因为"商品章"作为《资本论》的开篇之章所具有的"外部性"，使得《资本论》的整体文本结构与文本逻辑得以按照从抽象上升到具体的顺序展开。顾海良（2017）提出，《第六章 直接生产过程的结果》这部手稿最为详尽地论述了商品范畴作为《资本论》始基范畴和逻辑起点的内涵和本质规定，并进一步指出商品范畴作为《资本论》始基范畴，完全是由马克思所说的"特殊资本主义生产方式"的内在矛盾和全部发展过程以及"资本主义生产方式专有的特征"决定的。货币作为商品交换的媒介，其职能的演变反映了资本主义经济关系的不断复杂化。欧阳彬（2022）基于对《资本论》及其手稿的解读，发现马克思秉持唯物史观与政治经济学批判相统一的总体性视域，将货币置于作为有机整体的社会历史发展与资本主义生产方式中，从而揭示了货币所具有的劳动生成性、关系物化性与主体抽象性三重意蕴。蔡玲（2018）深入探讨了马克思货币理论中"货币"概念的独立性特征，认为马克思指出"货币的独立性不是纯粹的，而是相对的"，这种相对的独立性对资本主义经济具有重要的意义，它一方面促成了资本主义的迅速发展，另一方面也体现出了对资本主义的否定。资本作为资本主义经济的核心范畴，对其积累、循环和周转的研究，有助于我们把握资本主义经济的扩张和危机的根源。付文军（2016）通观《资本论》全篇，总结了马克思对资本的力量属性、过程属性、阶级属性和价值属性进行的批判性思考，并通过对资本逻辑的批判性考察，得出资本主义社会就是一个由资本逻辑管控着的社会，"是"与"应该"的矛盾贯穿这一社会始终。而资本宰制所体现的逻辑落差，也使得资本拜物教得以"祛魅"，资本世界得以清晰地呈现在我们面前。

也有学者致力于研究"机器大生产理论""自然力理论""劳动价值论""生产力理论"等《资本论》中阐述的重要理论。孙乐强（2016）认为，马克思在《资本论》中建立了科学的机器大生产理论，并在此基础上诠释了劳动解放的双重内涵，不仅揭示了劳动从资本关系中解放出来的现实基础，而且也诠释了劳动从手段变为目的的可能性，厘清了必然王国与自由王国的辩证关系，颠覆了贬低劳动或仅仅将劳动理解为手段的西方哲学—经济学传统。赵睿夫（2021）通过研究得出，《资本论》中的"自然力"理论揭示出生态破坏与自然力危机的资本主义政治经济危机本质，证伪了生态资本主义解决环境问题的幻想，明确了建设社会主义生态文明的重大理论意义，在思想与实践的双重境遇中不断焕发出跨越时空的智慧光辉。方敏（2020）探讨了《资本论》中劳动价值论的若干基本范畴和原理，得出以下结论：从生产关系出发理解价值范畴和劳动价值论，是马克思主义政治经济学的方法论原则；价值关系和价值实体是既有联系又有区别的两个范畴；价值关系决定了私人劳动按照什么规律转化为价值；劳动价值论包含了供求分析，供求与价格的相互决定作用就是价值规律的具体作用形式。鲁品越（2018）立足于当代实践，以《资本论》中基于劳动二重性的"社会生产力"概念为基础，得到了与《资本论》中"社会生产力"概念相符合，并且能够包含《资本论》中各种局部性生产力的定义：社会生产力是社会物质生产系统的自然物质过程方面，是社会人开发、改造、利用和维护自然资源和人文资源，生产满足人类生存与发展需要的财富的能力。

此外，《资本论》及其手稿中所应用的方法也是学术界研究的热点。许光伟（2017）指出，《资本论》的辩证法是"实践态的"，具有内在的三个认识维度：发生学工作逻辑、政治经济学批判和劳动二重性的学说原理。卫兴华（2018）也指出，"辩证唯物主义"和"历史唯物主义"的方法论是《资本论》的"总体性和根本性的方法"。李佃来（2023）也认为，《资本论》创作方法的内核是马克思在黑格尔的基础上予以唯物主义改造的辩证法。从抽象到具体不是演绎逻辑，而是辩证逻辑，它构成了《资本论》创作方法的逻辑形式。《资本论》的创作方法既包括研究方法，也包括叙述方法。

（四）《资本论》及其手稿的当代价值

《资本论》及其手稿中的内容具有重要的当代价值，是中国特色社会主义政治经济学的坚实理论基石。大量学术成果表明，《资本论》及其手稿的时代性、创新性研究为中国的经济建设提供了重要的思想方法和理论指导，有助于构建中国特色社会主义政治经济学理论体系。

《资本论》及其手稿对资本主义经济本质和规律的揭示，使我们能够深刻认识社会主义市场经济与资本主义市场经济的本质区别，从而更好地把握中国特色社会主义经济的发展方向。任保平（2018）认为，马克思在《资本论》中从不同角度论及了一些关于质量的经济问题，形成了马克思《资本论》的质量经济理论，这些理论构成了新时代高质量发展的政治经济学理论逻辑，对实现高质量发展具有重要的现实指导意义，这些现实指导意义主要体现在构建以质量为导向的中国特色社会主义政治经济学，同时建立中国特色的微观经济学理论，促进新时代高质量的微观经济发展。刘立云和孔祥利（2021）基于对《资本论》的文本考察认为，《资本论》为从微观、中观、宏观三个层面深刻阐释"双循环"新发展格局的内涵机理提供了学理支撑，对促进企业"脱虚向实"高质量发展、推动实现技术进步收益公共分享、生产要素市场配置等具有重要理论指导意义。盖凯程、冉梨（2019）也指出，《资本论》的社会总资本再生产理论充分阐述了在社会再生产过程中，供求平衡和结构均衡至关重要，成为当前我国供给侧结构性改革的理论指导。

通过对《资本论》的深入研究和创新发展，提炼出具有中国特色的经济理论和概念，能够推动中国特色社会主义政治经济学理论体系的构建与完善。周文和宁殿霞（2018）研究指出，《资本论》中每一个范畴都有着物与物的关系和物与物关系背后人与人关系的二重性，这一结论对构建中国特色社会主义政治经济学的完整理论体系具有重要启示作用，要总结中国改革开放的实践经验和提炼系统化、规律化的经济学新元素，并使其成为中国特色社会主义政治经济学的重要内容。邱海平（2020）强调，《资本论》的创新性研究对于构建中国特色社会主义政治经济学具有重大意义，构建中国特色社会主义政治经济学理论体系，需要坚持正确的理论原则和方向，集中研究如何坚持和继承、创造性转化和创新性发展《资本论》的各个方面理论成果。洪银兴（2016）也主张中国特色社会主义政治经济学话语体系要以《资本论》提供的马克思主义经济学范式为基础。其中包括《资本论》中建立的系统的经济学范畴，阐述的经济学基本原理，对未来社会的预见和规定，某些在《资本论》中明确认为在未来社会中不再存在的经济范畴，而在社会主义初级阶段的实践中仍然起作用的经济范畴。

十一、劳动价值论研究

劳动价值论是马克思主义政治经济学的基石,对我国经济建设具有重要的指导作用。劳动价值论的内容包括关于价值实体、价值量、商品内部矛盾的内容及其抽象方法;生产商品的劳动的二重性学说及相关范畴;价值形式及其发展;分析商品生产关系对价值本质的揭示以及对商品拜物教的批判等。十年来,学界关于劳动价值论的研究取得了丰富成果,劳动价值论自身也在阐述当代社会经济的过程中得到丰富和发展。

(一)研究概览:基于 Cite Space 的可视化分析

文献关键词是从研究文献的题目、摘要、正文中提取出来的,能够反映文献核心内容和观点的词语,通过 Cite Space 软件对关键词共现图谱进行绘制,能够分析出特定领域或主题关键词的出现频率和变化趋势,并揭示该领域的研究热点和发展趋势,为研究者提供有价值的参考信息(见图3-51)。其中,"劳动""劳动价值""劳动价值论""价值规律""《资本论》"作为该主题的核心关键词,表明学者们注重对经典劳动价值论的研究,对劳动价值论文本和经典问题的探讨依旧是学术研究的重点。与此同时,"数字劳动""人工智能"等关键词的出现,反映了数字经济时代的到来,对传统劳动价值论带来了冲击,呼唤着马克思主义劳动价值理论的创新发展。

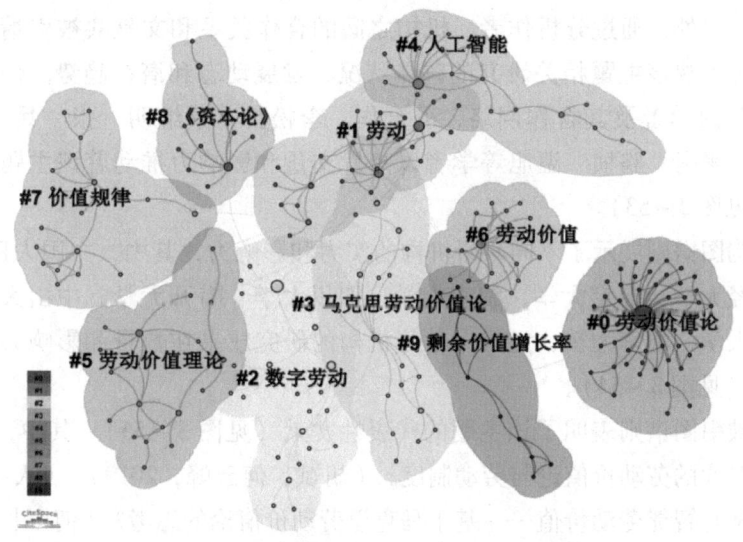

图3-51 劳动价值论研究的关键词聚类结果

在关键词聚类的基础上，利用关键词突现图，可以直观分析近十年的阶段性热点主题（见图 3-52）。该图揭示了 2016—2024 年"突现"成为研究热点和前沿主题的前十大关键词。"《资本论》""价值论""价值""价值决定""价值创造"等关键词持续构成研究热点，揭示了经典马克思主义劳动价值理论的研究视域。"数字资本主义""非物质劳动"等关键词的突现，反映了劳动价值论研究的现实关照。近年来，随着人工智能技术进步和广泛应用，尤其是 2020 年疫情进一步加速了 AI 技术的应用（如远程办公、自动化物流），进一步凸显了 AI 对经济和社会的影响，推动了相关研究。

关键词	年份	强度	起始年份	终止年份	2016—2024年
《资本论》	2016	3.07	2016	2017	
价值论	2016	1.47	2016	2018	
中国特色社会主义政治经济学	2017	1.25	2017	2018	
马克思主义	2018	3.32	2018	2019	
价值	2016	2.62	2018	2019	
价值决定	2019	1.64	2019	2020	
劳动幸福	2019	1.35	2019	2021	
数字资本主义	2021	2.47	2021	2024	
非物质劳动	2021	1.40	2021	2024	
价值创造	2022	1.62	2022	2024	

图 3-52 劳动价值论研究的关键词突现结果

除此之外，通过分析作者、机构之间的合作关系和文献共被引情况，可以全面地反映该主题相关研究的整体状况、发展动态和潜在趋势。作者图谱展示了关键学者及其合作网络，冯金华、李松龄、蔡继明、张一兵、赵磊、孙乐强、张衔、骆桢、温旭等学者以高发文量和影响力推动着该主题的研究进程（见图 3-53）。

机构图谱则展示了不同科研机构的实力和影响力，其中，中国人民大学、上海财经大学、南京大学、湖南大学、四川大学、南开大学、中山大学、西安交通大学、清华大学、复旦大学等机构的研究成果在数量和影响力方面较为领先（见图 3-54）。

共被引图谱则表明了该主题的代表性文献（见图 3-55）。其中，《弱人工智能时代的劳动价值论与劳动制度》（胡斌、何云峰，2019）、《人工智能、智能经济与智能劳动价值——基于马克思劳动价值论的思考》（何玉长、宗素娟，2017）、《过时还是证明：人工智能时代的马克思劳动价值论》（刘伟兵，

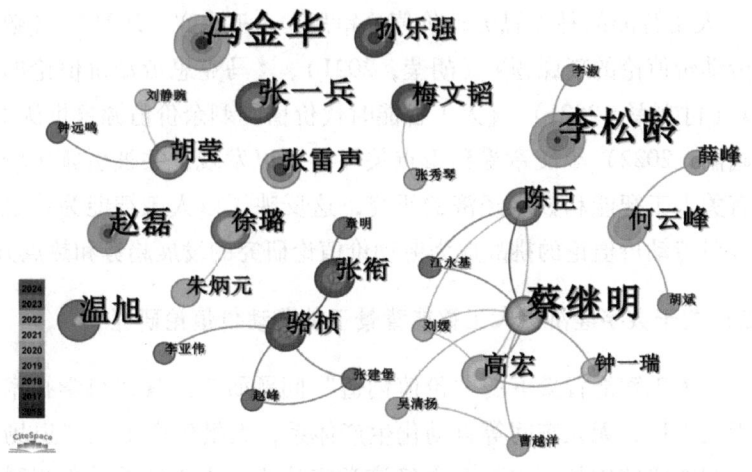

图 3-53 劳动价值论研究的代表性作者

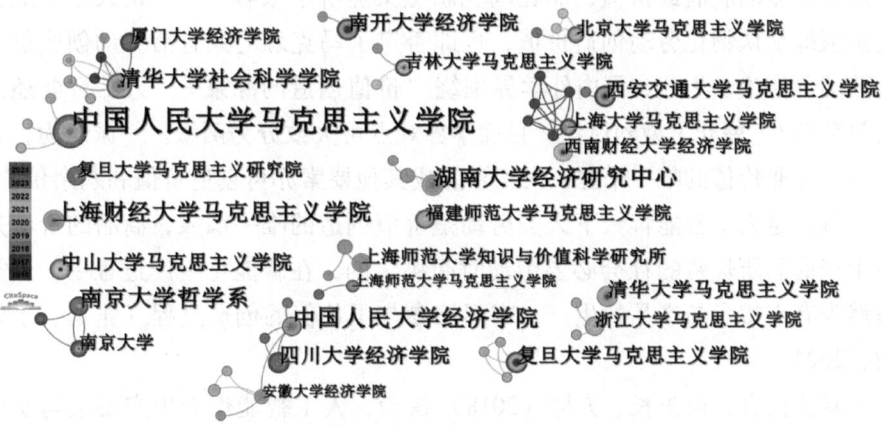

图 3-54 劳动价值论研究的代表性机构

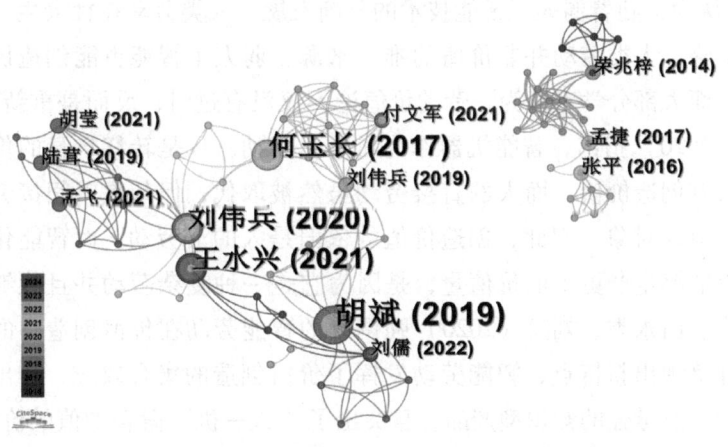

图 3-55 劳动价值论研究的共被引文献

2020)、《人工智能的马克思劳动价值论审思》（王水兴，2021)、《数字资本主义与劳动价值论的新课题》（胡莹，2021)、《马克思劳动价值论的政治哲学意蕴》（付文军，2021)、《人工智能时代价值和剩余价值源泉再认识》（刘儒、李超阳，2022）等文章受到重点关注。可以发现，共被引频次较高的文献多是有关人工智能和数字经济的研究，这反映了以人工智能为代表的数字技术发展对劳动价值论的挑战成为劳动价值论研究的发展趋势和热点方向。

（二）关于数字经济、人工智能背景下的劳动价值论研究

第一，人工智能背景下的"价值创造"问题研究。现代科学技术的发展催生了无人工厂、无人车间等自动化生产体系，大批生产工人"退场"却带来企业利润的成倍增长。多数西方经济学家认为，人工智能等新兴科学技术创造了更多的利润或价值，而在马克思主义经济学家看来，承认人工智能创造价值即承认物化劳动创造价值，也即否定了马克思的只有活劳动创造价值的劳动价值论。为此，国内外学界围绕"价值创造的源泉——人工智能还是人类劳动？"展开了激烈讨论。目前学界观点可大致分为两派。一派认为，人类劳动并非价值的唯一来源，人工智能或其他要素亦可创造价值和剩余价值。另一派肯定人工智能背景下人类劳动是价值创造的唯一源泉，商品的价值是由生产商品所耗费的社会必要劳动时间决定的，在智能化生产过程中，人类虽然没有直接参与产品的生产，却间接参与了价值的创造过程（张旭、于蒙蒙，2024）。

具体而言，何玉长、方坤（2018）认为，人工智能作为生产要素与实体经济其他生产要素融合，在生产过程中共同创造产品价值。胡斌、何云峰（2019）认为，随着弱人工智能技术的日渐发展，人类劳动在社会生产中的比重日趋下降，人类劳动并非价值的唯一来源，弱人工智能也能创造价值和剩余价值。而大部分学者认为，劳动价值论不仅没有过时，反而是重新被证明。刘伟兵（2020）指出，智能机器作为对象化劳动，只是转移自身的价值到商品，并没有创造价值。而人的直接劳动虽然被取代，但却是以间接劳动的方式作用于劳动对象。因此，创造价值的依旧是人的活劳动。而智能化生产方式之所以能够生产更多的价值量，是因为它是一种复杂劳动并且能够提高劳动生产率。白永秀、刘盼（2020）强调人的智能劳动在价值创造中的作用更加突出并呈现出新特点，智能劳动发挥了价值创造的集合效应，产出的是劳动密度大、能量强的知识型产品，且突出了"人—机"融合增值的价值部分。持类似观点的还有王艺明（2023）、徐璐和朱炳元（2022）、王水兴（2021）、

刘儒和李超阳（2022）、张旭和于蒙蒙（2024）等。

第二，关于数字劳动内涵特征的讨论。吴欢、卢黎歌（2016）将"数字劳动"界定为智力成果依靠数据信息构成的无形资产，以数据信息、数字技术和互联网为支撑，囊括工业、农业、经济、知识、信息，存在一定空间，消耗人们时间的数据化、网络化工作形式，表现为互联网产业专业劳动、无酬数字劳动、受众劳动和玩乐劳动。刘皓琰（2019）认为，学界对数字劳动的争论焦点之一是数字劳动特别是信息生产和传播类的劳动，是否属于生产性劳动范畴。并通过回溯文本，论证了数字劳动的生产性。韩文龙、刘璐（2020）提炼了数字劳动过程的四种形式，即传统雇佣经济领域下的数字劳动过程、互联网平台零工经济中的数字劳动过程、数字资本公司技术工人的数字劳动过程和非雇佣形式的产消者的数字劳动过程。胡莹（2021）认为，数字劳动是指使用数字化的劳动资料或数字化的劳动对象的劳动。并不是所有生产数据的活动都是数字劳动，生产数据信息的活动是否被纳入劳动范畴，取决于数据信息的最终是用于实现既有价值量的用途（如广告投放和市场促销），还是用于创造新价值的生产性用途（如产品设计和工艺革新）。数字劳动包括生产和创造作为批量复制源头的数据、信息和知识的劳动，储存、复制和传播过程中所耗费的劳动。程恩富、高斯扬（2024）认为，单纯的信息生产活动不是劳动，只有运用物质的数字劳动工具使信息改变状态的活动才是劳动。数据产品的生产过程来自数据工程师、数据开发人员使用数字劳动工具（如算法技术、深度学习技术）处理数据、赋予这些数据新的使用价值的过程，而不是福克斯强调的与数字信息通信技术有关的价值链创造，也不是数据一般的生产过程。他批驳了哈特和奈格里的非物质劳动概念，强调数字劳动具有坚实的物质基础。首先，从劳动对象、劳动资料、劳动者三个角度看，数字劳动具有物质性。其次，数字劳动不是用户无意识产生数据的活动，而是一种有明确目的的生产劳动。受众的信息生产不构成生产劳动，他们的活动数据被数字平台所利用，类似于数字平台向使用者收取的"地租"，是数字平台依靠占有生产资料而进行的剥夺性积累。最后，数字劳动没有改变人类的辩证性。

第三，关于信息产品（商品）的价值决定问题的讨论。刘皓琰（2019）批驳了因信息产品独创性而以"个别必要劳动时间"代表"社会必要劳动时间"的看法，以及脑力劳动耗费不再取决于劳动时间的观点，并指出信息产品的价值决定并未超出马克思对物质产品的分析范畴。此外，他还提到了信息产品价值决定的四个问题。首先，在信息产品的制造过程中，除了研发类的劳动外，还存在着传播类的劳动，如收集、调查、传输等，这种类型的劳动也属于生产性劳动。其次，由不同劳动者创作的同类型的信息产品，往往会出现在容量大小上相差无几，但在价值量上却相去甚远的情况，很多时候小容量的信息产品的价值还会超过大容量的信息产品。再次，由于信息的可共享性和在消费上无损耗性的特点，信息产品在再次加入生产过程时往往会比同价值量的实体产品发挥更大的作用。最后，信息产品还具有消费上的永久性，它并不会如实体产品那样经过一次或多次利用被完全消耗掉，其价值量可以在不同的历史时期多次转移到不同产品中去。胡莹（2021）指出，数字商品的价值衡量问题，实质仍然是复杂劳动的还原问题。生产数商品所耗费的社会必要劳动时间或许难以直接计量，但可依据由相关数字技术发展水平所决定的行业平均劳动生产率进行衡量。程恩富（2024）认为，数据工程师、架构师和开发者的劳动投入是可以被计量的。这种计量可从两个方面进行：一个是数据工程师、架构师和开发者处理数据所运用的脑力劳动和体力劳动的时间投入；另一个是他们处理数据所使用的工具和场景建设的投入。前者可被社会必要劳动时间所衡量；后者的投入是经过物化的、已有的可被计算的劳动成果。在这个意义上，数字劳动生产仍旧遵守马克思劳动价值论的规定，只是其中加入了数据生产的价值创造内容。

第四，关于信息产品（商品）的价格决定问题的探讨。刘皓琰（2019）指出，信息商品的价格以社会必要劳动时间为基准，但供求关系同样也是影响其价格的重要因素。首先，信息商品的供求关系会受到来自企业的影响，如大企业垄断信息商品，并肆意标价；运用商业手段宣传、炒作信息商品的使用价值，造成价值与价格的严重背离。其次，消费者的主观因素也会影响供求关系，如消费者的偏好、自身情况。在平台经济时代，很多行业对信息的需求和消费量已经远远大于实物，能否及时获取有效信息已经成为很多社会经济活动中的决定因素，因此很多时候信息商品的价格波动会比传统物质商品更为剧烈，这也使得在价格表象下寻找价值决定因素更为困难。

（三）关于生态、文化商品方面的劳动价值论研究

20世纪60年代以来，资本主义全球化不断扩张，自然资源危机逐渐普遍且日益加剧，众多环境主义者对马克思单一主张劳动创造价值的价值理论提出了挑战，他们认为马克思劳动价值论缺乏对自然资源价值的认可。我国部分学者对西方学者的绿色理论进行了有力反击。乔剑梅（2023）指出，"自然资源价值"论不仅在理论前提上误解了马克思的劳动价值论，在理论导向上

依赖不彻底的自然资源市场化方案，还在理论基础上沿袭了古典经济学的无偿自然观。实际上，自然资源作为天然存在的有用物质没有价值，但可以有形式上的价格。彻底解决自然资源危机仍需依赖资本逻辑的克服，而不只是自然资源的市场化。自然资源是人类世世代代的共同财产，不是理应被纳入市场体系的商品。侯彦杰（2019）认为，造成生态危机的是资本主义生产关系，而不是劳动价值论。劳动价值论揭示了生态危机的可能性与必然性，从人与自然关系的对抗性维度说明了资本主义制度的历史局限性，为社会主义与生态文明的内在一致性奠定了理论基础。

随着生产力的进步和生活水平的提高，人们对优美生态环境的向往和对优质生态产品的需求就更加强烈。生态产品（商品）价值实现问题成为当前学界研究的热点。徐浩庆（2023）认为，已有研究大多建立在自然生态系统参与价值创造的基础之上，混淆了价值和使用价值。生态产品是一种公共产品，政府在生态产品价值生产及实现上，具有不可或缺的主导作用。庄贵阳、丁斐、王思博（2024）厘清了生态劳动、生态产品、生态产品使用价值、生态产品价值等概念。从劳动过程看，生态劳动涵盖了劳动过程的劳动者、劳动对象、劳动资料三大要素。生态劳动对象是生态系统，生态劳动资料是一切用于保护修复生态系统的技术与工具。生态劳动者通过制度、规划、调控、协议等人际生产关系，实现对生态系统的正向干预，其产品能够恢复受损生态系统的结构功能，维持生态系统循环的整体性和可持续性。从唯物史观角度看，生态劳动旨在提升地球生态系统自净化能力，修补人与自然的断裂关系，是人类生存发展必需的生产性公共产品劳动。具体可分为生态保护和生态修复两大类。前者侧重于绿色转型，如能源结构清洁化和废弃物循环利用等；后者侧重于末端治理的生态修复，目的是尽可能恢复受损的生态环境，如矿山生态修复、水环境治理等。生态产品是在人与自然关系平等的价值理念下，由人类有目的的生态劳动（社会生产力）与自然生产力共同作用生产出来的，具有生产（供给）的整体性、消费的共同性以及生产与消费的同时性等特征的劳动产品。生态产品的使用价值，表现为提高地球生态系统的自净化能力，主要通过评估生态系统对人与自然物质变换承载力的变化来衡量。生态产品价值是指凝结在生态系统中大量的一般人类劳动，其价值量由生态修复的社会必要劳动时间决定。

现代文化商品的价值规律是文化经济学者首先面临的却也是长期以来被误解的问题，诸如文化商品的价值量由个别劳动时间决定、价格不取决于价值量等流行观点，使文化商品的价值与价格笼罩着"不可知论"的迷雾，故亟须以科学的劳动价值论为基石的马克思主义经济学原理作为逻辑起点。杨毅、贺浩浩（2024）沿着"生产方式—价值内容—价格机制"的唯物主义研究理路廓清与重释了文化商品价值问题。具体而言，第一，考察文化商品的价值与劳动的关系时，彻底地将具体劳动转化为抽象劳动、复杂劳动转化为简单劳动、个人劳动转化为社会劳动；第二，将文化蓝本视作类似于土地的知识性客体从而考察文化商品生产过程；第三，计算文化商品的价值量时应以发生交换时生产特定使用价值的社会必要劳动时间为准，且实物型商品与服务型商品的价值形成原理有所差异；第四，在发达的市场经济条件下，价值规律可拓展为决定某类文化商品乃至整个文化生产部门所得利润率与劳动量的约束条件。马翀炜（2018）认为，创意性的劳动是文化商品的价值基础。文化的多样性使文化商品在生产和消费两个方面都体现出使用价值的文化多元性特征。现代社会生产与消费的分离，为包括文化商品在内的商品的生产和消费提供了更为广阔空间的同时，也带来了价值与交换价值不统一的可能。

（四）关于劳动价值论的认识误区澄清与当代价值研究

第一，关于劳动价值论的认识误区澄清。目前人们对劳动价值论的了解存在着简单化、定义化的倾向，对劳动价值论产生了许多误解和误用，并误导经济实践产生许多不良后果，必须对这些误解误用给予纠正乃至批判。张俊山（2021）指出，形成价值的劳动是生产劳动；形成价值的劳动是生产商品的整体劳动；就价值形成来讲，简单劳动和复杂劳动这对范畴只限于不同商品之间交换的场合，不能泛泛地用于任何非商品交换关系下的劳动；要区分价值创造的劳动与分配价值的活动；价值并不能反映实际的使用价值情况，不是人们为反映经济活动的成果而主观设立的经济指标；劳动价值论不是按劳分配的理论依据。简新华（2024）指出，必须明确劳动价值论的"价值"专指商品的价值，商品的价值是抽象劳动创造的，反映的是人与人之间交换劳动的关系，而具体劳动反映的是人与物的关系，所以不创造价值。在商品经济中，只有生产或者提供商品和通过交换而提供有偿性服务的劳动，才是生产劳动，也才能创造商品价值，所以并不是所有服务劳动、科研劳动和管理劳动都创造价值。私人企业主的劳动作为生产经营中必要的管理劳动，能够创造价值，作为以剥削为目的的监督活动，则不创造价值。剩余价值、价值增值过程和资本不是资本主义社会特有的经济范畴，在包括社会主义初级阶段在内的其他社会形态中也可能存在，只是反映的生产关系存在本质区别。必须正确认识价值和剩余价值生产、实现和分配的区别和联系，三者不能混为一谈。方敏（2020）就劳动价值论的三个关键问题进行了澄清，首先是劳动价值论的理论属性问题，劳动价值论仅仅是一种关于相对价格的朴素而粗糙的理论吗？价值范畴是否存在现实的对应物？价值实体是客观实在吗？其次是"转形问题"，商品价值转化为生产价格是否是对劳动价值论的修正和否定？最后是价值与价格问题，劳动价值论是否包含和兼容供求分析？他指出，劳动价值论不是狭义的价格理论，其成立与否取决于它反映的生产关系或交换关系是否存在、以什么形式存在。《资本论》从价值的对象性和价值的本质规定论证了价值实体的客观实在性。在资本主义条件下，商品价值转化为生产价格不过是价值关系转化或"转形"的结果，但在资本主义社会内部并不存在价值与生产价格并行的"双体系"。资本主义竞争的二重性和辩证规律使资本主义商品的市场价值既可能按照平均条件决定，也可能按照边际条件决定。

第二，关于劳动价值论在经济建设领域的应用研究。马克思的劳动价值论具有非常深刻的内涵和学术扩展性，从其逻辑基点上可以延伸出对一系列现实经济问题和经济制度及政策选择的科学思考。金碚（2016）运用劳动价值论，讨论了 GDP 核算的含义、如何认识产业结构及其演变趋势、企业追求什么目标、是什么捆住了人才的手脚、管理是否应以"省钱"为目标、什么决定劳动报酬标准等问题。吴金明（2018）从马克思劳动价值论的"二元价值构成"出发，提出了"二维五元"价值构成分析模型，并以此为基础对高质量发展的基本概念、主要特征与基本要求进行了探讨，提出高质量发展是基于新理念、新动力、新动能和软价值、软资源、软制造主导发展的路径和模式的总称，发掘出了 11 个不同于高速增长阶段的特征，提出了推进高质量发展的五条建议。李松龄（2020）基于劳动价值论，提出建设创新型国家需要发展创新劳动，建立和完善激励创新劳动积极性和主动性的体制机制，建立和完善维护产权权益的产权制度。冯金华（2021）研究发现，国民收入核算理论完全可以建立在包括跨期分析的劳动价值论的基础之上。叶荷（2021）认为，社会主义市场经济制度的基本命题是在市场经济条件下让劳动价值得到充分实现，通过市场机制有效实现按劳分配。为此，可以探索通过劳动股权实现劳动者与生产资料的直接结合，让劳动像资本一样参与剩余价值的分配。谭祖谊、李蓉（2024）指出，马克思劳动价值论对中国经济发展的重要启示在于：劳动的价值创造与价值实现是经济发展的源泉；商品的价值衡量与价值交换是按劳分配的前提条件；只有更好发挥政府作用，才能弥补价值规律的自发强制作用导致经济资源浪费的缺陷；保持社会必要劳动的供求均衡是更好发挥政府作用的主要目标。

十二、经济新常态和新发展阶段研究

经济新常态与新发展阶段是中国经济转型过程中的两大核心命题。自2014年"新常态"概念提出以来，学界围绕其内涵、特征及政策应对展开深入探讨，形成了涵盖增速换挡、结构优化、动力转换的系统性分析框架。随着"十四五"规划开启全面建设社会主义现代化国家新征程，"新发展阶段"被赋予更高战略定位，成为统筹高质量发展、共同富裕与现代化建设的理论指南。

（一）研究概览：基于 Cite Space 的可视化分析

针对经济新常态和新发展阶段的研究动态，基于 Cite Space 软件关键词聚类分析（见图3-56），直观呈现了近十年该领域的重要主题及相互关联。其中，"经济新常态""新常态"等核心主题形成了各自的聚类网络，反映了经济发展过程中的不同研究侧重点。"供给侧改革""供给侧结构性改革"等主题的共现特征，凸显了经济改革在发展中的关键地位。其研究脉络与经济发展的实际需求和趋势紧密相连。此外，"共同富裕""高质量发展""新发展理念"等成为重要的研究方向，表明在经济发展进程中，对综合发展和品质提升的高度重视。这些主题的分布与发展态势，与经济发展的整体战略和方向高度契合，研究范畴涉及从经济形态到发展理念等多方面的探索与创新。

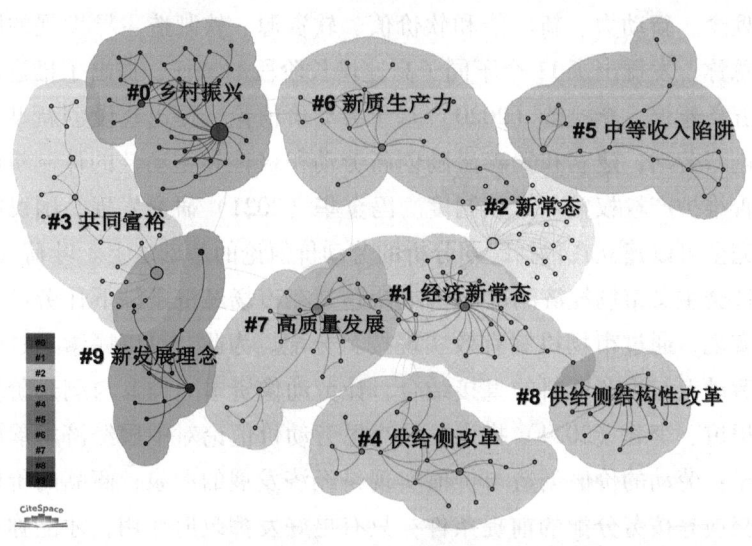

图3-56 经济新常态和新发展阶段研究的关键词聚类结果

基于关键词聚类与热点词突现分析（见图3-57），可以直观地了解近十年阶段性研究的热点主题和演变趋势。2016年"新常态"以10.68的突现强度成为该年度最突出的热点关键词，同时"经济新常态""供给侧结构性改革""供给侧改革""经济增长"等也在2016年集中涌现，这一系列关键词反映了当时经济领域在特定改革背景下的重点关注方向。2018年至2021年"新发展理念"持续凸显，体现了这一理念在经济发展进程中的重要性逐步加强。到了2020年，"新发展阶段"以4.84的突现强度出现，并持续至2024年，表明该阶段相关研究的热度持续攀升。2022年"数字经济"以1.5的突现强度开始凸显且持续至2024年，显示出在当前时代背景下数字经济相关研究的重要性与日俱增，成为新的研究焦点。而"社会主义初级阶段"同样在2022年开始凸显并持续至2024年，反映了对这一基本国情相关研究的持续关注。这些关键词的演变轨迹与国家不同时期的经济发展战略和重大决策紧密相关，体现了学术研究对时代发展需求的紧密呼应。

关键词	年份	强度	起始年份	终止年份	2016—2024年
新常态	2016	10.68	2016	2020	
经济新常态	2016	9.29	2016	2017	
供给侧结构性改革	2016	5.54	2016	2019	
供给侧改革	2016	3.02	2016	2018	
经济增长	2016	2.47	2016	2018	
新发展理念	2018	2.10	2020	2021	
新发展阶段	2020	4.84	2021	2024	
新发展格局	2020	3.87	2021	2022	
数字经济	2022	1.50	2022	2024	
社会主义初级阶段	2022	1.36	2022	2024	

图3-57 经济新常态和新发展阶段研究的关键词突现结果

除此之外，通过分析作者、机构之间的合作关系和文献共被引情况，可以全面地反映该主题相关研究的整体状况、发展动态和潜在趋势。作者图谱展示了关键学者及其合作网络，任保平、蒋永穆、刘伟、胡鞍钢、陈健等学者以高发文量和影响力推动着该主题的研究进程（见图3-58）。

机构图谱则展示了不同科研机构的实力和影响力，其中，西北大学经济管理学院、中国社会科学院、四川大学经济学院、中国人民大学经济学院等机构的研究成果在数量和影响力方面较为突出（见图3-59）。

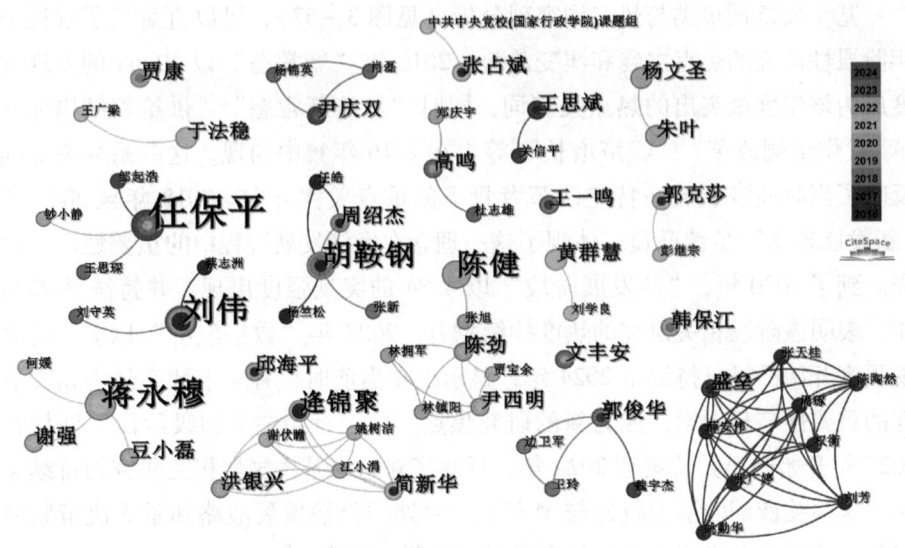

图3-58 经济新常态和新发展阶段研究的代表性作者

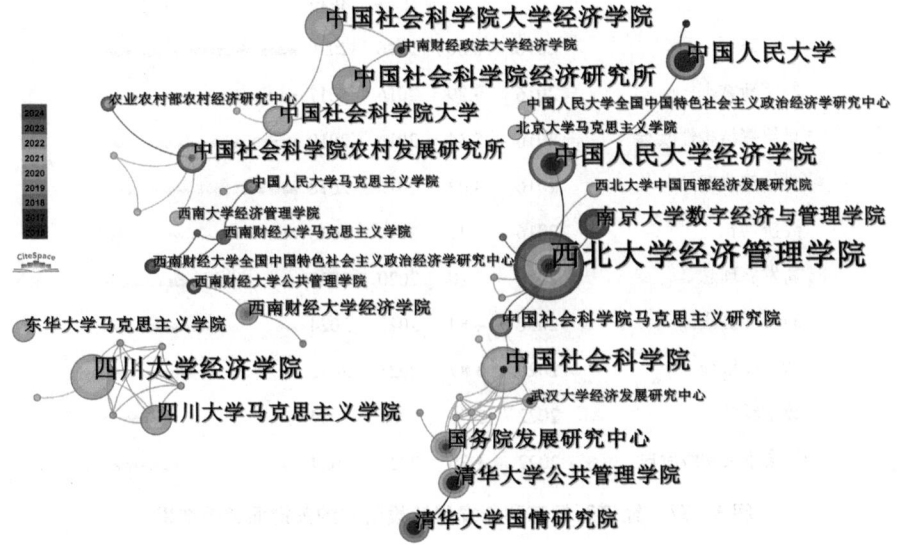

图3-59 经济新常态和新发展阶段研究的代表性机构

共被引图谱则表明了该主题的代表性文献（见图3-60）。其中，《中国经济新常态与宏观调控政策取向》（余斌，2014）、《引领经济新常态，走向好的新常态》（李佐军，2015）、《中国经济新常态的趋势性特征及政策取向》（张占斌，2015）、《"新常态"下的中国宏观调控》（刘伟，2014）等文章受到重点关注。该领域研究呈现出显著的阶段性深化与主题拓展特征。早期研究主要围绕经济转型的宏观框架构建，聚焦于发展模式调整与政策适配性分析，为后续理论体系奠定了基础；中期研究逐步转向结构性改革的内生动力探索，强调制度创新与治理效能的协同提升；近期研究则进一步延伸至新发展格局的全局性、系统性重构，重点关注高质量发展目标下的多维度制度设计与实践路径优化。

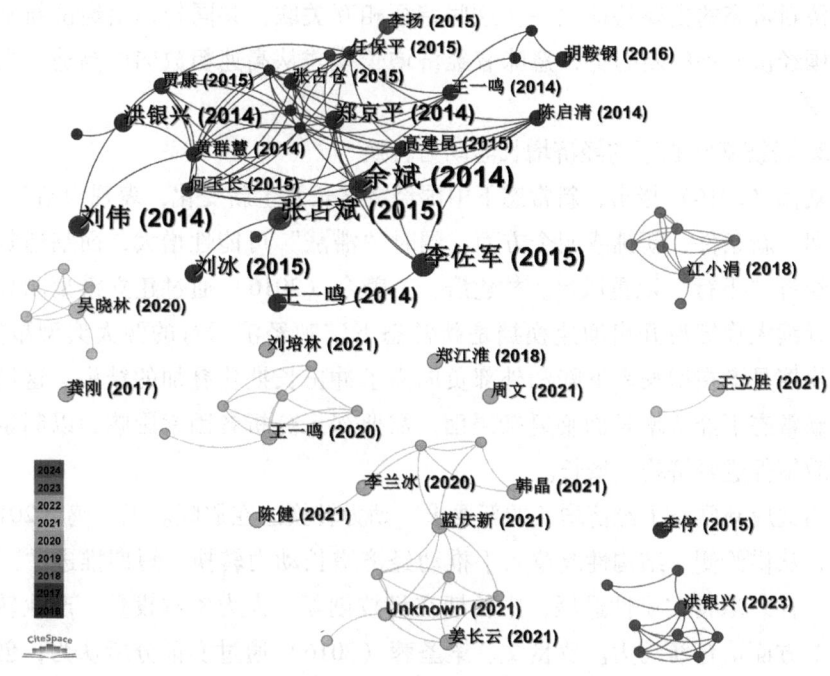

图3-60 经济新常态和新发展阶段研究的共被引文献

（二）关于经济新常态的研究

经济新常态是中国经济发展历程中的重要阶段，标志着我国经济发展从高速增长转向高质量发展的深刻变革，自这一概念提出以来，引发了学术界的广泛关注与深入研究。

1. 经济新常态的内涵与特征

经济新常态是党中央对当前与未来一个时期经济走势的科学论断，是对"三期叠加"判断的理论升华，为后续新发展理念及高质量发展理念的提出提供了核心语境（张晓晶，2022）。郭克莎（2016）从中国特色社会主义政治经济学的分析视角指出，经济新常态的根本依据在于中国工业化进程进入后期阶段，经济增速、产业结构、增长动力等发生的变化与新常态的主要特点相契合。这表明经济新常态是经济发展阶段演进的必然结果，反映了经济结构和增长动力的深层次调整。

中国经济进入新常态呈现出诸多特征。高波（2016）总结为中高速经济增长、城市经济和服务业经济占主导、中高端产业发展、创新驱动以及更高水平的开放经济。王少平、杨洋（2017）通过构建模型推断出 GDP 长期趋势结构性下移，其平均增幅下降，且 GDP 增速大概率稳定在 6%—7.5%，这成为经济新常态的主要特征之一。这些特征相互关联，共同勾勒出经济新常态下中国经济发展的新态势，意味着经济增长模式从高速粗放向中高速、高质量转变。

2. 经济新常态下的经济增长与动力转换

刘伟（2016）指出，新常态下中国经济增长发生新变化，表现为新起点、新机遇、新条件、新挑战四个方面，同时"滞涨"可能性增大，面临通货膨胀和经济"下行"双重风险。林建浩、王美今（2016）通过建立模型测算发现，延续大稳健与开启增速换挡是新常态下宏观经济运行的两大典型事实，增速换挡是潜在增长率下降和外部负向需求冲击长期化叠加的结果。这说明经济新常态下经济增长面临复杂局面，需要深入分析各因素影响，以制定有效的政策促进经济稳定增长。

为适应新常态下经济增长的新要求，动力转换迫在眉睫。王一鸣（2017）提出，从供给侧、结构性改革入手推动经济增长动力转换，短期推进"三去一降一补"取得实质性进展，中长期在科技创新、人力资本投资、产业转型升级等方面培育新动力。罗良文、梁圣蓉（2016）通过实证分析认为，创新是经济增长的内核动力，供给侧的"三大发动机"和需求侧的"三驾马车"将合力推动经济健康可持续增长。这为经济增长动力转换指明了方向，强调供给侧与需求侧协同发力，以创新驱动经济发展。

3. 经济新常态下的产业结构调整

郭旭红、李玄煜（2016）指出，中国产业结构调整处于新常态下的攻坚阶段，面临诸多突出矛盾，如部分行业产能过剩、产业附加值低等。王文、孙早（2017）分析认为，中国工业尚有较大发展空间，此时收缩工业产出和就业规模可能导致过早去工业化，影响经济增长前景。这些研究揭示了经济新常态下产业结构存在的深层次问题，制约着经济的高质量发展。

针对产业结构问题，学者们提出了一系列转型升级策略。杜朝晖（2017）认为，应通过技术创新与设备更新、生产方式和组织模式创新等途径促进传统产业转型升级。赵丽娜（2017）以山东省为例，提出推动产业转型升级与新旧动能有序转换，需顺应生产力发展新要求，实施创新驱动，深化供给侧结构性改革等。这些策略强调创新和改革在产业结构调整中的关键作用，以实现产业的高端化、绿色化发展。

4. 经济新常态下的宏观经济政策

经济新常态下，财政政策面临新挑战。邓晓兰、陈宝东（2017）研究发现，经济减速和结构性减税使财政收入增速下降，而支出刚性增长，地方债务问题严峻，财政可持续发展面临压力。他们提出推进供给侧结构性改革的财政政策着力点在于减税清费、投融资模式创新等。这表明财政政策需要在促进经济增长与保障财政可持续性之间寻求平衡，通过优化财政收支结构和政策工具，推动经济结构调整。

潘敏（2016）指出，构建适应经济新常态的宏观金融调控体系，对货币政策目标体系、工具创新、调控方式转变等提出新要求和挑战。许光建、许坤、卢倩倩（2019）认为，货币政策工具在经济新常态下进行了创新，通过调整常规性工具、补充临时性工具以及创设定向调控工具，实现调节市场流动性等任务。这体现了货币政策在经济新常态下不断优化和创新，以更好地适应经济发展需求，促进经济稳定。

5. 经济新常态下的社会经济领域新现象

共享经济的出现是经济新常态下的创新业态，为经济发展注入新活力，同时也对传统经济模式和社会伦理产生深远影响。乔洪武、张江城（2016）从经济伦理角度分析，认为共享经济基于协同共享理念，以互联网平台为依托，促成适度消费、合作互惠、相互信任的经济伦理新常态，推动人们消费观念转变，强化社会合作与协同理念，重塑经济社会信用体系。

特色小镇的建设有助于优化产业布局，促进城乡融合发展，是经济新常态下探索区域经济发展新模式的积极尝试。盛世豪、张伟明（2016）将特色小镇视为新常态下区域经济转型升级的新现象和供给侧结构性改革的重大战略举措，认为其作为一种产业空间组织形式，在促进产业集聚、推动区域可持续发展方面具有重要作用。

（二）关于新发展阶段的研究

新发展阶段是我国全面建成小康社会、实现第一个百年奋斗目标之后，乘势而上开启全面建设社会主义现代化国家新征程、向第二个百年奋斗目标进军的关键时期。这一概念的提出，为我国经济社会发展指明了方向，也引发了学术界的广泛关注和深入研究。

1. 新发展阶段的内涵与特征

新发展阶段是社会主义初级阶段中的一个新阶段，是全面建设社会主义现代化国家、推动中华民族强起来、使中国特色社会主义更加完善的阶段，也是社会主义初级阶段向更高阶段过渡的准备阶段（孙爽、高继文，2021）。这一阶段意味着我国经济社会发展进入了新的历史方位，面临着新的机遇和挑战。姜辉、林建华（2022）指出，对社会发展规律和发展阶段的把握是重大课题，新发展阶段的判断体现了中国社会发展连续性与阶段性、量变与质变的辩证统一。新发展阶段在延续以往发展成果的基础上，有着独特的发展任务和要求，是我国社会主义发展进程中的重要阶段。

进入新发展阶段，我国经济社会发展呈现出一系列新特征。从经济领域来看，经济发展更加强调高质量，增长动力逐渐从要素驱动、投资驱动转向创新驱动（黄群慧，2021）。在产业结构方面，制造业进入高质量发展阶段，其占GDP比重在进入高收入阶段前后应保持在一定水平，以促进经济持续增长（郭克莎、彭继宗，2021）。在社会领域，更加注重人民生活品质的提升，致力于实现共同富裕，解决发展不平衡不充分问题成为重要任务（任保平，2021）。这些特征相互关联，共同构成了新发展阶段的独特风貌。

2. 新发展阶段的经济发展

进入新发展阶段，我国经济面临结构升级与动能转换的双重任务。在"十四五"规划确立高质量发展新坐标的背景下，经济发展已转向以创新驱动为核心、以产业升级为路径、以内外循环协同为支撑的系统性变革。

其一，新发展阶段的经济增长与动力。在新发展阶段，我国经济增长面临着新的形势和任务。陈甬军、晏宗新（2021）认为，构建新发展格局是推动中国经济高质量发展的重大战略举措，强调以国内大循环为主体、国内国际双循环相互促进，充分发挥我国超大规模市场优势和内需潜力。黄群慧（2021）提出，构建新发展格局的本质特征是中国现代化进程发展到新发展阶段后的高水平的自强自立，创新成为经济发展的核心动力。通过科技创新推动产业升级，培育新兴产业，能够为经济增长注入新动能，实现经济的可持续发展。

其二，新发展阶段的产业发展与结构调整。新发展阶段对产业发展和结构调整提出了更高要求。一方面，要推动传统产业转型升级，提高产业竞争力。杜朝晖（2017）提出，通过技术创新与设备更新、生产方式和组织模式创新等途径促进传统产业转型升级，另一方面，要大力发展新兴产业和未来产业，加快形成新质生产力。李杏、戴一鑫（2024）认为，提升新质生产力是新发展阶段的重要任务，需从技术、要素和结构三个维度发力，强化相关机制，推动产业创新体系建设。

3. 新发展阶段的社会发展

立足新发展阶段，我国社会发展正经历从物质积累向公平共享的范式跃迁。随着全面建成小康社会目标的实现，社会建设聚焦于破解城乡二元结构、优化民生福祉分配两大核心命题，将共同富裕目标与乡村振兴战略作为推进社会全面进步的战略支点。

其一，关于共同富裕目标。共同富裕是社会主义的本质要求，也是新发展阶段的重要目标。任保平（2021）指出，新发展阶段的共同富裕是进入基本实现现代化阶段和中等收入阶段的共同富裕，旨在解决中国经济社会面临的不平衡问题，实现全体人民共同富裕。为实现这一目标，需要从多个方面入手。韩文龙、蒋枢泓（2022）提出，要通过高质量发展、收入分配制度改革和还权赋能三个角度推动共同富裕的实现。在高质量发展方面，贯彻新发展理念、构建新发展格局、发展数字经济，促进经济社会高质量发展；在收入分配制度改革方面，发挥好以所有制、市场经济体制和收入分配制度为核心的基本经济制度的保障作用；在还权赋能方面，通过"还权赋能"发挥其推动共同富裕的补充作用。

其二，关于乡村振兴战略。乡村振兴战略是新发展阶段实现我国农业农村现代化的重大决策部署。陈文胜、李珊珊（2022）认为，进入新发展阶段，中国社会面临从脱贫攻坚的"攻坚体制"向全面推进乡村振兴的"长效机制"嬗变。在发展理念上，要更加注重可持续性；在要素配置上，要注重高质量导向；在发展动力上，要注重农民主体地位；在实现路径上，要注重公平与效率统一；在体制机制上，要注重区域差异性。周明星、肖平（2023）提出，新阶段乡村振兴实践存在建设主体流失、乡土文化式微等困境，应从发挥主体作用、重塑乡土文化等方面着手破解困境，推动乡村振兴发展。

4. 新发展阶段的政策与制度

迈入新发展阶段，政策优化与制度创新构成驱动高质量发展的两大支柱。面对经济转型升级与治理效能提升的双重需求，既需要宏观政策精准发力，在财政、货币、产业等领域形成协同效应，更需通过制度性变革释放深层活力，将治理体系优势转化为发展动能。这种政策制度联动机制，为统筹发展与安全、效率与公平提供了系统性保障。

其一，新发展阶段要求宏观政策进行相应调整。在财政政策方面，要优化财政支出结构，加大对科技创新、民生保障、乡村振兴等领域的支持力度，促进经济社会协调发展（邓晓兰、陈宝东，2017）。在货币政策方面，要创新货币政策工具，优化政策传导机制，为经济发展提供适宜的货币金融环境（潘敏，2016）。此外，产业政策要更加注重引导产业升级和创新发展，区域政策要加强区域协调发展，促进资源优化配置。

其二，制度创新是新发展阶段推动经济社会发展的重要保障。丁志刚、李天云（2021）认为，要把我国制度优势更好转化为国家治理效能，优化完善党的领导统筹机制、人民积极参与机制和治理方式革新机制。在经济领域，要完善社会主义市场经济体制，充分发挥市场在资源配置中的决定性作用，更好发挥政府作用。在社会领域，要完善社会保障制度、教育制度、医疗卫生制度等，提高公共服务水平，促进社会公平正义。

经济新常态与新发展阶段是中国经济转型升级进程中紧密衔接、层层递进的战略范畴，前者是后者的实践基础，后者是前者的深化跃升，共同构成从"量变积累"到"质变突破"的系统性演进逻辑。经济新常态以增速换挡、结构优化与动力转换为核心特征，通过化解产能过剩、推动供给侧结构性改革重塑增长逻辑，为高质量发展奠定基础；在新发展阶段立足这一基础，以构建"双循环"格局、实现共同富裕为目标，将创新驱动、高水平开放与民生改善深度融合，推动中国经济从"规模扩张"向"效能提升"、从"要素依赖"向"创新引领"全面转型。两者均以破解发展不平衡不充分问题为主线，强调创新驱动与制度改革的协同突破：经济新常态聚焦"三去一降一补"与新旧动能转换，通过宏观政策平衡稳增长与防风险；新发展阶段进一步强化科技创新核心地位，以数字经济融合、乡村振兴与绿色发展为抓手，推动产业升级与社会公平互促共进。其共同内核在于以人民为中心的发展导向，将民生福祉、生态可持续与治理效能提升贯穿始终，最终指向中国式现代化的系统性实现。未来需深化全球化变局下的韧性构建、新旧动能转换的微观机制以及高质量发展与共同富裕的协同路径研究，为理论与实践提供更具前瞻性的支撑。

十三、社会主义生产目的和社会主要矛盾的政治经济学研究

社会主义生产目的与社会主要矛盾是马克思主义政治经济学研究的核心命题之一。中国共产党始终将"以人民为中心"作为治国理政的根本立场，这一价值导向深刻影响着对社会主义生产目的的理论阐释和社会主要矛盾的实践应对。本节基于马克思主义政治经济学分析框架，系统梳理新时代以来

学界围绕社会主义生产目的内涵演进、社会主要矛盾转化机理及其相互关系的研究成果,揭示两者在中国特色社会主义实践中的辩证统一关系。

(一)研究概览:基于 Cite Space 的可视化分析

针对社会主义生产目的和社会主要矛盾的政治经济学研究动态,基于 Cite Space 软件的关键词聚类分析(见图 3-61),直观呈现了 2016—2024 年该领域的重要主题及相互关联。其中,"社会主要矛盾"作为核心概念,始终是该领域研究的热点与重点,它与多个关键词如"社会主义生产目的""美好生活需要""发展不平衡不充分""中国梦""中国特色社会主义"等紧密相连,凸显了从社会主义生产目的出发去剖析和解决社会主要矛盾的研究路径,且各关键词之间的逻辑关联与作用机制也随着研究的深入而愈发清晰。比如,社会主义生产目的的明确为解决社会主要矛盾指明了方向,而对美好生活需要的认知以及对发展不平衡不充分问题的把握是理解社会主要矛盾的关键。中国梦和中国特色社会主义则为解决这一矛盾提供了宏观的目标导向和制度保障。与此同时,"以人民为中心""乡村振兴""共同富裕""高质量发展"等关键词的出现,凸显了学界关于社会主义生产目的和社会主要矛盾研究的现实导向与价值追求。

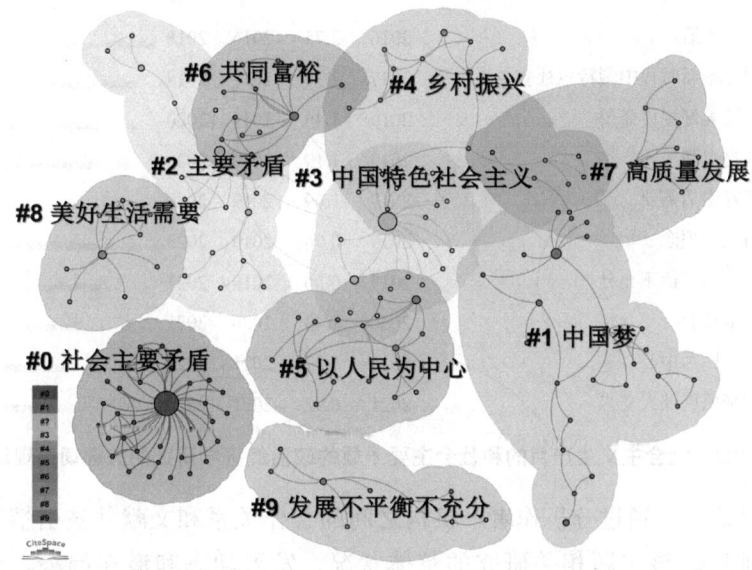

图 3-61 社会主义生产目的和社会主要矛盾的政治经济学研究的关键词聚类结果

在关键词聚类的基础上,利用热点词突现图,可以直观分析近十年的阶段性热点主题(见图 3-62)。2017 年党的十九大报告指出,中国特色社会主义进入新时代，我国社会主要矛盾已经转化为人民日益增长的美好生活需要和不平衡不充分的发展之间的矛盾。以此为契机，"社会主要矛盾""主要矛盾""美好生活需要""发展不平衡不充分"等迅速成为相关研究的热点议题，反映了学界对我国社会发展现状与需求变化的高度关注。2017年，"习近平新时代中国特色社会主义思想"成为研究热点，这一思想是马克思主义中国化的最新理论成果，对我国各领域的发展具有重大指导意义，该热点体现了学界对党的最新理论成果的深入研究。2019年，"新发展理念""以人民为中心"等关键词凸显，"新发展理念"是引领我国经济社会发展的重要理念，"以人民为中心"则强调了发展的根本立场，这些热点反映了学界对国家发展战略和发展思想的关注。2020年，"基本经验"成为研究热点，体现了对过往发展历程进行总结梳理，以便更好地指导未来实践。2021年，"中华民族伟大复兴"成为热点，这一目标是近代以来中华民族最伟大的梦想，体现了学界对国家重大战略目标的聚焦。热点关键词的演变既贴合我国不同时期的重大政策、战略决策和社会发展现实，亦反映了学界研究视角和重点随时代发展而不断拓展和深化，从对社会基本矛盾的认识，到党的理论思想研究，再到国家发展理念、目标的探讨，涵盖了政治、经济、社会等多个维度。

关键词	年份	强度	起始年份	终止年份	2016—2023年
主要矛盾	2016	2.75	2016	2018	
习近平新时代中国特色社会主义思想	2017	2.34	2017	2018	
人民美好生活需要	2019	1.46	2019	2020	
唯物史观	2019	1.19	2019	2020	
美好生活需要	2017	1.09	2019	2020	
新发展理念	2019	0.96	2019	2023	
发展不平衡不充分	2019	0.86	2019	2021	
基本经验	2020	1.43	2020	2021	
以人民为中心	2017	1.37	2021	2023	
中华民族伟大复兴	2021	0.92	2021	2023	

图3-62 社会主义生产目的和社会主要矛盾的政治经济学研究的关键词突现结果

除此之外，通过分析作者、机构之间的合作关系和文献共被引情况，可以全面地反映该主题相关研究的整体状况、发展动态和潜在趋势。作者图谱展示了关键学者及其合作网络，卫兴华、许宪春、高培勇、田鹏颖、胡鞍钢、颜晓峰、逄锦聚等学者以高发文量和影响力推动着该主题的研究进程（见图3-63）。

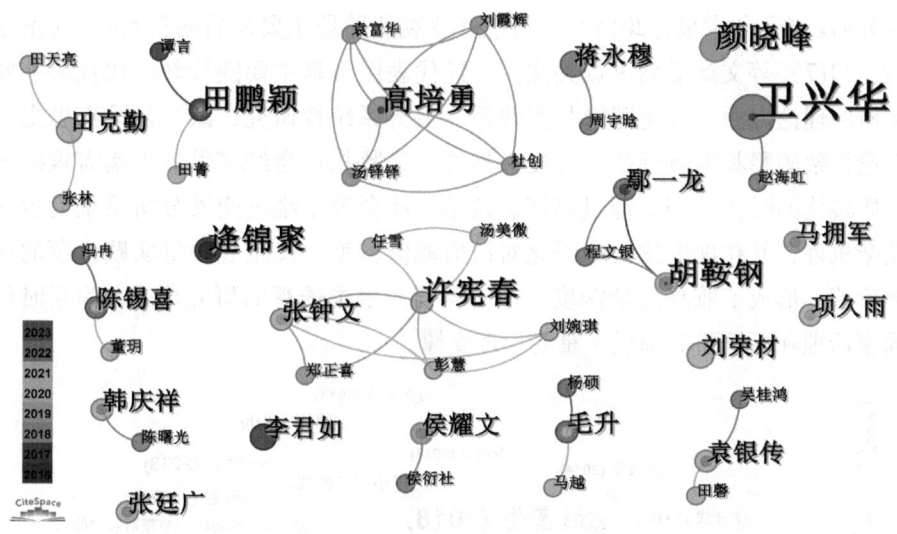

图3-63 社会主义生产目的和社会主要矛盾的政治经济学研究的代表性作者

机构图谱则展示了不同科研机构的实力和影响力,其中,武汉大学马克思主义学院、中国人民大学经济学院、中国人民大学马克思主义学院、中国特色社会主义经济建设协同创新中心、中国社会科学院马克思主义研究院、中共中央党校、东北大学马克思主义学院等机构的研究成果在数量和影响力方面较为突出(见图3-64)。

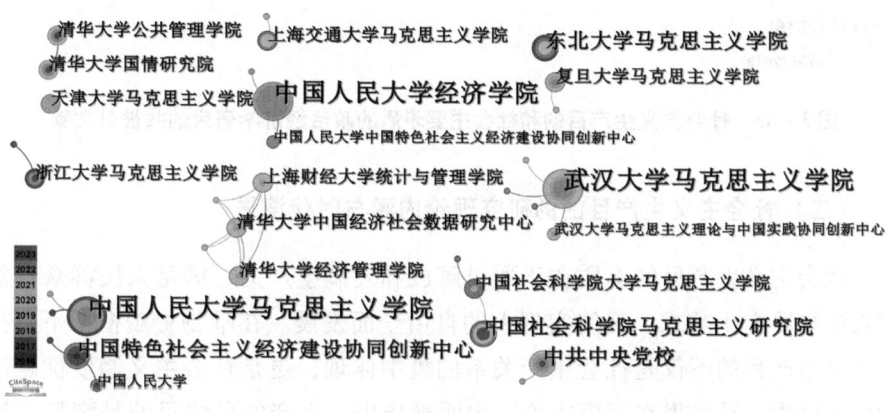

图3-64 社会主义生产目的和社会主要矛盾的政治经济学研究的代表性机构

共被引图谱显示了该主题的代表性文献(见图3-65)。其中《新时代社会主要矛盾背后的必然逻辑》(刘同舫,2017)、《论新时代中国社会主要矛盾历史性转化的理论与实践依据》(吕普生,2018)、《应准确解读我国新时代社会主要矛盾的科学内涵》(卫兴华,2018)、《社会主要矛盾与政府主要任务的转变》(童星，2015)、《社会主义初级阶段主要矛盾的新判断》(王立胜，2017)等文章受到重点关注。上述代表性文献主要围绕新时代社会主要矛盾的理论内涵、转化逻辑与实践路径展开系统性研究，既立足马克思主义理论框架阐释其本质特征与历史必然性，又紧扣社会经济发展现实需求揭示矛盾转化的时代动因，通过经济、政治、社会等多维度交叉分析系统揭示其复杂机理，并在理论建构中强化对政府职能转型、民生建设等实践议题的指导价值，形成了兼具理论深度、现实关切与多维透视的研究范式，为新时代国家治理和后续研究提供了重要学理支撑。

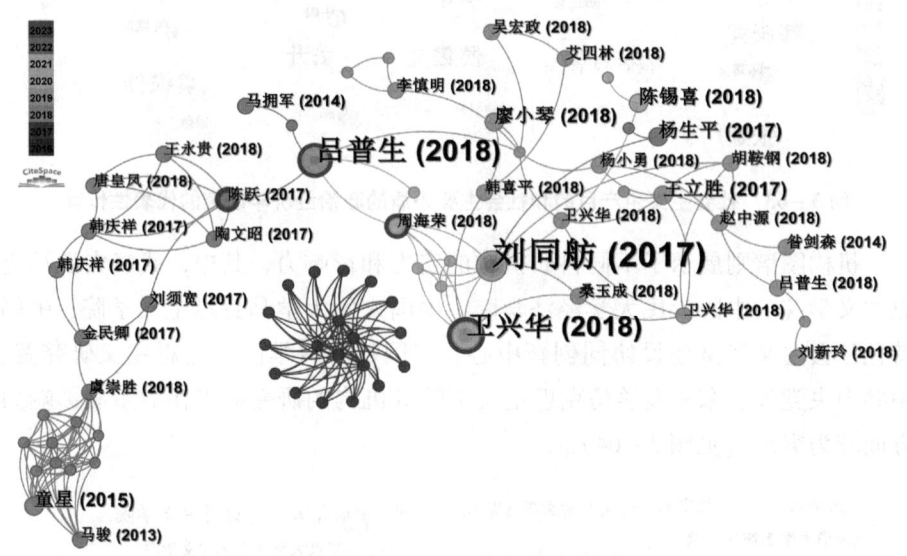

图3-65 社会主义生产目的和社会主要矛盾的政治经济学研究的共被引文献

(二) 社会主义生产目的的研究理论内涵与时代演进

社会主义生产目的本质在于通过解放和发展生产力，满足人民群众日益增长的物质文化需求，最终实现人的自由全面发展。在唯物史观框架下，社会主义生产目的不仅是社会生产关系的集中体现，更是社会主义制度优越性的根本标志。马克思在《资本论》中明确指出，生产的最终目的是满足"社会需要"而非资本增殖，这一思想为社会主义生产目的奠定了理论基础(汪康、朱亚平，2022)。中国共产党继承并发展了马克思主义经典理论，将"以人民为中心"确立为社会主义生产的根本价值导向。

从新中国成立初期到中国特色社会主义新时代，社会主义生产目的的内涵随着社会主要矛盾的转化而不断丰富和深化，形成了理论与实践的双向互动逻辑。新中国成立初期，我国社会主要矛盾表现为阶级矛盾与生产力落后的双重困境。改革开放后，随着经济体制改革的深化，党的十一届六中全会提出"人民日益增长的物质文化需要同落后的社会生产之间的矛盾"，标志着社会主义生产目的从"解决温饱"向"满足基本需求"的转变（陈建兵、师帅朋，2022）。党的十八大以来，中国特色社会主义进入新时代，社会主要矛盾进一步转化为"人民日益增长的美好生活需要和不平衡不充分的发展之间的矛盾"。这一转变不仅反映了生产力水平的显著提升，更凸显了人民需求从单一物质层面向多维度的全面跃升。田鹏颖、谭言（2023）指出，新时代社会主要矛盾的核心在于发展的质量与公平性未能同步满足人民对美好生活的向往，这要求社会主义生产目的必须更加注重发展的协调性与包容性。

（三）新时代社会主要矛盾转化的理论基础与历史逻辑

新时代社会主要矛盾转化的理论基础与历史逻辑，根植于马克思主义矛盾学说的科学指引与中国共产党百年实践的经验总结。

其一，社会主要矛盾转化的理论依据。马克思主义矛盾理论为分析社会主要矛盾提供了方法论基础。卫兴华（2018）指出，社会主要矛盾的变化遵循唯物史观的基本规律，即生产力与生产关系、经济基础与上层建筑的矛盾运动。社会主要矛盾的转化是生产力系统自主演变与阶级斗争、国家竞争共同作用的结果，而中国共产党的领导是把握矛盾转化的关键力量。胡鞍钢等（2018）从社会主要矛盾转化的实证分析出发，指出新时代矛盾的"不平衡不充分"特征体现在经济、社会、文化、生态等多领域，需通过供给侧结构性改革实现系统性突破。

其二，社会主要矛盾转化的历史演进与阶段性特征。中国共产党对社会主要矛盾的判断始终与时代发展同步。陈建兵、师帅朋（2022）系统梳理了百年党史中社会主要矛盾的演进逻辑：新民主主义革命时期聚焦阶级矛盾，社会主义建设初期转向"落后的社会生产与人民需要"的矛盾，改革开放后调整为"物质文化需要与落后生产"的矛盾，新时代则升级为"美好生活需要和发展不平衡不充分"的矛盾。赵中源（2018）进一步提出，新时代矛盾的本质仍是"需要与生产"的关系，但需求侧从单一物质文化需要转向多层次、多维度的美好生活需要，供给侧则从总量不足转为结构失衡。

其三，社会主要矛盾与社会主义初级阶段的关系。尽管社会主要矛盾发生转化，但社会主义初级阶段的基本国情未变。卫兴华（2018）认为，新时代矛盾是社会主义初级阶段的阶段性表现，矛盾的解决需立足"两个没有变"

的现实基础。庞元正（2018）则提出，矛盾的转化属于"阶段性质变"，即在初级阶段框架内矛盾的主要方面发生位移，但未突破社会基本矛盾的根本性质。

（四）社会主义生产目的与社会主要矛盾的辩证互动

社会主义生产目的与社会主要矛盾的关系本质上是生产力与生产关系矛盾运动的现实映射。一方面，社会主义生产目的的确立需以解决社会主要矛盾为导向；另一方面，社会主要矛盾的转化又推动生产目的的动态调整，两者构成辩证统一的有机整体。

其一，生产目的对矛盾解决的引领作用。社会主义生产目的通过明确发展方向和政策重心，为社会主要矛盾的化解提供价值遵循。例如，宋才发（2022）强调，中国式现代化道路通过"并联规划、协调自主、人民中心"的特征，将共同富裕目标嵌入解决社会主要矛盾的实践之中。杨灿明等（2019）从收入分配视角指出，构建高质量社会保障体系需以共同富裕为价值导向，通过制度设计缓解发展不平衡问题。此外，生态文明建设作为社会主义生产目的的重要组成部分，要求以"人与自然和谐共生"理念破解生态领域的矛盾（韩步江，2023）。

其二，矛盾转化对生产目的的动态调适。社会主要矛盾的阶段性变化倒逼社会主义生产目的的创新。例如，从"物质文化需要"到"美好生活需要"的升级，要求生产目的从单一经济维度转向经济、政治、文化、社会、生态"五位一体"的综合维度（项久雨，2019）。蔡小菊、陈金龙（2023）从精神生活共同富裕角度提出，满足人民对民主、法治、公平、正义等更高层次需求，是新时代社会主义生产目的的重要拓展。同时，数字技术的应用（张海洋、韩晓，2022）与"双碳"目标的推进（李庆霞、刘玉莹，2022），体现了生产目的在技术创新和绿色发展领域的适应性调整。

其三，制度优势与治理效能的协同支撑。中国共产党领导下的制度优势为两者良性互动提供了根本保障。田克勤、张林（2021）系统梳理了党在不同历史阶段通过制度创新回应社会主要矛盾的实践逻辑，强调"以人民为中心"的发展思想是协调生产目的与矛盾关系的核心机制。韩喜平、杜都（2022）进一步指出，供给侧结构性改革、乡村振兴战略等政策工具，通过优化生产关系释放生产力潜能，实现了矛盾化解与目标实现的统一。

（五）社会主义生产目的的实践转向

以人民为中心的发展思想是新时代解决社会主要矛盾的总纲领。刘康

(2021）系统阐释了这一思想的三重逻辑：现实逻辑体现为对贫富分化、环境恶化等问题的回应；理论逻辑根植于马克思主义群众观与中国传统民本思想；价值逻辑聚焦"发展为了谁、依靠谁、成果由谁共享"的本体论命题。田克勤、张林（2021）通过百年党史分析指出，中国共产党始终将人民利益置于首位，新时代更需通过"五位一体"总体布局实现需求与供给的精准匹配。

在实践层面，以人民为中心的发展思想要求重构生产目的的实现机制。一是需求侧升级，从"生存型"向"发展型"需求跨越。尹杰钦等（2021）将美好生活需要解构为物质富足、社会公正、心理充实三维结构，强调需通过供给侧结构性改革提供个性化、高品质产品。汪康、朱亚平（2022）从马克思"美好生活论"出发，提出劳动不仅是物质创造手段，更是实现精神尊严的价值载体，需通过权益保障提升劳动者获得感。二是供给侧结构性改革，创新驱动与制度优化并重。蒋永穆（2018）认为，乡村振兴战略通过产业兴旺、治理有效等举措，可有效破解城乡二元结构。胡鞍钢（2020）基于"双循环"格局分析，主张以内需扩容对冲外部风险，同时以科技创新突破"卡脖子"技术瓶颈。三是完善分配机制，初次分配注重效率与公平平衡，再分配强化托底功能。金红磊（2022）提出，高质量社会保障体系需覆盖教育、医疗、养老等领域，通过"制度—服务—管理"三维联动缩小群体差距。杨灿明等（2019）则从税收调节角度，建议完善累进税制与转移支付，遏制贫富分化趋势。

（六）解决社会主要矛盾的实践路径

新时代我国社会主要矛盾的破解需立足新发展格局，构建多维协同的实践体系。学界从理论与实践双重维度提出系统性路径：以共同富裕重塑分配格局，以高质量发展夯实物质基础，以生态文明调和生产生态张力，以社会治理创新回应民生诉求。这些路径既承继马克思主义矛盾辩证法的理论精髓，又回应了人民对公平、品质、绿色、和谐的复合型美好生活期待。

其一，共同富裕是破解发展不平衡的核心战略。共同富裕是社会主义的本质要求，也是化解社会主要矛盾的根本路径。田克勤、张林（2021）将共同富裕的百年实践归纳为四个阶段：新民主主义革命时期奠定政治基础，社会主义建设时期构建制度框架，改革开放时期积累物质条件，新时代则聚焦"共享发展"。王小章（2022）提出，共同富裕需通过社会建设实现发展成果的合理共享，其伦理前提是"共建共治"，即全民参与发展与治理的过程。张海洋、韩晓（2022）的实证研究表明，数字金融可通过缩小城乡、区域消费差距，缓解发展不平衡问题。

其二，高质量发展是突破发展不充分的根本动力。高质量发展是新时代经济建设的主题。高培勇（2019）指出，高质量发展以解决"好不好"问题为核心，需构建现代化经济体系，推动效率变革、动力变革与质量变革。李国泉（2021）强调，高质量发展需兼顾生产力"量的合理增长"与"质的有效提升"，通过科技创新与制度创新双轮驱动，破解核心技术"卡脖子"与产业链低端锁定问题。

其三，生态文明建设是协调生产目的与生态约束的必然选择。生态文明建设是满足人民优美生态环境需要的必然要求。韩步江（2023）提出，社会主义生态文明超越"生态主义"的自然中心论，强调人与自然和谐共生的系统观，其哲学基础是马克思主义的"两个和解"理论。王铁柱（2021）认为，生态文明建设需将"绿水青山"转化为"金山银山"，通过绿色技术创新与生态补偿机制，实现生态保护与经济发展的协同。

其四，社会治理创新是保障美好生活需要的制度支撑。社会治理现代化是解决社会矛盾的重要保障。张新文、张国磊（2018）主张构建"三治合一"（自治、法治、德治）的乡村治理体系，以破解城乡二元结构。桑玉成（2018）提出，需通过制度供给满足人民对公平正义、民主法治的需求，尤其要完善公共服务体系与利益表达机制。

社会主义生产目的与社会主要矛盾的研究，本质上是回答"为谁生产、如何生产、怎样分配"的永恒命题。新时代社会主要矛盾的转化不仅体现为社会主义生产目的内涵的深化，更成为检验以人民为中心的发展思想的实践标尺。未来研究应在保持原有理论框架的基础上，沿着三个维度展开进一步纵深探索：在理论建构方面，需重点突破"美好生活需要"的指标量化难题，着力构建需求侧与供给侧双向互动的综合评价体系；在实践创新层面，应当同步推进区域协调发展战略的实施效能、数字技术对民生领域的赋能效应以及绿色低碳转型的路径突破，形成多维度的实践突破机制；在制度设计维度，需要系统整合共同富裕政策体系，通过优化初次分配的效率基础、强化再分配的公平导向、激活三次分配的社会动能，实现三次分配制度间的有机衔接与协同增效。社会主要矛盾与社会主义生产目的的辩证运动，实质上构成了"人的全面发展"与"社会整体进步"的历史统一过程，唯有持续贯彻以人民为中心的价值导向，才能在动态调整中实现生产力与生产关系的良性互动，从而为中国特色社会主义向更高层次演进提供持续动力。

十四、新发展理念的政治经济学研究

以"创新、协调、绿色、开放、共享"为核心内容的新发展理念，是中国特色社会主义政治经济学理论创新的重要成果。该理念系统回应了发展的价值导向、实践路径和制度保障等重大命题，既植根于我国改革开放实践经验的理论升华，又包含着对全球发展格局演变的战略研判，实现了发展观与改革观、认识论与方法论的辩证统一。随着全面建设社会主义现代化国家实践的深入推进，深化新发展理念的政治经济学学理阐释与实践转化研究，已成为构建中国自主知识体系、增强经济发展理论供给能力的重要着力点。

（一）研究概览：基于 Cite Space 的可视化分析

针对政治经济学视域下新发展理念的研究动态，基于 Cite Space 软件的关键词聚类分析（见图 3-66），直观呈现了近十年相关研究的重要主题及相互关联。"新发展理念"作为核心主题形成了聚类网络，反映了其在该领域研究中的重要基础地位。"经济高质量发展""高质量发展"等主题的共现特征，凸显了高质量发展在经济领域的重要性，其研究脉络与经济发展的实际需求和趋势紧密相连。此外，"全球经济治理""现代化经济体系""内在逻辑"等成为重要的研究方向，反映出在新发展理念的政治经济学研究中，对经济治理、体系构建及理论逻辑等多方面的深入探索。这些主题的分布与发展态势，与新发展理念下经济发展的整体战略和方向高度契合，研究范畴涉及从经济发展理念到经济体系构建等多方面的探索与创新。

基于关键词聚类与热点词突现分析（见图 3-67），可以直观分析近十年的阶段性热点主题。2016—2019 年，"供给侧结构性改革""现代化经济体系""习近平新时代中国特色社会主义经济思想"等关键词呈现高突现强度，反映了这一时期围绕经济领域的重要改革举措及理论体系构建的重点关注，这些热点紧密关联着经济发展的阶段性任务与方向指引。2020 年后，"经济高质量发展""新发展格局""新发展阶段"等关键词的突现强度上升，表明经济发展进入新阶段后，高质量发展以及新发展理念引领下的格局与阶段特征成为研究重点，体现了经济发展理念的与时俱进。特别值得关注的是，"共同富裕"以 3.57 的高突现强度从 2022 年持续到 2024 年，其作为一条重要的持续性研究轴线，与国家发展战略中对共同富裕的重视高度契合，相关研究范畴不断拓展深化，在经济社会发展进程中具有重大且深远的影响。

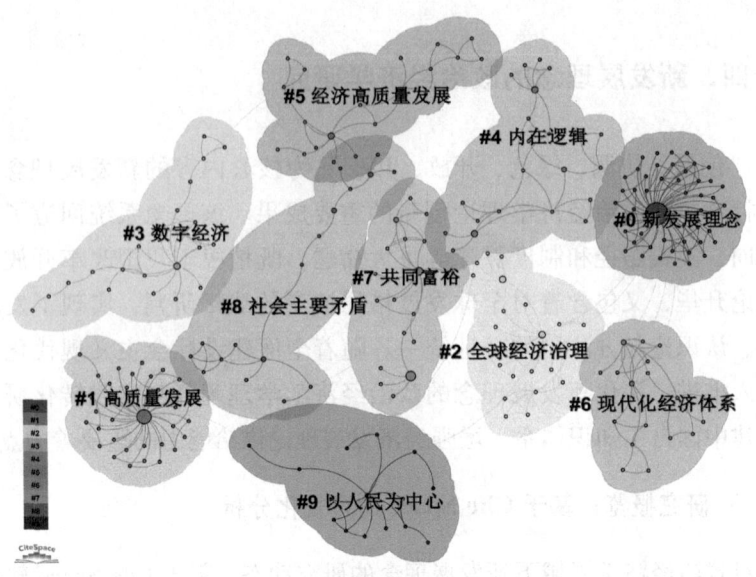

图 3-66 新发展理念的政治经济学研究的关键词聚类结果

关键词	年份	强度	起始年份	终止年份	2016—2024年
以人民为中心	2016	2.37	2016	2019	
习近平	2016	1.88	2016	2020	
供给侧结构性改革	2017	3.56	2017	2019	
现代化经济体系	2017	3.05	2017	2019	
习近平新时代中国特色社会主义经济思想	2018	2.71	2018	2019	
经济高质量发展	2020	2.67	2020	2021	
评价指标体系	2020	1.62	2020	2021	
新发展格局	2020	5.53	2021	2022	
新发展阶段	2020	3.35	2021	2022	
共同富裕	2018	3.57	2022	2024	

图 3-67 新发展理念的政治经济学研究的关键词突现结果

除此之外，通过分析作者、机构之间的合作关系和文献共被引情况，可以全面地反映该主题相关研究的整体状况、发展动态和潜在趋势。作者图谱展示了关键学者及其合作网络，刘伟、顾海良、洪银兴、张旭、任保平等学者以高发文量和影响力推动着该主题的研究进程（见图 3-68）。

机构图谱则展示了不同科研机构的实力和影响力，其中，西北大学经济管理学院、武汉大学马克思主义学院、南开大学经济学院、中国社会科学院大学经济学院、四川大学马克思主义学院、北京大学马克思主义学院、中国人民大学等机构的研究成果在数量和影响力方面较为突出（见图 3-69）。

第三部分 中国政治经济学研究进展（2016—2025年） 147

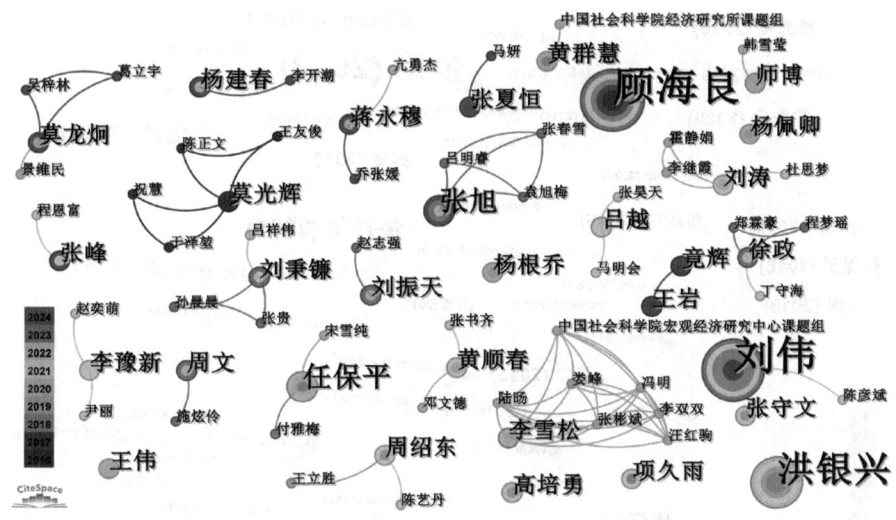

图3-68 新发展理念的政治经济学研究的代表性作者

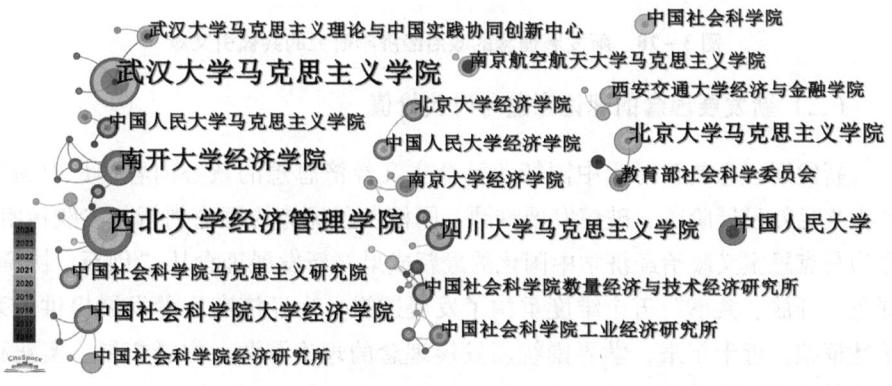

图3-69 新发展理念的政治经济学研究的代表性机构

共被引图谱反映了该主题的代表性文献（见图3-70）。其中，《新发展理念与当代中国马克思主义经济学的意蕴》（顾海良，2016）、《论经济社会的五大发展新理念——读中共十八届五中全会文件体会》（张兴贸，2015）、《关于"高质量发展"的经济学研究》（金碚，2018）、《以新发展理念引领中国经济高质量发展的难点及实现路径》（任保平等，2020）等文章受到重点关注。通过共被引频次分析可以发现，学界对"新发展理念"的研究呈现三重演进路径：其一，从马克思主义政治经济学理论出发，通过构建中国特色社会主义经济学的学理框架，为新发展理念奠定理论基础；其二，结合现代化经济体系建设目标，探索理念转化为实践的政策路径；其三，针对发展不平衡不充分的核心矛盾，提出具体领域的问题解决方案。

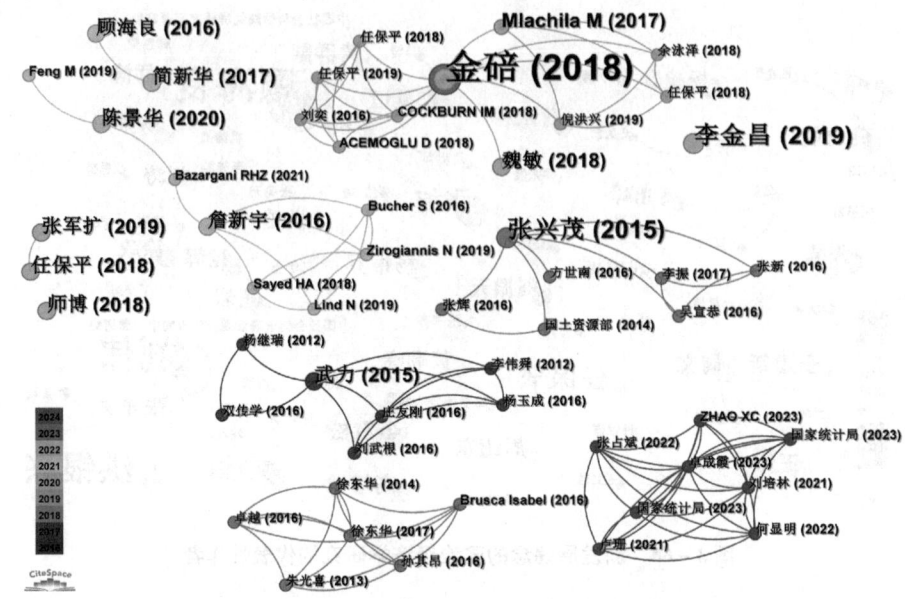

图 3-70 新发展理念的政治经济学研究的共被引文献

(二) 新发展理念的理论意蕴与时代价值

新发展理念是新时代中国特色社会主义经济思想的核心内容,是中国共产党立足新发展阶段、破解发展难题、厚植发展优势的理论创新与实践指南。作为马克思主义政治经济学中国化的最新成果,新发展理念从"创新、协调、绿色、开放、共享"五个维度重构了发展逻辑,为经济高质量发展提供了系统性框架。近十年来,学界围绕新发展理念的理论渊源、内涵拓展、实践路径及其政治经济学意义展开了多维度研究。

一是新发展理念的理论渊源。学界普遍认为,新发展理念植根于马克思主义政治经济学的基本原理,是马克思主义发展观在新时代的继承与创新。顾海良(2016)指出,新发展理念以唯物史观为根基,强调生产力与生产关系的矛盾运动是推动社会发展的根本动力,其"五位一体"结构体现了对马克思主义发展系统论的整体性把握。洪银兴(2019)进一步提出,新发展理念将马克思关于"人的全面发展"思想融入发展目标,以共享发展为落脚点,凸显了社会主义的本质属性。邱海平(2019)认为,新发展理念继承并发展了列宁关于"社会主义必须创造更高劳动生产率"的论断,强调科技创新和制度创新的协同作用。黄群慧(2022)则从"系统化的经济学说"视角出发,指出新发展理念通过整合生产力与生产关系、经济基础与上层建筑的互动关系,构建了涵盖发展目的、动力、方式、路径的完整理论体系。

二是新发展理念的科学内涵。学界从"创新、协调、绿色、开放、共享"五个维度对新发展理念的内涵进行了深入解析。刘伟（2018）提出，五大理念构成有机整体：创新是引领发展的第一动力，协调是持续发展的内在要求，绿色是永续发展的必要条件，开放是繁荣发展的必由之路，共享是社会主义发展的本质要求。张乾元、谢文娟（2017）从矛盾论视角指出，五大理念分别针对发展不平衡、不协调、不可持续等现实问题，形成了"问题—理念—路径"的闭环逻辑。

在具体维度上，学者们结合中国实践进行了丰富拓展。创新发展：杨承训（2017）强调科技创新与制度创新的双轮驱动，认为创新不仅是技术突破，更是生产关系与上层建筑的适应性变革。汪淑娟、谷慎（2021）通过实证研究发现，科技金融通过缓解融资约束和优化产业结构显著促进了经济高质量发展。协调发展：单勤琴、李中（2022）指出，协调发展的核心是解决城乡、区域和产业间的结构性失衡，需通过要素市场化配置和公共服务均等化实现动态平衡。王振波、刘亚男（2020）基于区域经济差异分析，提出协调发展应注重"增长极"辐射效应与"短板"区域政策倾斜的结合。绿色发展：郎威、陈英姿（2020）从绿色税收体系改革切入，强调绿色发展需兼顾生态效益与经济效益，构建"市场激励—政府规制—社会参与"协同机制。笪远瑶、罗丹（2023）通过实证证明，数字经济通过释放产业结构红利显著提升了绿色全要素生产率。开放发展：程恩富、张峰（2021）提出，新发展格局下的开放发展需坚持"自力主导型开放"，统筹国内国际双循环，避免对全球化的单向依赖。黄顺春、张书齐（2021）认为，服务业开放应聚焦规则对接与制度型开放，推动"一带一路"共建从项目合作转向标准共建。共享发展：耿百峰（2018）将共享发展视为共同富裕的实现路径，强调初次分配、再分配与三次分配的协调机制。李斌雄、杜泓锐（2023）提出，共享发展需通过普惠性社会保障体系与乡村振兴战略，缩小城乡、代际和群体间的福利差距。

三是新发展理念的政治经济学意义。学界从历史与现实的双重维度阐释了新发展理念的政治经济学价值。顾海良（2017）认为，新发展理念突破了西方发展理论的"增长至上"范式，将发展目标从物质积累转向人的全面发展，体现了社会主义制度的优越性。项久雨（2021）指出，新发展理念通过重构生产力与生产关系的互动逻辑，为全球发展贡献了"中国方案"，例如绿色发展与"双碳"目标的结合，既回应了生态危机，又推动了产业升级。此外，洪银兴（2022）强调，新发展理念的提出标志着中国特色社会主义政治经济学从"追赶型"向"引领型"范式的转变，其理论创新体现在三个方面：一是以人民为中心的发展导向；二是系统性解决发展不平衡问题的方法论；三是全球化背景下开放与自主的辩证统一。

（三）新发展理念的实践逻辑与机制构建

新发展理念的实践逻辑与机制构建围绕创新驱动、协调联动、绿色转型、开放合作、共享发展五大核心维度展开，通过政策协同、制度创新与主体联动形成系统性推进框架。现有研究揭示了经济转型中全要素生产率提升的产业路径、区域城乡要素流动的协调机制、低碳目标下技术与制度的双重赋能、全球化治理中的规则衔接策略以及共同富裕导向的分配改革方案，这些机制共同构成新发展理念落地的动态支撑体系，推动实现效率与公平、发展与安全的有机统一。

其一，经济高质量发展是理念落地的主战场。任保平（2020）构建了涵盖创新、协调、绿色、开放、共享五大维度的经济高质量发展评价体系，发现我国区域间发展差距主要源于创新与开放短板。王利军、陈梦冬（2023）通过 CRITIC – TOPSIS 模型测度发现，东部地区凭借数字经济和高端制造业优势领跑高质量发展，而中西部需通过产业承接与绿色转型缩小差距。在实践路径上，高培勇（2021）提出，高质量发展需统筹发展与安全，重点保障市场主体活力与财政可持续性。刘志彪（2022）强调，产业政策应向"专精特新"中小企业倾斜，通过产业链协同创新提升全要素生产率。宁楠、惠宁（2023）的实证研究表明，数字经济通过技术溢出和消费升级双向驱动文化产业高质量发展，但需防范"数字鸿沟"加剧区域分化。

其二，区域协调与城乡融合是破解结构性矛盾的应用策略。安虎森、汤小银（2021）主张构建"多元层次—开放联动—协调机制"三位一体的区域发展模式，例如成渝双城经济圈通过基础设施互联与产业互补实现了协同增效。宋洪远、唐文苏（2024）指出，城乡融合需以土地制度改革和公共服务均等化为突破口，推动"三权分置"激活农村要素市场。陈健、张旭（2022）通过案例研究发现，浙江"千万工程"通过生态治理与产业振兴的结合，成为城乡协调发展的典范。

其三，绿色转型与"双碳"目标是生态优先的实践路径。绿色发展的应用研究聚焦制度创新与技术赋能。杨博文（2021）提出，"双碳"目标需以产业结构低碳化为核心，通过立法完善碳交易市场与绿色金融体系。莫龙炯等（2024）的实证分析表明，政府环境治理注意力与公众环保参与度的提升，可强化数字经济对绿色发展的促进作用。刘彩霞（2024）针对绿色物流提出，需通过智能仓储和低空经济降低碳排放，同时构建共享物流生态平台。

其四，开放发展与全球化治理深化构建新发展格局。在开放领域，余森杰、曹健（2022）强调，需通过自贸区制度创新和"一带一路"产能合作，提升我国在全球价值链中的位势。周绍东、陈艺丹（2021）提出，数字贸易规则制定应坚持"包容性开放"，平衡数据主权与跨境流动需求。黄颖祚、王姗（2022）以乡村旅游为例，指出"双碳"背景下的开放发展需融合本土文化与国际标准，打造低碳文旅品牌。

其五，共享发展与社会治理促进共同富裕。共享发展的应用研究集中在分配改革与公共服务。汪连杰、刘昌平（2023）提出，应通过税收调节扩大中等收入群体，同时完善三次分配的法律保障。张勤、宋青励（2021）以韧性治理理论为基础，主张通过数字化工具提升社区公共服务效率，例如"智慧养老"与"共享医疗"模式。

（四）新发展理念的现实张力与系统破解

新发展理念在实践深化过程中，面临创新动能转化、区域协调阻滞、绿色转型迟滞、开放风险加剧、共享机制短板等结构性矛盾，这些现实张力揭示了理念落地与既有发展惯性的深层博弈。学界通过理论创新与制度设计，提出系统性破解方案，形成从矛盾剖析到路径优化的完整治理逻辑，为统筹发展与安全、效率与公平提供方法论支撑。

1. 矛盾与调整：理念落地中的现实张力

一是创新动能不足与传统路径依赖的矛盾。学界普遍指出，创新驱动虽被确立为发展第一动力，但实践中仍面临技术转化率低、基础研究薄弱、创新要素配置失衡等问题。张旭（2024）强调，部分产业对传统要素投入的依赖与科技创新的协同性不足，导致创新链与产业链脱节。黄颖祚等（2022）在乡村旅游研究中发现，低碳技术应用滞后与既有利益格局固化形成阻力，反映出生产关系对技术创新的制约。

二是协调发展要求与区域差异固化的矛盾。协调发展理念要求破解城乡二元结构、缩小区域差距，但现实仍存在显著不均衡。宋洪远等（2024）指出，城乡要素流动不畅、公共服务均等化不足，导致城乡融合的体制机制难以突破既有利益分配格局。王利军等（2023）通过经济高质量发展指数测度发现，东部地区创新与开放维度优势显著，而中西部在绿色与共享维度存在短板，反映了区域发展动能的非对称性。

三是绿色转型需求与增长模式惯性的矛盾。绿色理念要求实现生态与经济的共生，但传统粗放型增长惯性仍然存在。陈健等（2023）在数字经济与文化产业研究中发现，部分地区为追求短期增长，忽视绿色技术投入，导致生态效益与经济收益脱节。莫龙炯等（2024）指出，地方政府对传统产业的保护主义倾向，可能延缓绿色生产方式的普及。

四是开放发展诉求与外部环境不确定性的矛盾。全球化逆流与地缘政治风险对开放理念构成挑战。张夏恒（2024）在数字经济研究中提出，全球供应链重构与"技术脱钩"压力可能削弱我国开放动力。黄满盈等（2024）通过服务贸易国际比较发现，我国开放水平虽提升，但制度型开放仍滞后于商品贸易规模扩张。

五是共享目标导向与利益分配失衡的矛盾。共享理念要求发展成果普惠全民，但收入差距与公共服务不均仍制约其实现。汪连杰等（2023）在共同富裕研究中指出，三次分配机制尚未形成有效协同，初次分配中劳动报酬占比偏低问题突出。王振波等（2020）的乡村振兴研究进一步揭示，要素市场化改革滞后导致农民难以平等参与发展成果分配。

2. 解决路径：系统治理与制度创新

一是构建适配新质生产力的制度体系。针对创新动能不足，学界强调需通过制度创新解放生产力。蒋永穆等（2024）提出，应构建"公有主体型产权制度"与"劳动主体型分配制度"，以新型生产关系支撑科技创新。程恩富等（2024）主张建立"国家主导型调节制度"，通过顶层设计优化创新要素配置。洪银兴（2024）进一步提出，需以数字经济为载体，推动科技、产业与金融的"三位一体"协同，形成新质生产力的内生增长机制。

二是强化区域协调发展的系统性治理。为破解区域失衡，周绍东等（2021）建议构建"轴带—城市群—县域"多级联动机制，通过空间规划引导要素跨区流动。单勤琴等（2022）提出完善横向生态补偿与财政转移支付制度，以制度性协调替代市场自发分化。此外，安虎森等（2021）强调，需通过"多元开放联动"打破行政壁垒，形成区域间产业链互补格局。

三是完善绿色转型的激励约束机制。针对绿色转型矛盾，学界主张构建"市场—政府—社会"协同治理体系。郎威等（2020）提出深化绿色税收改革，通过差别化税率引导产业低碳化。谢建邦（2024）强调需通过"科技—产业—政策"闭环设计，推动绿色技术从实验室向产业链渗透。

四是深化高水平制度型开放。应对开放挑战，张勤等（2021）在韧性治理研究中建议，构建"数字自贸区"与跨境数据流动规则，以制度创新对冲外部风险。余森杰等（2022）主张以"负面清单+准入前国民待遇"扩大服务业开放，提升全球价值链位势。

五是健全共享发展的长效机制。为实现共享目标,学界聚焦于三次分配的制度化建设。李雪松等(2022)提出了完善"就业—教育—社保"联动政策,通过人力资本投资缩小能力差距。汪淑娟等(2021)强调数字技术赋能公共服务均等化,如通过"互联网+医疗"缓解资源错配。黄金辉等(2022)进一步建议,将共享理念嵌入土地、数据等要素改革,建立农民土地增值收益共享机制。

新发展理念立足中国实践,以马克思主义政治经济学为根基,构建了涵盖发展动力、空间、方式与目标的系统性框架。其核心要义在于通过创新驱动突破路径依赖、协调联动破解结构失衡、绿色转型重塑增长范式、开放合作优化全球位势、共享发展促进公平正义,形成效率与公平互促、发展与安全统筹的动态治理体系。当前实践中,传统要素依赖与创新动能滞后的矛盾、区域分化固化与协调发展诉求的张力、生态效益与短期增长目标的冲突、开放风险加剧与制度型开放短板的交织、共享机制滞后与分配失衡的困境,集中体现了生产力跃升与生产关系调整的深层博弈。对此,学界提出制度创新引领的系统性方案:以新质生产力适配性制度释放创新潜能,通过多级联动机制重塑区域协同格局,构建"市场—政府—社会"协同的绿色激励体系,深化数字规则衔接提升开放韧性,完善三次分配制度,强化共享保障。未来研究需聚焦治理效能转化机制,强化数字经济、低碳转型等新兴领域与新发展理念的理论耦合,同时加强国际比较视野下的学理对话,推动中国发展经验的范式提炼,进一步增强理论解释力与实践引领力,为全球可持续发展贡献中国智慧。

十五、经济高质量发展的政治经济学研究

作为中国式现代化进程的核心命题,经济高质量发展是新时代中国特色社会主义政治经济学的重大理论创新与实践突破。当前,中国社会主要矛盾已转化为人民日益增长的美好生活需要和不平衡不充分的发展之间的矛盾,这一历史性转变迫切要求构建立足新发展阶段、贯彻新发展理念、引领新发展格局的经济理论体系。既有研究在阐释经济高质量发展的内涵与路径时,大体形成了两大理论进路:一是基于马克思主义政治经济学的本体论分析,强调科技创新驱动的新质生产力与公有制为主体的生产关系优化的协同演进;二是通过批判性借鉴西方经济学范式,将全要素生产率(TFP)提升置于社会主义基本经济制度框架,揭示技术效率与制度效率的共生机制。在这一部

分,将基于马克思主义政治经济学方法论,系统梳理2015年后至今的核心研究,为构建中国自主的经济学知识体系提供学理支撑。

(一) 研究概览:基于Cite Space的可视化分析

基于Cite Space关键词聚类图谱分析(见图3-71),2016—2025年学术界在理论建构、实践路径与中国特色话语体系方面形成了多维度的研究成果,其核心脉络可概括为以下三大方向。一是理论框架的深化与创新。以中国特色社会主义政治经济学为统领,研究聚焦于高质量发展的理论内涵与制度逻辑。学者们从马克思主义城市分工理论出发,结合中国城乡结构转型,探讨了空间资源配置与区域协调发展的政治经济学机理。同时,中国式现代化的提出推动了理论阐释的范式创新,强调高质量发展不仅是效率提升,更是以人民为中心的发展观在政治经济学中的具象化。二是技术驱动与结构升级的实践路径。技术进步被普遍视为高质量发展的核心动力。研究揭示了数字技术对传统生产要素的重构作用,特别是数字资产的确权、流通与分配问题成为新兴议题。学者们指出,数字经济背景下,数据要素的资本化逻辑需要嵌入社会主义生产关系框架,避免技术垄断导致分配失衡。此外,产业基础高级化与产业链现代化被纳入政治经济学分析,强调技术创新需服务于实体经济升级与国家战略安全。三是中国特色的制度优势与挑战。研究突出强调中国制度优势对高质量发展的支撑作用,包括集中力量办大事的举国体制、渐进式改革积累的制度韧性等。部分学者提出,需构建包容性更强的政治经济学分析工具,以解释"效率—公平—可持续"三重目标的动态平衡。

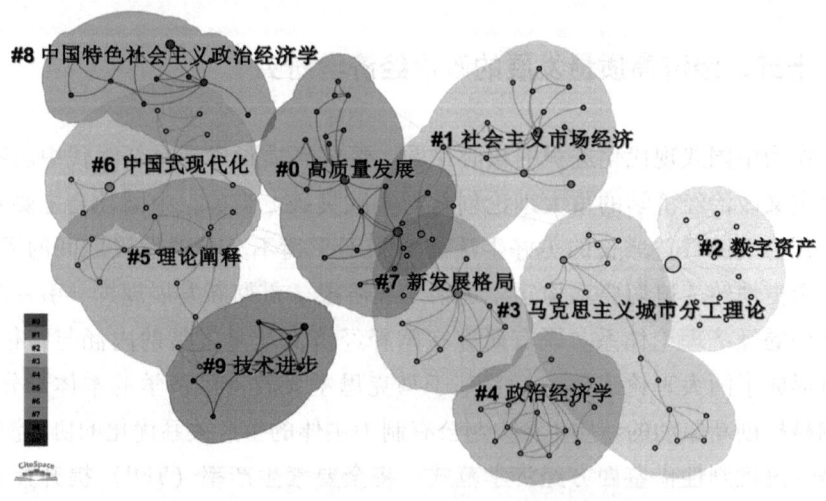

图3-71 经济高质量发展研究的关键词聚类结果

基于 Cite Space 热点词突现图分析，2016—2025 年经济高质量发展的研究重心与政策导向高度契合，研究范式呈现显著阶段性特征（见图 3-72）。从阶段演进与核心议题上看，政策锚定期（2018—2020 年）：以"习近平新时代中国特色社会主义经济思想"为纲领性概念，研究聚焦党的十九大提出的高质量发展转型，围绕"中国特色社会主义政治经济学""现代化经济体系"和"社会主义市场经济"构建理论框架，重点阐释新发展理念与供给侧结构性改革的互动逻辑。实践深化期（2021—2023 年）：碳中和目标推动"生产要素"成为新焦点；数字化转型催生了"新发展理念"的议题。理论整合期（2022—2025 年）："习近平经济思想"成为统领性范式，研究强调党的领导与市场机制的协同；"经济高质量发展"的马克思主义阐释兴起，聚焦"中国式现代化"范畴下生产力与生产关系适配的辩证关系。

关键词	年份	强度	起始年份	终止年份	2018—2024年
习近平新时代中国特色社会主义经济思想	2018	2.34	2018	2018	
中国特色社会主义政治经济学	2018	1.78	2018	2019	
现代化经济体系	2018	1.24	2018	2019	
新时代	2018	1.11	2018	2018	
社会主义市场经济	2018	1.02	2018	2018	
生产要素	2020	1.25	2020	2020	
新发展理念	2018	1.00	2021	2021	
经济高质量发展	2021	1.05	2022	2022	
中国式现代化	2023	3.04	2023	2024	
习近平经济思想	2022	2.66	2023	2024	

图 3-72　经济高质量发展研究的关键词突现结果

基于 Cite Space 机构合作网络分析，经济高质量发展的政治经济学研究形成了以中国社会科学院经济研究所为核心、辐射全国高校的多层次合作网络（见图 3-73）。研究力量主要集中在三类机构：一是以中国社会科学院为代表的综合性研究机构，依托其政策研究优势，牵头构建理论框架与政策建议；二是以复旦大学、中国人民大学、南开大学等高校的马克思主义学院和经济学院为主体的学术团队，注重马克思主义政治经济学与中国实践的结合，尤其在数字经济、区域协调等议题上形成特色成果；三是以西南财经大学、陕西师范大学、西北大学等区域性高校为代表的地方研究机构，聚焦长江上游、西部开发等区域高质量发展问题，体现理论与实践的在地化衔接。机构合作呈现"跨区域联动、学科交叉"的特点。例如，复旦大学马克思主义研究院与南开大学经济学院围绕"中国式现代化"开展联合研究，探索社会主义市场经济的制度创新路径；中国人民大学的马克思主义学院与经济学院通过内部协同，深化了高质量发展中"效率与公平"的政治经济学阐释。此外，重庆工商大学长江上游经济研究中心与中国社会科学院的合作，凸显了中央与地方智库在政策研究与区域发展战略中的互补性。此外，作者图谱展示了关键学者及其合作网络（见图3-74）。

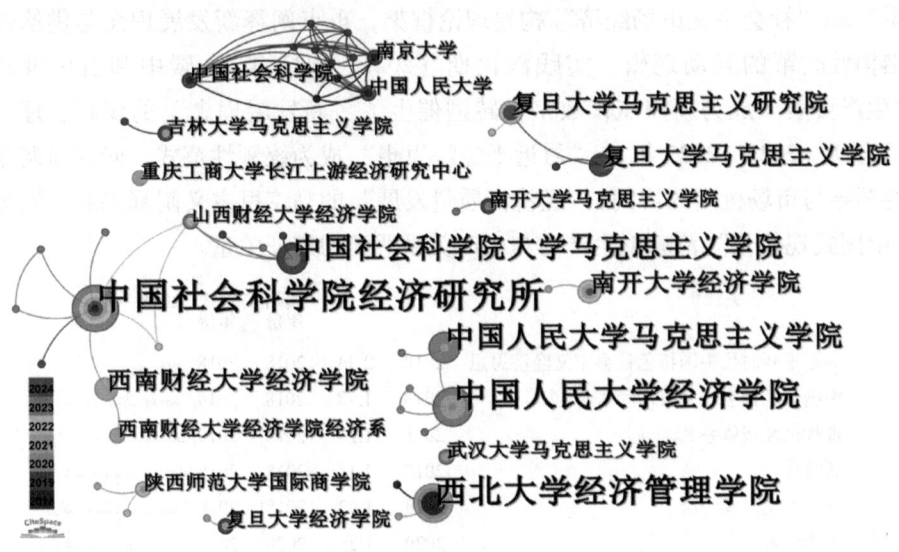

图3-73 经济高质量发展研究的代表性机构

图3-74 经济高质量发展研究的代表性作者

基于Cite Space共被引图谱，经济高质量发展的政治经济学研究形成了以核心学者引领、多主题交织的学术网络，研究脉络呈现理论深化与实证拓展的双重特征（见图3-75）。节点分布显示，高频被引学者如金碚、洪银兴、黄群慧等奠定了理论基石，聚焦中国特色社会主义政治经济学的范式创新，强调高质量发展需统筹市场效率与制度优势，尤其在产业结构升级（刘志彪，2020）、区域协调机制（张军扩，2019）等领域达成共识。任保平、魏敏等学者从马克思主义政治经济学出发，剖析了技术创新（如数字经济、绿色转型）与生产关系适配性，提出数据要素分配（陈诗一，2018）、生态价值实现（上官绪明，2020）等新命题。

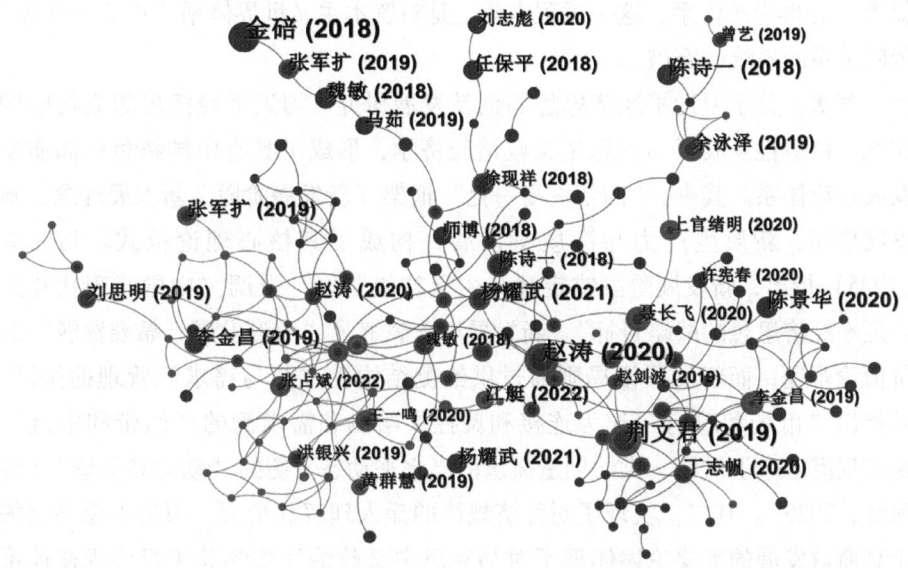

图3-75 经济高质量发展研究的共被引文献

（二）经济高质量发展的理论基础

我国已转向高质量发展阶段，主要特征是从"数量追赶"转向"质量追赶"，从"规模扩张"转向"结构升级"，从"要素驱动"转向"创新驱动"，从"分配失衡"转向"共同富裕"，从"高碳增长"转向"绿色发展"。经济高质量发展理论深植于马克思主义政治经济学的科学方法论，并在新时代中国特色社会主义实践中实现了创新性发展。其理论体系可追溯至三个维度：马克思主义基本原理的理论支撑，习近平经济思想的方法论创新，以及对西方经济学的批判性扬弃。

首先，关于马克思主义政治经济学的继承发展研究。马克思主义政治经济学揭示了生产力与生产关系的矛盾运动规律，为经济高质量发展提供了根本方法论指导。其一，生产力发展规律为高质量发展提供了认识方法。马克思指出，"劳动资料取得机器这种物质存在方式，要求以自然力来代替人力，以自觉应用自然科学来代替从经验中得出的成规"。只有始终坚持马克思主义生产力与生产关系的基本原理和基本方法，才能真正科学和深化认识资本理论，引导资本健康、高质量发展（权衡，2022）。其二，社会再生产理论为新发展格局构建提供了分析框架。张占斌（2022）论证了国内大循环的主体性需以生产环节的自主可控为基础，而国际循环则通过交换、消费环节实现全球资源再配置，两者共同构成"以国内大循环为主体、国内国际双循环相互促进"的再生产体系，这一过程本质上是对资本主义世界体系"中心—外围"依附关系的系统性突破。

其次，关于习近平经济思想的创新发展研究。习近平经济思想立足中国实践，创造性发展了马克思主义政治经济学，形成了具有中国特色的高质量发展理论体系。其一，"四新一高一化"框架（新发展阶段、新发展理念、新发展格局、新质生产力与高质量发展）构成了其核心理论范式。刘元春（2025）指出，新发展阶段锚定社会主义初级阶段，强调"中国式现代化是习近平经济思想的战略目标"。新发展理念破解了"为谁发展、靠谁发展"的价值论难题，而新发展格局则通过供给侧结构性改革与需求侧管理的协同，并指出"市场和政府"作为连接和调控供给侧和需求侧的"纽带和中枢"，是实现需求牵引供给、供给创造需求的高水平动态平衡的"动力和引擎"（韩保江，2025）。其二，实现了对经济规律的深入理解和把握。习近平总书记关于高质量发展的重要论述体现了对马克思主义政治经济学关于经济规律体系思想方法的创造性运用和创新性发展，并强调从高质量发展应遵循的经济规律体系出发，把握好以高质量发展推进中国式现代化的方向性问题（刘凤义，2023）。翟坤周和王敏月（2024）进一步强调，新时代中国共产党人在建构"系统化的经济学说"中始终坚持发展与安全的统筹互构，形成了习近平总书记关于经济安全重要论述的科学理论体系，充分彰显其在理论、实践、世界维度的价值意蕴。

最后，关于西方经济学的批判性借鉴。经济高质量发展理论通过对西方经济学的选择性吸收与根本性改造，实现了"术语移植"向"范式重构"的跨越。一方面，全要素生产率（TFP）理论被赋予马克思主义内核。新古典经济学将TFP窄化为技术外生变量，而赵峰等（2025）基于马克思主义政治经济学技术进步理论，论证了中国全要素生产率的提升不仅是技术进步的结果，也与生产关系优化和国民收入分配合理化紧密相关。另一方面，数字经济理论实现本土化重构。党的十九届四中全会首次明确提出"数据"作为生产要素参与分配，是马克思主义政治经济学的重大理论创新（李政和周希禛，2020）。对于西方"数据资本化"范式导致的劳动异化问题，宋文静等（2021）认为，理解生产性劳动与非生产性劳动是理解高质量发展的枢纽，并证明非生产性部门扩张带来人力资本的积累，人力资本不仅作为直接投入要素促进经济增长，还作为经济部门的中间投入品间接促进经济增长。曾祥明等（2024）主张通过数据确权全民化、收益分配普惠化，使数字经济服务于共同富裕目标。

概言之，既有研究从总体上实现了理论整合与范式突破。在马克思主义本体论层面，强调生产力质变与生产关系调适的互动；在习近平经济思想方法论层面，突出制度创新对市场与政府张力的平衡；在对西方理论的批判层面，注重技术效率与制度效率的协同量化。不仅突破了新结构经济学"要素禀赋决定论"的静态局限，也为构建中国自主的经济学知识体系奠定了基石。

（三）经济高质量发展的重要议题

经济高质量发展的理论探索始终围绕生产力演进与生产关系调适的辩证关系展开，其核心议题可凝练为四大领域：新质生产力的内涵重构、全要素生产率的政治经济学解释、数字经济的价值创造逻辑以及人文经济学的价值导向。这些议题共同构成了破解高质量发展难题的四维分析框架。

其一，关于新质生产力的理论内涵与实践指向。新质生产力作为经济高质量发展的核心动能，本质上是科技创新驱动下的生产力质态跃迁。区别于传统生产力以要素投入为主的线性增长模式，新质生产力是以科技创新为驱动要素，以战略性新兴产业、未来产业等新业态为主要场域的生产力，追求人类与自然进行物质变换能力质的跃迁（刘文祥等，2024）。刘元春（2025）从动态演化视角提出，新质生产力的核心特征在于"技术—制度—要素"三元协同，即数字技术、市场化改革与数据要素的深度融合，能够重构生产函数并释放全要素生产率潜力。周绍东（2025）进一步指出，新质生产力并非单纯的技术升级，而是生产关系与生产力矛盾运动的阶段性产物，其发展需以公有制为主体，以多种所有制协同的制度优势为基础，通过"有效市场"与"有为政府"的联动激发创新活力。新质生产力的提升与生产关系优化紧密相关（王世泰和余达淮，2024），这就要求加强数字领域关键核心技术攻关，加快数字信息基础设施建设，协同推进数字产业化和产业数字化，着力培育数据要素市场，规范数字经济发展，并深度参与数字经济国际合作（杨道涛，2023）。

其二，全要素生产率的政治经济学解释。全要素生产率（TFP）是建立在"斯密教条"和萨伊"三位一体公式"基础之上的（魏旭和高冠中，2017），被主流经济学视为高质量发展的关键指标，我国学者立足于马克思主义政治经济学对其进行了范式重构。在政治经济学视域下，全要素生产率由劳动生产率演化而来，它利用价格这一价值与使用价值的桥梁和纽带，既反映了各类要素投入与产出间的技术经济效率，也反映了价值投入与价值产出的效率水平（宋冬林和孙尚斌，2023）。经济长期高速发展带来生产方式变迁，基于新古典增长理论的传统增长核算不再适用于中国全要素生产率的实践检验，有必要从马克思的生产劳动理论出发，明确生产劳动所涉部门，由此测算得出的全要素生产率及其变动情况更具针对性（范欣等，2023）。当前，新质生产力的发展使得全要素生产率的提升更具系统性特征，作为有效评估新质生产力发展水平和实现经济高质量发展的关键变量之一，全要素生产率也势必要通过构建中国新型供需关系、打通经济循环堵点卡点、推动国民经济良性循环来实现质的提升（赵峰等，2025）。

其三，数字经济与高质量发展的价值张力。数字经济的爆发式增长重构了价值创造逻辑，亦衍生出三大政治经济学议题。第一，数据要素的价值源泉争议。平台经济中的数据控制问题不仅表现出马克思价值运动理论的一般逻辑，而且具有时代性，在平台"归一"逻辑下，数据控制不仅拓展了价值运动的时空边界、促成了价值运动的平台化，而且使价值攫取在更大范围且以更为隐秘的方式进行，形成了新的异化形式，对平台经济的高质量发展构成了重大挑战（韩文龙等，2021）。第二，数实融合的现实困境。当前我国数实融合的实践进程中还面临着数字鸿沟与区域间产业发展的差异性共存、数字技术核心领域自主创新能力不足、部分传统产业数字化转型动力不强、数据要素流通不畅等一系列现实困境（杨秀云和从振楠，2023）。第三，平台经济的双重效应。平台经济依靠高效的数据采集和传输系统、发达的算力以及功能强大的数据处理算法所支持的数字平台，大力促进了社会生产力发展，但同时，数字平台的技术特性及资本对平台的垄断，塑造了动态不完全竞争格局，基于数字平台的劳动组织新形式导致不稳定的就业和工资，使资本积累的逻辑渗入劳动力再生产过程（谢富胜等，2019）。

其四，人文经济学的价值导向重构。高质量发展需回答"增长为了谁"的元问题，人文经济学为此提供了价值坐标系。第一，人的全面发展导向。王生升等（2024）依据唯物史观原理，指出经济与文化统一于"现实的人"的物质生活需要和精神生活需要，中国经济高质量发展和文化繁荣兴盛统一于人民对美好生活的需要。第二，增长共识的文化建构。魏建（2024）认为，基于目标、价值、行动认同而形成的增长共识构成了增长的文化动力，应以人的能动性为基础，在民众、企业、政府三个层面形成的增长共识，是有效动员全社会力量推进经济增长的前提。第三，构建服务高质量发展的文化生态系统。高质量发展首先是发展观的转型升级，着力构建与高质量发展相适应的区域文化系统，以温润丰沃的文化土壤促使创新、协调、绿色、开放、共享的新发展理念尽快落地生根（任平等，2023）。

总的来看，当前研究在议题的设置上存在深入的理论关联：新质生产力提供增长动能，全要素生产率提升优化资源配置效率，数字经济重塑生产形态，而人文经济学锚定价值坐标，四者构成"动力—效率—形态—价值"的系统。当前研究在交叉领域还存在拓展空间，为后续理论突破提供了方向。

（四）经济高质量发展的实现路径与机制

经济高质量发展的实践逻辑需破解"动力生成—资源配置—空间协调"三位一体的系统性难题，学界对其实现路径的研究围绕以制度创新为核心枢纽，通过创新驱动、供需协同与开放包容三大机制展开，在总体上构建了"生产关系适配新质生产力—市场政府双强治理—国内国际双循环互促"的动态均衡体系。

其一，关于创新驱动与制度保障的协同机制研究。新型举国体制下的创新驱动是突破"卡脖子"技术瓶颈的关键路径。第一，核心技术攻关的"新型举国模式"。翟青等（2024）提出以健全关键核心技术攻关的新型举国体制、建设数实融合的现代化产业体系、发挥社会主义基本经济制度的治理效能，作为加快推进新质生产力的政策优先项与着力点。第二，社会主义市场经济体制的适应性改革。任保平（2020）指出，高质量目标下社会主义市场经济体制建设要以坚持社会主义市场经济改革方向为出发点，以完善要素市场化配置与产权制度为重点，以构建新型社会主义市场经济运行机制为核心，以处理社会主义市场经济发展中的重大关系为中心，以加强社会主义市场经济伦理道德建设为保障路径。第三，创新生态系统的制度供给。朱晓林和杨宇（2023）指出，充分发挥国家创新体系的政治引领、经济依托、人才支撑与机制保障功能至关重要，必须明确国家创新体系的社会主义定位，完善社会主义市场经济体系，完善人才培养与引进战略，增强科技创新成果转化能力，从而为优化国家创新体系提供一个系统、规范的组织框架。

其二，关于供需双侧协同改革的动态平衡机制研究。供给侧结构性改革与需求侧管理的协同是破解"结构性过剩与有效需求不足并存"矛盾的核心机制。裴长洪和倪江飞（2023）指出，应以供给侧结构性改革为内生动力，以扩大内需为基本战略，通过供给改革与需求管理的动态协调、国内国际双循环相互促进，形成开放型的供给创造需求、需求引致供给的更高水平动态平衡。供给侧层面，周文和李思思（2018）指出，应减少无效和低端供给，重点推进"三去一补一降"五大任务，同时增加有效产品的供给，加强培育满足人民需要的战略性新兴产业。需求侧层面，洪银兴和杨玉珍（2021）指出，要着力培育完整的内需体系，完善扩大内需的支撑和保障体系，也即突出消费环节的基础性作用、发挥分配环节对扩大消费需求的支撑作用和强调流通环节对扩大消费的市场实现作用。

其三，区域协调与开放发展的空间重构机制研究。高质量发展需构建"区域协同—全球融入"的双重空间优化机制。区域协调方面，金碚（2019）指出，政策激励和均衡导向相统一是区域协调发展新机制的重要机理，必须处理好非均衡性的政策激励和均衡性政策导向之间的关系，既要注重国家战略和政策的统筹，又要发挥市场在资源配置中的决定性作用，以新机制焕发新动能，实现区域政策激励性和均衡性导向的协同统一。开放发展层面，空间重构的深层逻辑在于打破"中心—边缘"依附结构，戴翔等（2024）指出，要进一步推动国内制度创新，扩大自由贸易协定（FTA）的签署范围，积极融入全球 FTA 网络，强化国内制度创新与国际经贸规则嵌入的双向协同作用，更好地集聚与利用全球资源，实现高质量发展。

概言之，经济高质量发展的政治经济学研究，本质上是马克思主义基本原理同中国具体实际相结合的理论创新过程。本部分通过系统梳理国内前沿成果，揭示了当前学界的三重理论贡献：其一，在方法论层面，突破了西方经济学"技术—制度"二元割裂的局限，为诠释中国式现代化提供了科学的政治经济学工具。其二，在理论内涵层面，论证了高质量发展不仅是生产力水平的量级提升，更是社会主义生产关系优越性的集中体现。其三，在实践路径层面，为统筹发展与安全、效率与公平、开放与自主提供了可操作的制度设计。唯有持续推动理论自觉与历史主动的辩证统一，方能构建彰显中国智慧的经济学自主知识体系。

十六、人口高质量发展的政治经济学研究

人口高质量发展作为中国式现代化的基础性战略支撑，本质上构成了生产关系与生产力矛盾运动在人类自身再生产领域的具象化表达，这一命题在

新时代具有特殊的理论价值和实践指向。

(一) 研究概览：基于 Cite Space 的可视化分析

针对政治经济学视域下新发展理念的研究动态，基于 Cite Space 软件的关键词聚类分析（见图 3-76），直观呈现了近十年相关研究的重要主题及相互关联。"人口高质量发展"作为该研究领域的核心指引形成聚类网络，体现其重要的基础地位。"经济高质量发展""高质量发展"等主题的共现特征，凸显了高质量发展在整体发展中的重要性，其研究脉络与人口发展的实际需求和趋势紧密相连。此外，"人口红利""中国式现代化""创新驱动"等成为重要的研究方向，反映出在人口高质量发展的政治经济学研究中，对人口相关红利、现代化发展及创新驱动等多方面的深入探索。这些主题的分布与发展态势，与人口高质量发展理念下整体发展的战略和方向高度契合，研究范畴涉及从发展理念到具体发展驱动等多方面的探索与创新。

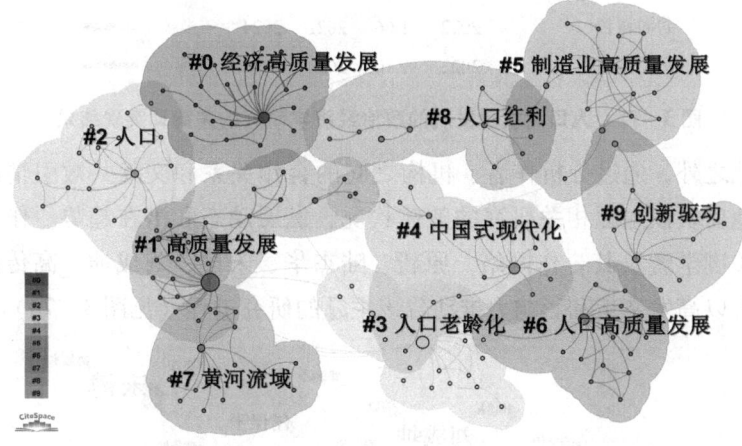

图 3-76　人口高质量发展的政治经济学研究的关键词聚类结果

基于关键词聚类与热点词突现分析（见图 3-77），可以直观分析近十年的阶段性热点主题。2017—2018 年，"人口""学科建设""资源与环境经济学"等关键词呈现较高突现强度，反映了这一时期这些领域受到的重点关注，其与当时社会发展的相关需求紧密相连。2018—2019 年，"现代化经济体系"突现强度较高，这与经济领域的重要发展方向相关。2019—2021 年，"养老产业""人口红利""人口变迁"等关键词的突现强度依次显现，表明人口相关的产业及变化在这一时期成为研究热点。2021—2022 年，"'十四五'时期"关键词突现强度上升，体现了这一重要发展规划阶段所受的关注。值得关注的是,"共同富裕"以1.66的高突现强度从2022年持续到2024年,其作为一条重要的持续性研究轴线,与国家发展战略中对共同富裕的重视高度契合,相关研究范畴不断拓展深化,在经济社会发展进程中具有重大且深远的影响。同时,"新型城镇化"也从2022年开始以1.1的突现强度持续到2024年,显示出其在这一时期的重要性及持续的研究热度。

关键词	年份	强度	起始年份	终止年份	2017—2024年
人口	2017	1.86	2017	2018	
学科建设	2017	1.34	2017	2018	
资源与环境经济学	2017	1.34	2017	2018	
现代化经济体系	2018	1.27	2018	2019	
养老产业	2019	0.89	2019	2020	
人口红利	2019	0.84	2019	2021	
人口变迁	2020	0.99	2020	2021	
"十四五"时期	2021	1.24	2021	2022	
共同富裕	2022	1.66	2022	2024	
新型城镇化	2022	1.10	2022	2024	

图3-77 人口高质量发展的政治经济学研究的关键词突现结果

除此之外,通过分析作者、机构之间的合作关系和文献共被引情况,可以全面地反映该主题相关研究的整体状况、发展动态和潜在趋势。作者图谱展示了关键学者及其合作网络,原新、陆杰华、宋健、刘成坤、高传胜、金牛等学者以高发文量和影响力推动着该主题的研究进程(见图3-78)。

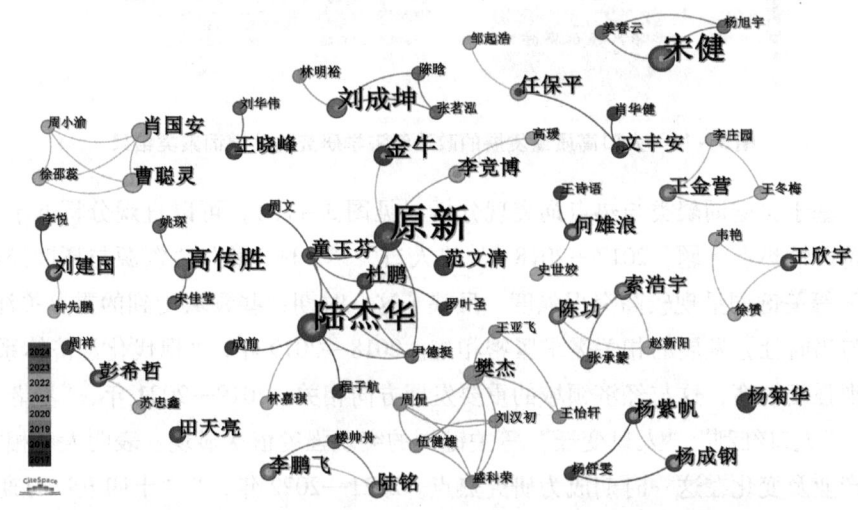

图3-78 人口高质量发展的政治经济学研究的代表性作者

机构图谱则展示了不同科研机构的实力和影响力，其中，南开大学经济学院、中国人民大学人口与发展研究中心、中国科学院大学资源与环境学院、北京大学社会学系、中国人民大学应用经济学院、南京大学政府管理学院等机构的研究成果在数量和影响力方面较为突出（见图3-79）。

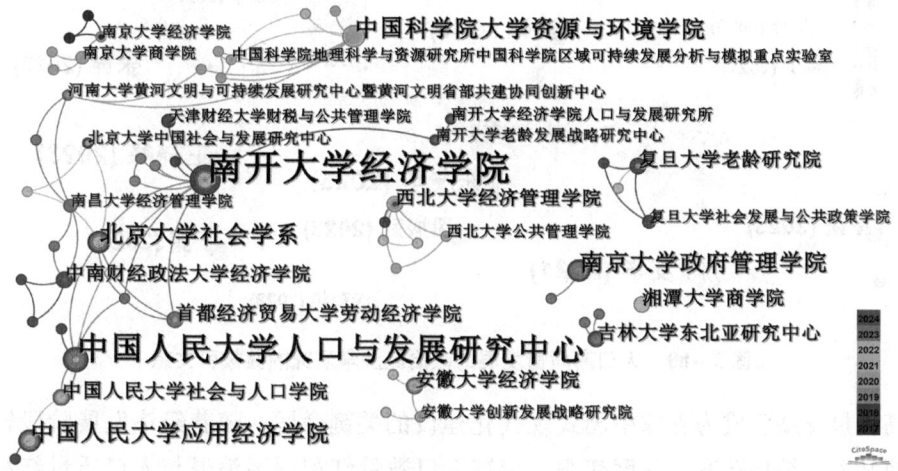

图3-79 人口高质量发展的政治经济学研究的代表性机构

共被引图谱则反映了该主题的代表性文献（见图3-80）。其中，《中国式现代化视域下的人口高质量发展研究》（陈友华，2023）、《非均衡发展：人口发展理论的批判与建构》（陈友华，2021）、《理解人口高质量发展：理论意蕴、支撑要素与实践路径》（王晓峰，2023）、《发展与平衡的新时代——新中国70年的空间政治经济学》（陆铭，2019）、《中国人口负增长：特征、挑战与应对》（翟振武，2023）、《以促进人口均衡发展推进中国式现代化》（宋健，2023）、《人口高质量发展、新人力资本与高质量就业》（于潇，2023）等文章受到重点关注。近年来国内人口高质量发展研究呈现出鲜明的跨学科特征与政策导向性，主要围绕现代化转型中的人口结构变迁、区域非均衡发展、人力资本提升等核心议题展开。既有研究在理论层面突破了传统人口学框架，将空间政治经济学、新发展理念等纳入分析体系；实践层面聚焦人口负增长、就业质量、政策协同等现实挑战，形成了理论批判与政策建构并重的学术路径，体现了学术研究与国家战略的深度互嵌。

（二）人口高质量发展的理论内涵与战略意义

当前，我国人口发展正经历深刻的历史性变革。在少子老龄化加速演进、区域人口增减分化加剧、人口素质与资源环境矛盾凸显的复杂背景下，人口

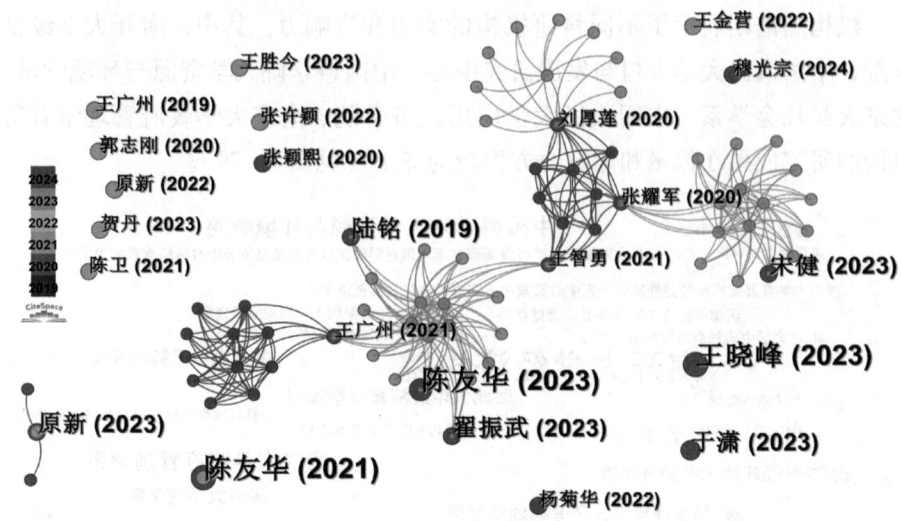

图 3-80 人口高质量发展的政治经济学研究的共被引文献

高质量发展已成为支撑中国式现代化建设的关键命题。随着经济发展阶段转换和人口结构转变的深度交织,传统人口数量红利逐渐消退与人口质量红利培育滞后的结构性矛盾日益突出。人口高质量发展通过优化社会化再生产体系,破解人口结构转型与物质生产升级的结构性矛盾,在马克思主义政治经济学框架下重构劳动力价值实现机制,为培育中国式现代化的新型人口红利提供可持续内生动力。

1. 人口高质量发展的理论内涵

人口高质量发展是一个内涵丰富的概念,强调人口发展的高质量,并非单纯的人口高质量(陈卫民、张奇,2024)。从要素维度来看,包括人口总量充裕、人口结构优化和人口素质优良三个核心要素,这三个要素相互关联、辩证统一(易信,2024)。在人口总量方面,保持适度规模有助于维持经济社会发展的活力;人口结构优化涵盖年龄结构、性别结构、城乡结构等多方面的合理调整,以适应经济社会发展的需求;人口素质优良则体现在人口的科学文化素质、健康素质和思想道德素质的提升。

从发展目标与本质来看,人口发展不仅要服务和支撑经济社会发展,更要坚持以人为本,以人的全面发展为目标,把人民群众获得感和幸福感作为评价人口高质量发展水平的重要指标(陈卫民、张奇,2024)。这意味着人口高质量发展注重人的发展需求,追求人口发展与经济社会发展的良性互动,实现人的全面发展与社会进步的有机统一。

2. 人口高质量发展的战略意义

人口高质量发展对中国式现代化建设具有不可替代的战略意义。从经济发展角度看，它为经济高质量发展提供坚实的人力支撑。高素质的劳动力能够推动科技创新、提高生产效率，促进产业结构升级，增强经济发展的内生动力（石智雷、彭锐城、王璋，2024）。例如，在一些高新技术产业中，高素质人才的集聚使得企业创新能力增强，产品附加值提高，从而提升产业竞争力。

在社会发展方面，人口高质量发展有助于提升社会福祉。良好的人口素质能够促进社会文明进步，提高社会治理水平，改善公共服务质量，增强社会凝聚力和稳定性（陆杰华、程子航、陈炫齐，2024）。比如，教育水平的提高有助于培养公民的社会责任感和法治意识，推动社会的和谐发展。

从资源环境角度看，合理的人口规模和结构能够更好地实现资源的优化配置，减轻资源环境压力，促进可持续发展（原新、杜鹏、童玉芬等，2023）。例如，通过提高人口素质，可以推动资源的高效利用和环境保护技术的创新，实现经济发展与资源环境的协调共生。

（三）人口高质量发展的现状分析

我国人口发展已迈入总量趋缓、结构重塑、动能转换的新阶段。人口结构失衡导致劳动力规模缩减与养老负担加重并存，城乡及区域间人口流动加剧公共服务资源配置矛盾。与此同时，人口素质持续提升为经济转型升级注入新动能，新型人力资本红利逐步显现。这种规模红利递减与质量红利递增的辩证演进，既深刻改变着传统人口优势形态，也倒逼发展模式向创新驱动跃迁。统筹破解结构矛盾与释放质量潜力，成为实现人口长期均衡发展的关键突破点。

1. 我国人口发展态势及其影响

当前，我国人口发展呈现出少子化、老龄化、区域人口增减分化等趋势性特征（彭希哲、周祥，2024；宋健，2023）。少子化导致人口出生率持续下降，劳动力后备力量不足；老龄化程度不断加深，老年人口规模庞大且仍在持续增长，给社会保障和公共服务带来巨大压力；区域人口增减分化使不同地区面临不同的人口问题，如一些地区人口流入，资源环境压力增大，而另一些地区人口流出，出现人口"空心化"和经济发展动力不足等问题。在人口结构方面，性别结构逐渐改善，但年龄结构不断恶化，劳动年龄人口比重下降，老年抚养比上升（潘石，2022）。这种结构变化对经济社会发展产生深远影响，如劳动力市场的供需失衡、养老负担加重等。

人口发展态势与经济社会发展深度耦合。在经济领域，人口老龄化对制造业高质量发展的影响存在一定争议。部分研究表明，人口老龄化会通过增加人力资本数量和质量促进制造业高质量发展，但也会因减少劳动力供给而产生阻碍作用（刘成坤，2023）。在农业领域，农村人口老龄化对农业高质量发展的影响也较为复杂。一方面，农村人口老龄化可能导致农业劳动力短缺，影响农业生产效率；另一方面，也可能通过促进农地流转和农业科技创新，推动农业现代化进程（刘成坤、林明裕，2020；唐小平、蒋健，2023）。在社会领域，人口老龄化使养老服务需求快速增长，对养老服务体系提出了更高的要求（陆杰华，2022；彭希哲、苏忠鑫，2022）。同时，人口流动和区域人口增减分化加剧了地区之间公共服务资源配置的不均衡，给教育、医疗等公共服务的供给带来挑战（梁文艳、孙雨婷，2023）。

2. 我国人口高质量发展与经济高质量发展的关系

人口高质量发展通过多种机制促进经济高质量发展。在要素投入方面，高素质的劳动力能够提高生产效率，为经济发展提供更优质的人力资源。例如，科技创新需要大量具备专业知识和创新能力的人才，人口素质的提升有助于推动科技创新，进而提高经济发展的质量和效益（石智雷、彭锐城、王璋，2024）。在需求拉动方面，人口高质量发展能够促进消费升级，扩大内需市场。随着人们收入水平和生活质量的提高，消费需求更加多样化和高端化，这将推动产业结构升级，促进经济的高质量发展（曲婷婷，2024）。例如，对高品质商品和服务的需求增加，促使企业加大研发投入，提高产品和服务质量，推动相关产业的发展。此外，人口高质量发展还能通过优化产业结构、促进区域协调发展等方式，为经济高质量发展创造有利条件（何雄浪、王诗语，2024；王卓，2024）。在产业结构优化方面，高素质劳动力的集聚有利于发展高端制造业、现代服务业等新兴产业，推动产业结构向高端化、智能化、绿色化方向发展。

经济高质量发展为人口高质量发展提供坚实的物质基础和良好的社会环境。经济的发展能够增加教育、医疗等公共服务的投入，提高人口素质。例如，加大对教育的投入可以改善教育条件，提高教育质量，培养更多高素质人才；加强医疗卫生体系建设，可以提高人口的健康水平（许广月、薛栋，2023）。同时，经济高质量发展创造更多高质量的就业机会，吸引人才集聚，促进人口合理流动和优化分布（杨菊华，2024）。在一些经济发达地区，由于产业发展水平高，能够提供丰富的就业岗位和良好的职业发展机会，吸引大量人才流入，促进了人口的集聚和优化配置。

（四）人口高质量发展的现实挑战与实践路径

人口高质量发展在经济转型与社会治理迭代背景下，其内涵与实现路径面临深刻重构。如何在结构性矛盾与动态性风险交织中突破传统路径依赖，推动人口政策从规模管理转向质量治理，成为破解发展掣肘的关键，亟须以多维政策协同激发人口活力，系统构建经济、社会、生态联动的综合治理框架，为可持续发展提供韧性支撑。

1. 人口高质量发展的现实挑战

一是人口结构失衡。人口老龄化加剧和少子化趋势是当前人口高质量发展面临的重大挑战（彭希哲、周祥，2024；原新、范文清，2024）。老龄化程度的加深导致劳动力供给减少，社会养老负担加重，对社会保障体系和公共服务提出了更高的要求；少子化使得未来劳动力储备不足，影响经济的可持续发展。性别结构失衡在部分地区依然存在，可能引发婚姻挤压、社会不稳定等问题。区域人口增减分化明显，一些大城市和东部发达地区人口持续流入，而部分中小城市和中西部地区人口流出严重，导致区域发展差距进一步扩大，影响人口的合理分布和区域经济的协调发展。

二是人口素质提升存在瓶颈。尽管我国人口素质有了显著提高，但在提升过程中仍面临诸多瓶颈。教育资源分布不均，城乡、区域之间教育水平差距较大，农村和贫困地区教育基础设施薄弱，师资力量不足，影响了人口整体素质的均衡提升（庞丽娟，2024）。教育体制与经济社会发展需求存在一定程度的脱节，职业教育发展相对滞后，培养的人才在实践能力和创新能力方面有待加强，难以满足产业升级和创新发展的需求。在健康素质方面，虽然医疗卫生条件不断改善，但人口健康面临着慢性疾病增多、心理健康问题凸显等新挑战，提升人口健康素质的任务依然艰巨。

三是人口与资源环境的矛盾日益凸显。随着人口增长和经济发展，资源短缺问题愈发严重，如水资源、土地资源等的有限性与人口增长和经济发展的需求之间的矛盾加剧，制约了经济社会的可持续发展（于法稳、方兰，2020）。环境污染问题也对人口健康和生活质量产生负面影响，大气污染、水污染等导致疾病发生率上升，影响人们的生产生活。生态破坏进一步威胁人口的生存环境，水土流失、生物多样性减少等问题破坏了生态平衡，对人口的可持续发展构成潜在威胁。人口分布与资源环境承载能力不匹配，部分地区人口过度集聚，超出了当地资源环境的承载能力，而部分地区资源未得到充分利用，造成资源浪费和环境压力不均。

2. 人口高质量发展的实践路径

一是优化人口发展战略。优化人口发展战略是实现人口高质量发展的关键。应树立科学的人口发展理念，充分认识人口发展与经济社会发展的相互关系，摒弃传统的人口观念，重视人口质量的提升（田天亮，2024）。在生育政策方面，加强生育支持政策体系建设，降低家庭生育、养育、教育成本，提高生育意愿。例如，通过提供育儿补贴、完善托育服务体系、实施税收优惠等政策措施，减轻家庭负担，鼓励生育（范子英、曾艺，2023）。在人口流动政策方面，打破户籍制度等体制机制障碍，促进人口合理流动和优化分布。加强区域间的协调合作，引导人口向资源环境承载能力较强、经济发展潜力较大的地区流动，实现人口与资源环境的协调发展（陆铭、楼帅舟、李鹏飞，2023）。

二是提升人口素质。提升人口素质是实现人口高质量发展的核心任务，加大教育投入，提高教育质量，构建现代化教育体系尤为关键。从学前教育到高等教育，应注重培养学生的创新能力、实践能力和综合素质。例如，推进教育信息化，利用现代技术手段丰富教育资源，提高教育教学效果（朱永新，2024）；针对不同行业和岗位的需求，开展有针对性的职业技能培训，提高劳动者的就业能力和职业竞争力（史少杰、郭静，2024）。同时，重视人口健康素质的提升，加大对医疗卫生事业的投入，完善基层医疗卫生服务网络，加强公共卫生体系建设，提高疾病预防和控制能力（刘尚君，2024）。

三是完善社会保障体系。完善社会保障体系是实现人口高质量发展的重要保障。应积极加强养老保险制度建设，提高养老保险的保障水平，进一步完善医疗保障制度，确保老年人的生活质量。例如，完善基本养老保险制度，发展补充养老保险和个人养老保险（汪伟、李骏，2024）。健全医疗保障制度，提高医疗保障的公平性和可及性。扩大医疗保险的覆盖范围，提高医保报销比例，降低群众看病就医负担。加强医疗卫生服务的监管，提高医疗服务质量（顾海、吴迪，2021）。此外，加强社会救助体系建设，保障困难群体的基本生活，促进社会公平正义。完善分层分类的社会救助制度，加大对低收入群体、残疾人等困难群体的救助力度，确保他们能够共享经济社会发展成果（王小林，2024）。

四是推动人口与经济社会、资源环境协调发展。推动人口与经济社会、资源环境协调发展是实现人口高质量发展的必然要求。在产业发展方面，根据人口结构和素质特点，调整产业结构，发展适合不同年龄段和技能水平人口的产业。例如，针对老年人口，发展银发经济，提供多样化的养老服务和产品；针对高素质人才，发展高新技术产业和知识密集型服务业（李磊、王震、李连友，2024）。在资源利用方面，提高资源利用效率，实现资源的可持续利用。通过技术创新和管理创新，推动资源的节约和循环利用，减少资源浪费和环境污染。例如，发展循环经济，推广节能减排技术，提高资源利用效率（李汝资、白昳、周云南等，2023）。在环境保护方面，加强生态环境保护，建设美丽中国。加大环境保护投入，加强环境监管执法，推动绿色发展。例如，加强大气污染、水污染、土壤污染等环境问题的治理，保护生态系统的平衡和稳定（高志刚、丁梦雅，2024）。

当前关于人口高质量发展的研究已形成阶段性成果。学界在理论内涵阐释、人口发展态势与经济社会影响分析、人口与经济高质量发展互动机理探索等方面取得显著进展，为理论体系构建和政策实践提供了重要支撑，但在部分研究领域仍有待深化。理论层面，人口高质量发展的概念框架和评价标准尚未形成广泛共识，指标体系的系统性和可比性有待提升；方法层面，部分实证研究受限于数据覆盖范围和研究手段，对复杂人口经济问题的解析深度不足；跨学科层面，经济学、社会学与地理学等领域的协同创新仍有待加强，人口与经济社会、资源环境协调发展的多维度研究仍需拓展。未来可能聚焦三方面突破：完善多学科理论融合框架，整合人力资本理论、空间分析理论等构建系统性研究范式；创新智能化研究方法，运用大数据追踪和空间计量模型提升研究精度；深化跨领域协同视角，从经济转型、社会公平、区域协调等维度系统探索人口高质量发展的实践路径，为政策创新提供更具整合性的理论支撑。

十七、所有制理论的政治经济学研究

生产资料所有制是马克思主义政治经济学的传统理论命题，生产资料所有制改革也是我国经济体制改革的重中之重。十年来，我国学界关于所有制的理论探讨主要沿着三条进路展开：一是在理论基础层面深化对马克思主义所有制理论的研究，并结合数字经济时代背景推动这一经典理论的守正创新。二是在基本事实层面对我国所有制结构展开剖析，聚焦于公有制与市场经济有机结合这一主线，阐释社会主义基本经济制度的理论依据与现实指向，并针对盛行的私有化思潮展开理论批判。三是在方法路径层面探讨新时代国有经济改革与民营经济发展，其中关于如何推进混合所有制改革的研究，构成了这一时期所有制领域的主要理论进展。

(一) 研究概览：基于 Cite Space 的可视化分析

关键词揭示论文的聚焦点。针对十年间所有制理论研究集中度，利用 Cite Space 软件进行关键词聚类分析（见图 3-81）。图 3-81 直观地揭示了所有制理论研究所涉及的重要主题及其相互关系，为我们提供了一个全面理解该领域研究现状的框架。其中，"社会主义基本经济制度""公有制经济""混合所有制经济""国有经济""国有企业"作为该主题的重要关键词，直接对应着改革开放至今我国所有制改革的关键环节，相关研究也一直是该领域的热点和重点。与此同时，"唯物史观""个人所有制""创新性成果"等关键词的出现，反映出学界对马克思主义所有制理论及其在数字时代创新发展的持续关注。

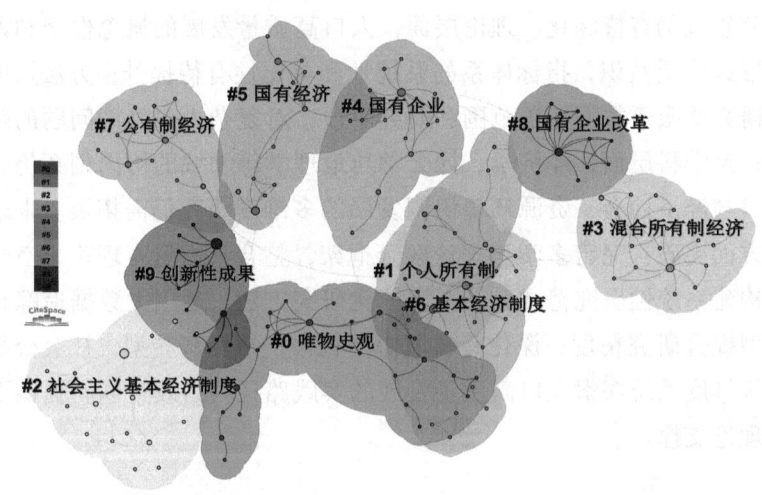

图 3-81 所有制理论研究的关键词聚类结果

在关键词聚类的基础上，利用热点词突现图，可以直观分析近十年的阶段性热点主题（见图 3-82）。图 3-82 揭示了 2016—2024 年"突现"成为研究热点和前沿主题的前十大关键词。2013 年，党的十八届三中全会明确提出"积极发展混合所有制经济"，自此，国有企业混合所有制改革正式成为国有企业改革的着力点，也掀起了学界的研究热潮。此外，"唯物史观""生产力""生产关系"等关键词持续构成研究热点，这也揭示了经典马克思主义所有制理论的研究视阈。并且，"共同富裕""分配制度"等关键词反映了理论层面生产关系内部所有制与分配关系的紧密联系，也指明了新时代推进共同富裕的关键环节仍然在所有制领域。近年来,"民营经济""高质量发展"等关键词的突现,也反映了学界对于坚持"两个毫不动摇",推动各种所有制经济共同发展这一政策取向的高度重视。

关键词	年份	强度	起始年份	终止年份	2016—2024年
国企改革	2016	3.08	2016	2017	
公有制	2016	1.81	2016	2019	
混合所有制	2017	3.45	2017	2018	
社会主义基本经济制度	2020	3.78	2020	2022	
社会主义市场经济体制	2020	2.39	2020	2021	
生产关系	2020	1.88	2020	2021	
分配制度	2019	1.75	2020	2021	
高质量发展	2021	1.93	2021	2024	
共同富裕	2016	2.60	2022	2024	
民营经济	2019	1.88	2022	2024	

图 3-82 所有制理论研究的关键词突现结果

除此之外,通过分析作者、机构之间的合作关系和文献共被引情况,可以全面地反映该主题相关研究的整体状况、发展动态和潜在趋势。作者图谱展示了关键学者及其合作网络,杨瑞龙、周文、葛扬、荣兆梓、洪功翔、包炜杰等学者以高发文量和影响力推动着该主题的研究进程(见图 3-83)。

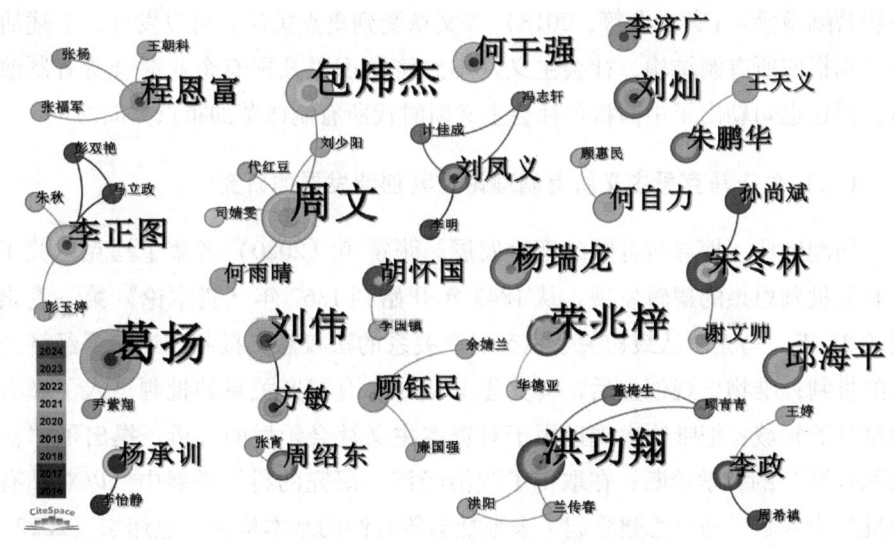

图 3-83 所有制理论研究的代表性作者

机构图谱则展示了不同科研机构的实力和影响力，其中，中国人民大学、复旦大学、中国社会科学院、南京大学、西南财经大学、湘潭大学等机构的研究成果在数量和影响力方面较为领先（见图3-84）。

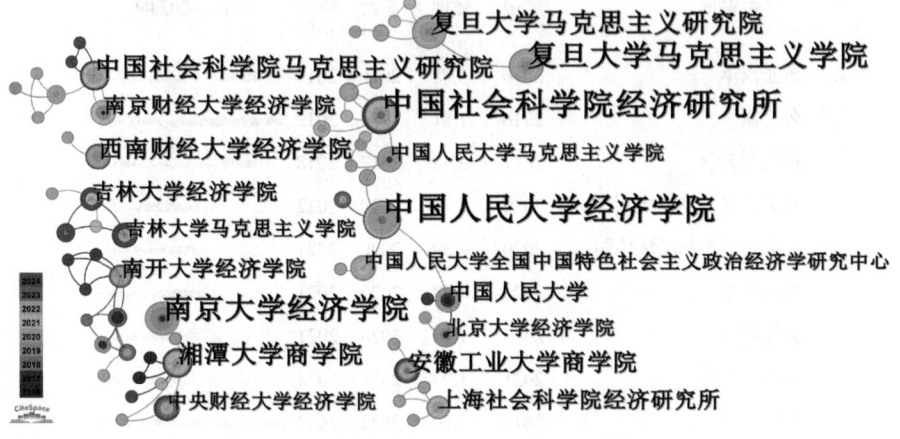

图3-84 所有制理论研究的代表性机构

共被引图谱则表明了该主题的代表性文献（见图3-85）。其中，《"十四五"时期我国所有制结构的变化趋势及优化政策研究》（中国社会科学院经济研究所课题组、黄群慧，2020）、《基本经济制度新概括与中国特色社会主义政治经济学新发展》（顾海良，2020）、《改革开放以来国有企业混合所有制改革：历程、成效与展望》（何瑛、杨琳，2021）、《非国有股东治理与国企高管薪酬激励》（蔡贵龙等，2018）等文章受到重点关注。可以发现，上述研究分别指向所有制结构、社会主义基本经济制度以及国有企业混合所有制改革，而这也勾勒出了中国特色社会主义新时代所有制改革的重点方向。

（二）关于马克思主义所有制理论及其创新发展的研究

回溯经典，探寻所有制的理论发展。张雷声（2020）考察了马克思关于私有制批判思想的逻辑发展，从1843年开始到1867年《资本论》第一卷出版的25年，马克思从最初关于私有财产关系的法权意义批判，走向了经济意义的批判；唯物史观创立后，马克思又从对私有财产关系的批判进入了私有制批判的领域；把唯物史观运用于对资本主义社会矛盾的分析，提出了"消灭私有制"的科学论断；在取得了政治经济学研究的科学进展中，以对私有制批判为基础，马克思建立起了未来社会所有制的基本构想。包炜杰（2022）认为，马克思主义所有制理论是马克思主义政治经济学分析的基础，包含着

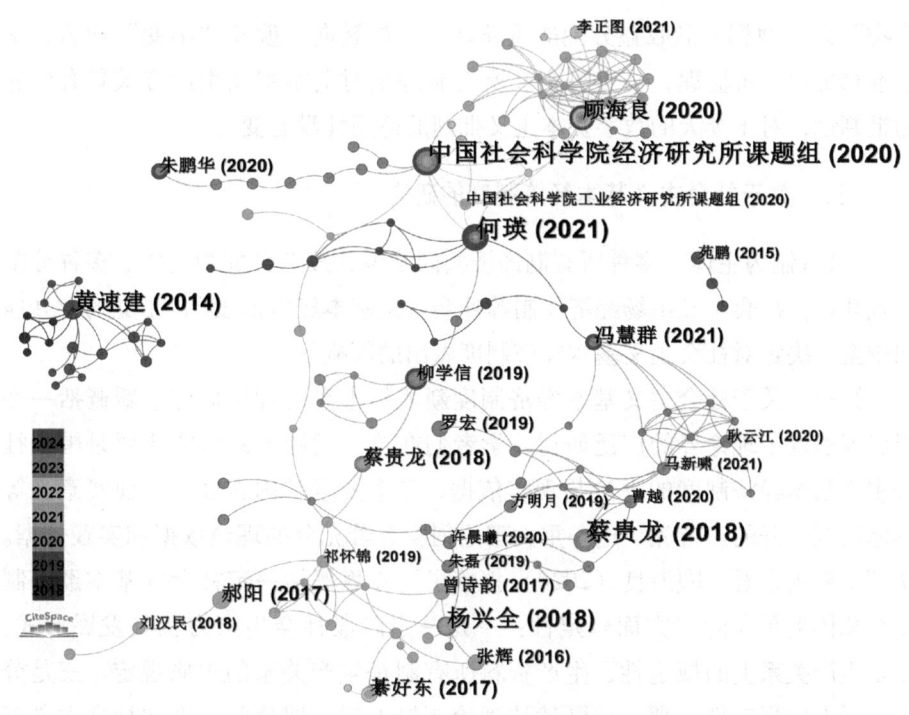

图 3-85 所有制理论研究的共被引文献

"生产资料归谁所有"和"劳动者与生产资料如何结合"两大核心概念指向。同时,"消灭私有制""重建个人所有制"等马克思主义所有制形态变迁话语深刻蕴含着唯物史观方法论,充分彰显着"为绝大多数人谋利益"的价值立场。这对于理解新时代坚持和完善社会主义基本经济制度、坚定不移做强做优做大国有企业和国有资本、正确认识和把握资本的特性和行为规律等具有启示意义。黄学胜(2020)则认为,资本主义私有制是社会不平等和经济危机的根源,社会主义公有制是人类社会发展的必然选择,马克思"重新建立个人所有制"是未来社会公有制的有效实现形式,并强调要遵循人类社会发展客观规律、深化国有企业改革、坚持以人民为中心。

此外,也有研究指向了数字经济时代马克思主义所有制理论的守正创新。包炜杰(2024)探讨了数字经济时代马克思主义所有制理论的"变"与"不变"。就其"变"而言,集中在三个层面:一是在"生产资料归谁所有"层面,数据作为一种新的生产资料引发了关于"私有"还是"公有"的讨论;二是在"劳动者与生产资料如何结合"层面,从工业资本主义条件下的"异化状态"转向数字条件下的"半结合状态",从而拓宽生产资料所有者的具体内涵;三是在"产品如何分配和占有"层面,实现了从"产品是资本家的所有物"到"数据产品收益分配的重新计算"的转向。就其"不变"而言,基于唯物史观分析梳理,马克思主义所有制理论对资本主义生产方式具有彻底的批判性,对于今天的数字资本主义批判的适用性没有变。

(三)关于社会主义基本经济制度的研究

"公有制为主体、多种所有制经济共同发展,按劳分配为主体、多种分配方式并存,社会主义市场经济体制等社会主义基本经济制度",是党的十九届四中全会决定对社会主义基本经济制度做出的新概括。

第一,关于社会主义基本经济制度新概括本身的理论研究。新概括一经提出就引发了理论界的广泛研讨,学者们在这一问题上的研究主要是围绕社会主义基本经济制度的理论与现实依据、三个要素的内在联系、现实意义等具体问题展开的。首先,这一重大理论创新有着充分的理论依据和实践依据。从理论逻辑来看,顾海良(2020)提炼了马克思概括一定社会的基本经济制度在总体上具有的三方面规定性:一是一定阶段社会生产力及其发展形式。二是生产关系上的规定性,生产资料所有制是生产关系的本质规定。三是分配关系上的规定性。那么,既然从理论逻辑上说,把分配制度和社会主义市场经济体制纳入基本经济制度是有理论依据的,为什么之前的基本经济制度没有涵盖分配方式和经济运行机制的内容呢?对此,刘凤义(2020)强调要将理论逻辑与历史逻辑和实践逻辑密切结合起来。中国特色社会主义进入了新时代,我们的所有制结构、分配制度和社会主义市场经济都更加成熟并定型,尤其是我国经济发展要坚持以人民为中心的发展思想,坚持走高质量发展之路,这些都要求把三者同时纳入基本经济制度。其次,从社会主义基本经济制度的内在关系来看,三项内容是一个辩证统一的有机整体,正确把握三者的内在联系,是理解社会主义基本经济制度新概括的理论内涵和现实指向的基本前提。其中,黄泰岩(2020)的概括比较具有代表性,三项制度之间的内在联系为:其一,公有制为主体、多种所有制经济共同发展是另外两项制度的基础;其二,按劳分配为主体、多种分配方式并存是所有制和社会主义市场经济的具体实现;其三,社会主义市场经济是所有制与分配制度的实现机制。持类似观点的还有程恩富、王朝科(2020),即所有制结构、分配结构与社会主义市场经济体制三者分别决定了中国特色社会主义经济性质的总体格局、共富共享的总体格局、市场与政府双重调节的总体格局,共同构成了一个层次分明的完整系统。新时代,发展和完善社会主义基本经济制度具有重要的理论意义和现实意义,很多学者对此展开了理论探讨。譬如,何自力（2020）提炼了基本经济制度创新的五点现实意义：激发经济活力、集中力量办大事、实现共同富裕、保障经济行稳致远、推动经济高质量发展。

第二，关于坚持"两个毫不动摇"的理论研究。"两个毫不动摇"是坚持和完善社会主义基本经济制度的必然要求（李政、周希禛，2024），公有制经济与非公有制经济之间的共生发展关系是坚持"两个毫不动摇"的逻辑起点（洪功翔，2024），两者均是以社会主义生产关系及其上层建筑为既定前提的，这也构成了正确理解"两个毫不动摇"的关键所在（胡怀国，2024）。

具体而言，一方面，毫不动摇巩固和发展公有制经济。科学社会主义作为社会制度，基本内涵就是生产资料公有制（李济广，2017）。社会主义改造建立起来的公有制和改革中坚持公有制主体地位，是国家发展优势形成进而取得发展奇迹的基石（郑有贵，2016）。在基本经济制度框架内，所谓公有制为主体，不是指公有制企业为主体，而是指公有资本在社会总资本中占优势，国有经济控制国民经济命脉（洪银兴，2016）。此外，2018年以来，受到中美贸易摩擦的影响，我国经济下行压力增大。在此严峻背景下，所有制改革的舆论场上出现了一些所谓"所有制中性"的论调，主张取消所有制的分类，从而引起了广泛的社会关注。对此，不少学者立足于马克思主义政治经济学的根本立场、观点和方法，从理论层面瓦解了上述观点的主要依据，并且旗帜鲜明地抨击了其实际指向和严重危害。首先，"所有制中性""取消所有制分类"等主张违背了马克思主义政治经济学的基本原理。譬如，何召鹏（2019）提出，生产资料所有制的性质由生产资料与劳动者结合的社会方式决定。国有企业内部的生产资料与劳动者通过联合占有生产资料的形式从事生产活动，享有联合生产创造的剩余产品，不同于私营企业的雇佣关系。其次，"所有制中性论"缺失了客观的理论和现实依据。周文、包炜杰（2019）从资源配置、"竞争中性"、所有制歧视与经济转型四个角度完整地概括了"所有制中性论"的所谓依据。其中，多数的"所有制中性论"是从"竞争中性"原则得出的。吴宣恭（2020）对此展开了批驳，"竞争中性"混淆了竞争本身的性质与对待不同竞争需要遵循的原则。并且，交换和竞争关系是在一定所有制基础上产生的，受生产资料所有制所决定，而不能决定所有制，因此"竞争中性"无法引申出"所有制中性"。从理论层面瓦解了"所有制中性论"的错误依据后，学者们进一步抨击了"所有制中性论"的实质和严重危害。简新华（2019）指出，"'所有制中性论'表面上公平公正、不偏不倚，实际上其矛头所向，不是民企而是国企"，这种观点将我国当前经济下行症结归因于国企，其目的实际上是要求扶持优待民企、打压国企。总体来看，学者们以马克思主义政治经济学基本原理为理论依据，揭露并批判了上述论断私有化意图，坚定地捍卫了我国生产资料所有制改革的根本立场。

另一方面，毫不动摇鼓励、支持、引导非公有制经济发展。杨承训（2016）指出，由于我国生产力发展水平较低且不平衡，不能违背生产关系一定要适合生产力发展水平的经济规律，因而基本经济制度要求在以公有制为主体的同时，还要实现多种成分的共同发展。白永秀、王泽润（2018）将党的非公有制经济理论的发展历程概括为由"利用论""补充论""重要组成论""同等待遇论""同等地位论"构成的五个递进阶段。王保忠等（2016）研究发现，1992—2014年我国非公有制经济发展在数量扩张的同时，发展质量未同步提升。在未来经济发展进程中，在国民经济保持中高速增长的基础上，着力从创新发展、协调发展、绿色发展、开放发展和共享发展五大新发展理念，提升我国非公有制经济发展质量。同时，国家层面和区域层面应给予改善非公有制经济发展质量的政策支持。另外，尽管公有制经济和非公有制经济在性质、地位和作用上存在差异，但在社会主义经济建设中，两者不是对立的关系。谢富胜、王松（2021）提出，两者在社会分工上具有较强的互补性，在资源整合、技术创新等方面相互协同，又围绕中间品价格、质量性能和技术标准进行有效竞争，应在协同竞争中推动公有制经济与非公有制经济共同发展。

第三，关于社会主义所有制结构的理论研究。所有制结构是生产关系中的基础性经济制度，涵盖各种所有制成分在整个国民经济中的占比、地位、功能及其相互关系（刘戒骄、王德华，2019）。就历史逻辑而言，中国共产党的百年历程也是对生产资料所有制形式和结构不断探索与实践的过程。中国共产党建党之初的设想是国民革命胜利后建立单一的公有制。新中国成立后的"一化三改造"建立了社会主义基本经济制度，其主要特征是单一的生产资料公有制和高度集中的计划经济。改革开放后，我们党对所有制形式和结构进行了大胆探索和大刀阔斧改革，通过引进外资和发展个体经济、私营经济，逐步形成了公有制为主体、多种所有制经济共存和发展的所有制格局。进入新时代，我们党对中国特色社会主义基本经济制度进行了新的概括，建立了公有制为主体的两个层次的混合所有制结构（方福前，2021）。就我国当前所有制结构现状和发展趋势而言，中国社会科学院经济研究所课题组（2020）认为，"十四五"时期我国所有制结构变化呈现出宏观层面混合所有制结构基本稳定、微观层面混合所有制结构加速融合的基本趋势。杨春学、杨新铭（2020）提出了一个"动态化的所有制适度结构"理念，并且在构建竞争模型的基础上形成了一个重要推论，即公有制经济对整体经济的影响力远远大于测算得出的数量指标比重，并且随着生产力的发展和社会化程度的提高，公有制经济必将在所有制结构不断优化的过程中得到强化。

此外，社会主义初级阶段基本经济制度是马克思主义所有制理论中国化的创新性成果，极大地丰富了我们对社会主义所有制的理论认识。杨春学（2017）提炼了我国所有制理论的四大进展：其一，确立以"是否有利于"社会生产力的发展作为评价所有制问题的核心尺度，强调所有制必须符合社会生产力发展的客观要求，从而形成多层级的所有制结构；其二，较为充分地认识到，任何一种所有制能否促进社会生产力的发展，核心问题是经济利益的激励机制；其三，提出所有制结构的概念，承认并正视在市场体制中公有制与非公有制相互依存的客观事实，把非公有制经济视为社会主义初级阶段基本经济制度的重要组成部分；其四，重新解释公有制概念，区分公有制与公有制的实现形式，抛弃以"一大二公"衡量所有制形式先进程度的传统思想，在拓展公有制各种实现形式的实践发展的过程中提炼出新的理论观点。可以说，改革开放以来我国社会主义经济理论的主要探索始终是围绕公有制而展开的，上述理论进展集中表现了这一阶段生产资料所有制改革的主要线索。

（四）关于国有企业改革发展的研究

国有企业改革是我国经济体制改革的重要环节。纵观国有企业改革40余年，公有制与市场经济的有机兼容是贯穿始终的一条主线，体现在理论上，这条主线也构成了国有企业改革思想演进的主要脉络。在新的时代背景下，理论界的有关研究坚定了国有企业改革的原则立场、丰富了国有企业改革的理论视角，并且为新时代深化国有企业改革提供了有的放矢的理论建议。

第一，关于国有企业改革历史进程的梳理。杨瑞龙（2018）总结了国有企业改革逻辑的演变。改革开放以来，国有企业改革先后经历了遵循放权让利逻辑、两权分离逻辑、产权多元化逻辑、"抓大放小"逻辑、优化所有权约束机制逻辑等改革阶段。吴宣恭（2021）则指出，我国在社会主义国家所有制内部实行产权结构的合理调整，赋予国有企业一部分集体性产权，这是国家所有制在改革后的最突出特点。黄速建、胡叶琳（2019）提出，国有企业改革40多年的逻辑起点是改革与调整国有企业的生产关系，改变国有企业经济绩效较差的状况，促进国有企业的发展。推进国有企业改革的主要力量是问题导向、竞争倒逼、目标取向、应急式推进。

第二，关于国有企业和国有经济的地位和功能定位。我国的国有企业是建设中国特色社会主义的核心力量和物质基础。朱安东等（2020）提出，国有企业既是支撑和确保现代化经济体系社会主义性质和方向的基础，也是建设现代化经济体系的战略性主导力量。李帮喜等（2016）基于动力学演化模型分析了国有企业在国民经济中的经济角色，指出国有企业是我国经济的发展基石，可以独立于私有企业稳定存在而保证国民经济继续发展；国有企业同时也是经济发展的调节者，引导着私有企业的合理发展。黄少安（2017）则聚焦于国有企业作用的具体发挥，强调由于市场失灵现象的存在，国有企业在某些公共品和外部性行业的产品供给问题上可以发挥出特殊地位，以保障社会经济的稳定运行和防止社会贫富差距增大。正是基于对我国国有企业地位的正确判断和对我国经济发展格局的清晰把握，2015年以来习近平总书记先后多次做出了"做强做优做大"国有企业和国有资本的重要指示，这一指导思想的提出具有很强的针对性。程恩富（2018）对此进行了概括：一方面，在社会主义初级阶段，国有企业是国民经济和我党执政的重要基础，是国家实体经济的强力支撑，是我国社会主义市场经济建设的重要保障。另一方面，国有企业和国有资本是人民共同利益的重要保障，是壮大国家综合实力和国际竞争力的重要力量。

第三，针对国有企业改革形势和现状的判断。客观判断国有企业改革的现状和形势，是正确认识和深化国有企业改革的重要前提。杨瑞龙（2018）用"七个转变"概括了40年来国有企业改革取得的成就：一是从行政附属物向市场主体转变；二是从僵化的经营体制向法人财产权独立化转变；三是从纯而又纯的所有权结构向产权多元化转变；四是从行政垄断向竞争性市场结构转变；五是从管企业、管资产向管资本转变；六是从封闭型向开放型企业转变；七是从广泛分布向布局更加合理转变。但与此同时，相较于民营经济的不断壮大，国有企业的改革进程相对滞后，仍然存在一些问题亟待解决。譬如，黄群慧、余菁（2019）认为，近年来，国有企业相对其他所有制企业而言企业运营效率进一步低落化，在近期国家大力"去杠杆"的政策之下，国有企业资产负债率逆势上升、居高不下。这既为国有企业改革提供了现实依据，也揭示了进一步深化改革的目标指向。

第四，关于新时代国有企业改革理论与实践的发展。就理论层面而言，宋方敏（2017）认为，习近平总书记关于发展国有经济的重要论述是中国特色社会主义政治经济学的核心理论，从研究的角度梳理内容，可细分为地位作用、改革方向、企业制度、产权探索、转型发展等五个方面。江剑平等

（2020）则考察了总书记关于发展国有经济的重要论述内在逻辑，并提出其紧紧围绕新时代为何坚持和发展国有企业、发展什么样的国有企业、怎样发展国有企业等重大问题，形成了一套以新时代国有企业的地位和作用、改革发展方向、改革发展目标、改革发展重点、改革发展主体、改革发展方法论、改革发展方针等为核心的科学理论体系。王宏波等（2019）提出，以习近平同志为核心的党中央立足当前我国经济发展与国企国资改革的现实状况，提出了新时代要"做强做优做大国有资本"，并从促进国有资本增值、优化国有资本布局、规范国有资本运作、加强国有资本监管、维护国有资本安全等五方面对发展国有资本作出了理论分析和实践探索，对"国有资本做强做优做大何以重要"和"国有资本做强做优做大如何实现"这两个关键问题做出了回答。

就实践层面而言，自2013年党的十八届三中全会始，国有企业混合所有制改革正式成为全面深化国有企业改革的着力点，作为混合所有制在微观层面的主要实现形式，国有企业混合所有制改革的真正意义在于构建起与社会主义市场经济体制相适应的企业资本组织形式和产权结构，进一步探索公有制与市场经济兼容的有效形式。由此，理论界聚焦于国企混改这一主题，对新时代国有企业改革发展路径展开了理论探讨。其一，因企制宜，分类改革（中国宏观经济分析与预测课题组，2017；盛毅，2020；杨瑞龙，2022；黄群慧等，2022）。杨瑞龙（2022）提出国有企业分类改革可以解决国有企业与市场经济的兼容性问题，主要包括三个层次，分别是分类重构微观基础，实现国有经济与民营经济的共同发展；推进国有企业的宏观分类改革，实现国民经济布局优化；推进国有企业的微观分类改革，提升国有企业的市场竞争力。其二，在微观层面将党的领导嵌入国有企业公司治理，以"党的领导"重构"中国特色现代国有企业制度"是新时代国有企业改革的新方向（包炜杰，2021；杨瑞龙，2022）。其三，在宏观层面优化国有经济和国有资本布局（戚聿东、张任之，2019；肖红军，2021；刘现伟等，2022）。国有经济产业布局优化和结构调整需要解决好六大核心问题，即"量""质"问题、"国""民"问题、"进""退"问题、"内""外"问题、"央""地"问题、"产""融"问题（肖红军，2021）。其四，以"双向进入"为主推动国有企业混合所有制改革，既要引入私有资本参与国有企业，也要鼓励国有企业以不同方式、不同比例参股私有企业（吴宣恭，2018；王艺明、赵焱，2021）。其五，建立公开的资本市场，提高国有资本的经营效率，防范国有资本流失（葛扬、尹紫翔，2019）。

（五）关于农村集体经济改革的研究

农村集体经济是公有制经济的重要组成部分，是推进中国特色社会主义乡村振兴战略的物质基础。21世纪以来，随着城镇化、工业化进程的加快以及市场经济体制在农村的延伸，我国农村的经济社会结构发生了深刻变化。一方面，我国农村集体资产规模不断扩大，但是产权模糊问题始终困扰着集体经济的发展壮大，深化农村集体产权制度改革势在必行。另一方面，集体统一经营弱化的问题日益凸显，亟须培育新型经营主体，实现我国农村基本经济制度在市场经济条件下的完善与创新。在此背景下，理论界围绕着农村产权制度改革、农村基本经济制度的完善等一系列问题展开了讨论。

第一，关于农村集体产权制度改革的理论探讨。农村集体产权制度改革是深化农村集体经济改革的重要内容。闵师等（2019）概括了我国农村集体产权改革的三个历史阶段以及集体资产在该阶段的主要存在形式：第一阶段为20世纪80年代末至90年代中期的试点萌芽阶段，这一时期村集体资产以乡镇企业、物业经济、征地拆迁补偿款等多种形式存在。第二阶段为20世纪90年代中后期至2013年，因乡镇企业改制，这一时期村集体资产以物业经济、征地补偿款、转制企业股金等形式为主。第三阶段为2013年以来的全面推进阶段。立足新时代，李萍、田世野（2020）提出，我国农村产权改革的深化在继续坚持农村集体所有制和基本经营制度不变前提下还应坚持两个基本原则：公平与效率兼顾、政府与市场结合。此外，探索集体经济的有效实现形式，也是深化农村产权制度改革的重要方面。实践证明，股份合作制是适合我国农村集体产权制度改革的实现形式，能够有效实现"还权于民"，这一点在决策层和理论界也基本达成了共识。王静（2017）基于制度需求迫切程度、改革的实施成本、维护成本和改革收益四个方面，提出了渐进性推进股份合作制改造的阶段设想，即第一阶段建立产权清晰的收益分配制度、第二阶段建立新型的乡村治理机制、第三阶段完善股权权能、第四阶段实施集体经济组织的公司化改造。何自力、顾惠民（2022）提出，发展新型集体经济就要调整生产关系，在土地"三权分置"制度改革基础上，通过生产方式创新促进生产力发展，其中关键是农业生产托管，以其再组织化等优势引导传统农业生产方式的变革，为新时代创新公有制实现形式、发展壮大农村集体经济打开关键突破口。由此可见，农村集体产权制度改革涉及农村经济社会的各个方面，是一项复杂的系统工程，在发展阶段上必然遵循循序渐进的原则，各地要因时因地制宜，探索出体现地方特色、可供借鉴和推广的改革模式。

第二，关于农村基本经营制度认识的深化。改革开放 40 多年来，我国农业发展取得了重大成就，这与我国农村实行的以家庭承包经营为基础、统分结合的双层经营体制有着密切的内在联系。站在改革开放 40 周年和新中国成立 70 周年的重要历史节点上，不少学者围绕我国农村基本经营制度的历史变迁和发展逻辑展开了梳理和提炼。郑淋议等（2019）概括了新中国成立 70 年来，农村基本经营制度先后历经的四个阶段：分别是新中国成立初期的"农民所有、家庭经营"、改革开放前期的"集体所有、集体经营"到改革开放后期的"集体所有、均田承包、家庭经营"，再到现阶段的"集体所有、均田承包和多元经营"。在这个过程当中，农村基本经营制度既遵循人口与土地关系、生存与发展关系以及政府与市场关系的大逻辑，又遵循着农村土地制度的"产权逻辑"、农业经营制度的"生产逻辑"等小逻辑。我国现行的农村基本经营制度是在反复实践的基础上确立的，符合我国农业生产的基本特点，应该长期坚持。唐忠（2018）结合改革开放 40 多年的农村改革实践，提出"保持了成员权逻辑和财产权逻辑的平衡"是现行农村基本经营制度的优势，有利于调动广大农民与经营者的积极性，要保持农村基本经营制度长久不变。尽管如此，在中国现存的家庭承包经营制下，农业生产方式仍然存在诸多弊端，农村基本经济制度亟须进一步完善。顾名思义，双层经营体制是家庭经营和统一经营两个层次的有机统一，但是长期以来我国农村的改革实践只实现了"宜分则分"，双层体制中"统"的职能不断遭到忽视，集体经济的优势并未得到体现，这严重制约了农业现代化的发展进程。赵鲲、刘磊（2016）认为，当前阻碍中国现代农业发展的不是土地集体所有、农户家庭承包经营的基本制度，而是超小规模的分散经营方式。持类似观点的还有徐俊忠（2017），他提出，长期以来，受到人民公社"一大二公"体制的消极影响，"集体化"被学术性地进而被政治性地标定为动力机制缺失的体制，使农村改革基本沿着"去集体化"路径演进。当前完善农村基本经营制度，必须坚持土地农民集体所有这一农村的最大制度，特别是要在实际工作中思考，究竟何种经营方式与"农村土地农民集体所有"这一"农村最大的制度"具有更大的契合性？否则，任何改革措施都可能成为资本的盛宴。

（六）关于民营经济发展的研究

改革开放至今，民营经济已经逐渐成为推动我国经济社会发展不可或缺的重要引擎。2016 年 3 月，习近平总书记在全国政协十二届四次会议的讲话中强调了针对非公有制经济的"三个没有变",进一步明确了党和国家关于非公有制经济的政策取向。尽管如此,非公有制经济在发展过程中依然面临着制度性障碍与所有制歧视制约,舆论场上"民营经济离场论"甚嚣尘上,困扰着民营经济的发展。在此背景下,理论界围绕有关民营经济的若干重要理论与实践问题展开了研究,为构建新时代民营经济的发展路径提供了丰富的理论视角。

第一,关于民营经济理论和政策的研究。张菀洺、刘迎秋(2021)划分了民营经济发展及其理论创新经历的四个演进阶段,从作为"社会主义公有制经济的附属和补充"的提出,到上升为我国"基本经济制度"的高度,从必须坚持"两个毫不动摇"的确立,再到进一步明确"民营企业和民营企业家是我们自己人",开拓了政治经济学中国话语新境界。刘凝霜、程霖(2021)在考察中国共产党民营经济政策演变历程的基础上,提炼了其四个方面的创新点,一是针对过早过快改造消灭民营经济政策的理论反思,是突破苏联模式关于社会主义经济建设理论约束的早期尝试。二是立足中国实践和中国特色,发展了马克思主义经典作家关于社会所有制的设想,形成社会主义初级阶段所有制结构多元化理论。三是探索国有经济与民营经济协调发展模式,突破西方发达国家以私人资本为主的传统国民资本结构,走中国特色经济可持续发展道路。四是注重理论创新与实践探索的紧密结合,积极落实民营经济思想的制度化转型,推动了中国民营经济的崛起。

第二,关于民营经济地位与发展必要性的研究。张菀洺、刘迎秋(2021)提出,民营经济是社会主义市场经济发展的重要成果,是推动社会主义市场经济发展的重要力量,是建设现代化经济体系的重要主体。王曙光(2019)从经济体制改革和社会主义市场经济的构建视角切入,指出了民营经济的快速崛起,既为国有企业改革提供了必要的物质条件和体制条件,极大地降低了社会摩擦成本和社会震荡成本。同时,也发挥倒逼效应推动了市场机制的不断完善,为国有经济的发展壮大和体制变迁提供了充分的机制支撑。事实上,自改革开放民营经济在我国发展壮大以来,就始终伴随着意识形态层面的争论和分歧,并先后经历了改革开放初期关于雇工人数的争论、21世纪初期"国退民进"与"国进民退"之争,以及贯穿始终的有关是否动摇我国社会主义性质的争论。改革开放40周年前夕,"民营经济离场论"又掀起了一波有关民营经济存在必要性的讨论。对此,周新城(2019)认为,私营经济在我国国民经济中的比重很大,对其的判断关乎着中国特色社会主义的前途命运,必须以马克思主义为指导,在坚持"两个毫不动摇"的同时,注意引导私营经济的发展,妥善解决它与社会主义本质的矛盾。洪功翔(2020)也提出，"民营经济离场论"就是一个伪命题，既非国家现在和将来的政策，不符合国家的法律制度原则，违背国家的大政方针，更非我国社会经济发展中的事实。总体来看，这次舆论引发的理论探讨使得民营经济的地位、作用以及我国有关民营经济的一贯政策取向进一步得到了明确和强调。

第三，关于民营经济发展现状与发展困境的探讨。从总体上看，非公有制经济在这一阶段得到了长足发展，主要体现在数量规模的扩大以及经济结构的优化。与此同时，非公有制经济，特别是民营经济的发展目前还面临着诸多制约因素。从民营经济内部角度来看，杨新铭（2014）认为，民营经济发展受困于其产权和治理问题，家族式管理将影响企业的长远发展。王曙光（2019）全面阐述了当前我国民营经济自身存在的问题，主要包括创新能力不足、行为短期化、功利主义、短期机会主义的经营理念还比较普遍，以及企业管理方式较为落后，公司治理和企业经营都有很大的改善空间。从外部发展环境角度来看，我国民营经济发展最主要的环境制约仍然是行业和市场准入问题。刘现伟、文丰安（2018）提出，尽管国家出台了一系列政策措施为民营经济市场准入进一步扫清了障碍，但与国有经济相比，我国民营经济发展所受到的行政制约和政策制约依然较为严重。童有好（2019）系统阐述了民营经济面临的"八个环境"制约，即营商环境总体评价较低、政策环境难以保障政策有效落实、法治环境仍存在不平等现象、融资环境难以满足民营企业融资需求、科技创新环境缺乏活力、人文社会环境对民营经济存在偏见、市场环境不公平、社会服务环境尚不成熟等问题，在一定程度上制约着民营经济发展。

第四，关于民营经济发展方向和路径的研究。首先，在民营经济自我发展的微观层面，郭敬生（2019）提出民营经济的高质量发展必须实现"质量变革、效率变革和动力变革"。其次，在构建优化民营经济发展环境的宏观层面，王保忠等（2016）提出了国家和区域两个层面的对策建议，一是国家层面，主要是转变政府职能，优化非公有经济发展空间；完善制度供给，稳定非公有经济发展的长远预期；贯彻节能减排战略，约束非公有经济增长的不可持续性。二是区域层面，在东部地区主要以创新驱动非公有经济发展，提升非公有经济发展质量；在中西部地区重在解放思想，营造环境，着力提升非公有经济发展规模。

十八、社会主义市场经济条件下的资本问题研究

资本是马克思主义政治经济学的核心范畴之一。按照马克思主义经典作

家的理论设想，资本在社会主义社会随着商品交换关系的消亡而自行退出历史舞台。然而现实中，资本在社会主义市场经济的存在是不争的客观事实，资本同土地、劳动力、技术、数据等生产要素共同为社会主义市场经济繁荣发展作出了贡献，与此同时，资本无序扩张也对社会各领域造成了负面影响。基于此，学界围绕社会主义市场经济条件下的资本问题展开研究，对于正确认识和把握资本的特性和行为规律，构建社会主义利用和驾驭资本的路径框架，具有重要的理论意义和现实意义。

（一）研究概览：基于 Cite Space 的可视化分析

关键词揭示论文的聚焦点。针对十年间社会主义市场经济条件下的资本问题研究的集中度，利用 Cite Space 软件进行关键词聚类分析（见图 3-86）。该图直观地揭示了这一议题所涉及的重要主题及其相互关系，为我们提供了一个全面理解该领域研究现状的框架。其中，"社会主义市场经济"作为核心关键词，给出了中国特色资本理论研究的整体背景。此外，"资本逻辑""政治经济学""《资本论》"等关键词的频繁出现，表明社会主义市场经济条件下的资本问题研究需要回溯经典，以《资本论》及其手稿为文本基础探寻马克思资本理论的发展。与此同时，"公有资本""国有资本"等关键词的出现，反映中国特色资本理论研究的重心在于考察各类资本特别是公有资本的特殊性，以所有制作为重要切入点阐释社会主义市场经济条件下资本的特性和行为规律。另外，"平台经济"关键词的涌现，呼应了平台资本日益壮大的趋势，作为一种新的资本形态，平台资本与产业资本、商业资本以及金融资本的区别和关系应当成为学界的重点研究议题。

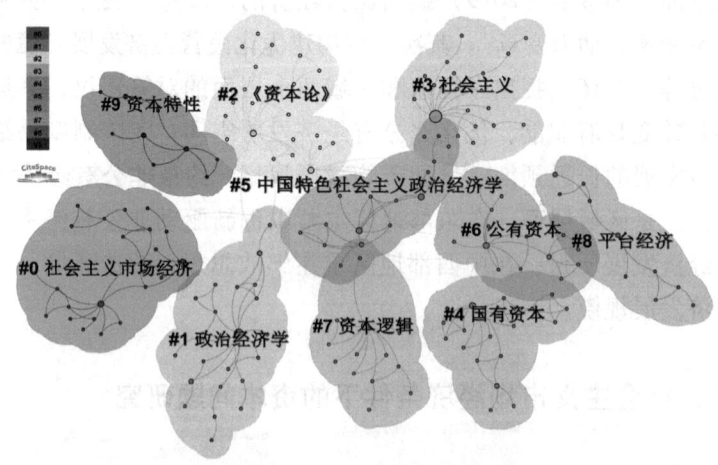

图 3-86 社会主义市场经济条件下资本问题研究的关键词聚类结果

在关键词聚类的基础上，利用热点词突现图，可以直观地分析近十年的阶段性热点主题（见图3-87）。图3-87揭示了2016—2025年"突现"成为研究热点和前沿主题的前十大关键词。2021年中央经济工作会议明确提出，要正确认识和把握资本的特性和行为规律。深化社会主义市场经济条件下的资本问题研究，已日益凸显出重要性和紧迫性。以此为契机，"资本特性""公有资本""无序扩张"等迅速成为资本研究的热点议题。此外，"数据资本""虚拟资本""金融资本"等作为近年来的新热点，既贴合资本的支配性样态由产业资本向金融资本与数字资本转换的现实，又反映了学界有关社会主义市场经济中"资本个别"的研究从所有制维度向执行维度的视角拓展。

关键词	年份	强度	起始年份	终止年份	2016—2025年
公有资本逻辑	2016	1.65	2016	2017	
中国特色社会主义政治经济学	2016	1.22	2018	2019	
虚拟资本	2019	2.25	2019	2020	
公有制	2019	1.14	2019	2021	
数字资本	2021	3.33	2021	2022	
资本特性	2022	1.31	2022	2025	
金融资本	2022	1.22	2022	2025	
无序扩张	2022	1.22	2022	2023	
数据资本	2023	1.90	2023	2025	
公有资本	2017	1.14	2023	2025	

图3-87　社会主义市场经济条件下资本问题研究的关键词突现结果

除此之外，通过分析作者、机构之间的合作关系和文献共被引情况，可以全面地反映该主题相关研究的整体状况、发展动态和潜在趋势。作者图谱展示了关键学者及其合作网络，荣兆梓、简新华、付文军、顾海良、夏莹等学者以高发文量和影响力推动着该主题的研究进程（见图3-88）。

机构图谱则展示了不同科研机构的实力和影响力，其中，北京大学、中国人民大学、兰州大学、清华大学、安徽大学、复旦大学、中山大学、吉林大学等机构的研究成果在数量和影响力方面较为领先（见图3-89）。

共被引图谱则表明了该主题的代表性文献（见图3-90）。其中，《关于社会主义利用资本的几个理论问题》（邱海平，2022）、《马克思"资本一般"和"许多资本"理论与中国资本问题研究》（顾海良，2022）、《社会主义市场经济的资本理论》（简新华、余江，2022）、《防止资本无序扩张的政治经

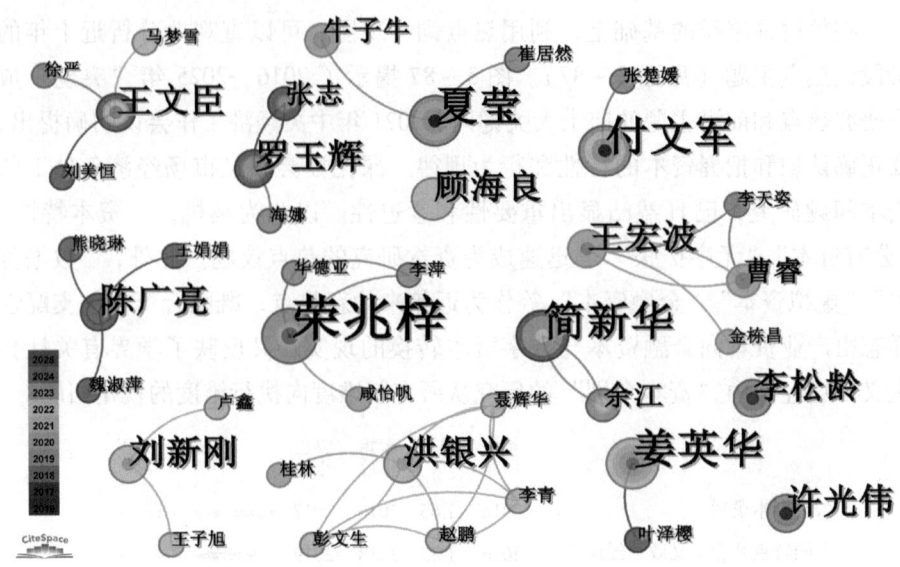

图 3-88　社会主义市场经济条件下资本问题研究的代表性作者

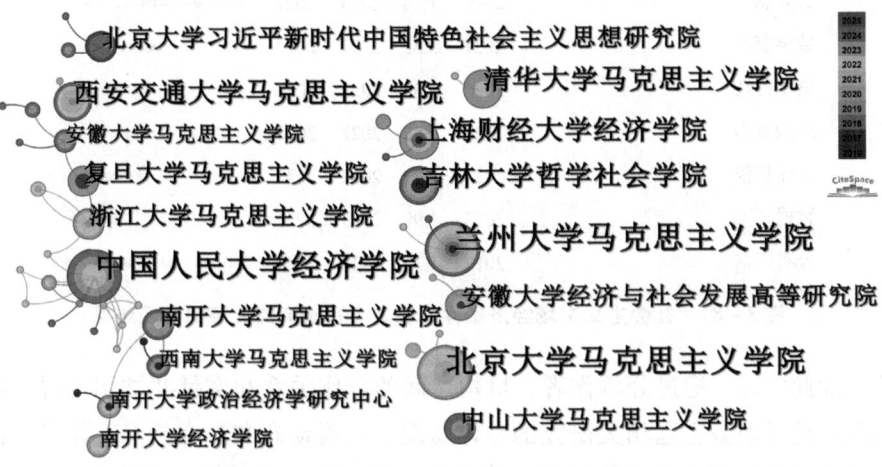

图 3-89　社会主义市场经济条件下资本问题研究的代表性机构

济学分析》（乔晓楠等，2022）、《社会主义市场经济条件下的资本价值》（周丹，2021）等文章受到重点关注。上述研究基本涵盖了"资本一般"与资本内涵、资本特性和行为规律以及遏制资本无序扩张等方面内容，为理解社会主义市场经济条件下的资本问题提供了重要理论启示。

（二）关于马克思资本理论的研究

"资本"是马克思主义政治经济学的核心概念，在马克思看来，"资本的

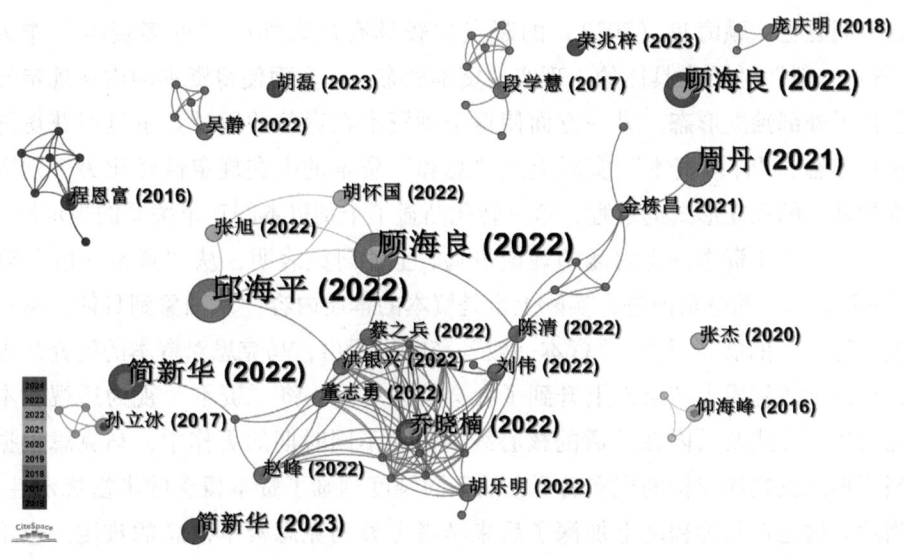

图 3-90　社会主义市场经济条件下资本问题研究的共被引文献

理论，即现代社会结构的理论"。深化社会主义市场经济条件下的资本问题研究，势必要以马克思资本理论作为理论基础和文本依据。改革开放以来，理论界围绕马克思资本理论进行了深入的探讨和分析，相关研究主要聚焦于四个主题，分别是"资本一般"范畴、资本的概念内涵、资本行为逻辑以及资本的两面性。

一是关于"资本一般"的理论探讨。在《政治经济学批判（1857—1858年手稿）》中，马克思将资本范畴解构为"资本一般"与"许多资本"（资本个别）。其中，"资本一般"代表了资本的本质规定性，"许多资本"则意指资本在现实经济运行过程中的具体形态，两者的辩证关系构成了理解马克思资本观的重要切入点。学界主流观点认为，"资本一般"的规定性是"能够带来剩余价值的价值"，马克思发明这一概念的目的就是通过辩证逻辑来揭示经济概念与物质生产之间的现实中介——资产阶级社会的生产方式。换言之，马克思是在分析"以物的依赖性为基础的人的独立性"这一历史阶段如何在"特殊"的语境下使用"资本一般"范畴的，其正是马克思为了强调资本主义生产方式区别于其他社会经济形态的"特殊性"而采用的提法（刘刚，2016；王嘉，2018；周绍东、陈艺丹，2020）。"资本一般"与"许多资本"是相互对应的一对范畴。马克思曾指出："资本是而且只能是作为许多资本而存在，因而它的自我规定表现为许多资本彼此间的相互作用。"那么，这对带有明显辩证法色彩的范畴究竟如何体现了马克思资本概念的内在规定性？在这一问题上，顾海良（2022）的观点比较具有代表性："许多资本"作为"资本一般"的更为具体的、现实的资本形态，一方面使得资本的内在规定性获得了外部独立形态，另一方面使得个别资本在竞争并通过竞争过程获得外在化形态。"许多资本"实际上是"总和"资本的内在规定性转化为个别资本的外在的独立形式的过程，这一转化凸显了个别资本间竞争关系的规定性。

二是关于资本概念内涵的理论争鸣。上述研究表明，从"资本一般"到"许多资本"的逻辑演进，实际上也是资本的本质内容"从抽象到具体、从一般到特殊"的展开过程。"资本一般"范畴揭示出，马克思对资本的研究从古典经济学的物质生产层面上升到了社会关系层面，将"资本"视为透视资本主义生产方式及其内在矛盾的核心线索。在不同时期的著作中，马克思根据当下理论批判和建构的现实需要，从不同维度刻画了资本概念的丰富规定性，当然，这也在某种程度上加深了后来学者考察马克思资本概念的难度。也正是因此，马克思资本概念的多维内涵构成了学界探讨的核心议题和争论焦点。多数学者认同，马克思的资本概念从本质上讲是一种历史的生产关系。邱海平（2022）则遵循从抽象到具体的逻辑，阐释了马克思资本概念的四重内涵：第一重也是最一般意义上的资本是能够带来价值增殖的价值；第二重意义上的资本在本质上是一种特定的、属于一定历史阶段的生产方式和生产关系；第三重意义上的资本是指一种运动；第四重意义上的资本是一种特殊的社会权力。姚满林（2022）则明确指出：资本是一种社会历史现象，货币转化为资本的前提是劳动者与劳动客观条件的分离，因此作为社会历史现象的资本只能是生产关系。陈广亮、熊晓琳（2018）分别从内容和形式考察了马克思的资本概念。在内容规定上，资本是一种追求价值增殖的商品经济发展形式；在形式规定上，资本是一种具有异化或自我分化性质的社会生产关系。也有学者认为，马克思的资本概念除了具有体现特定生产关系的社会属性，还呈现为生产资料和生产要素等物质形态因而具有自然属性。洪银兴（2022）以马克思《资本论》为依据从五个方面提炼了资本的定义，强调资本既是一种生产关系也是一种生产要素，同时还是带来剩余价值的价值和作为生命体的运动，并且以积累为本性。张跃国（2022）则指出，马克思从未否定作为生产工具和生产要素意义上的资本的普遍存在和共同规定，恰恰相反，马克思对"资本的伟大的文明作用"的认识极其深刻。对此，不少学者针对"生产要素论"的观点和立论依据展开了激烈批判。其中，张俊山（2022）的观点比较具有代表性："资本中性论"的理论依据是"资本二重性"，然而不同于自古以来就存在的劳动，是商品经济关系赋予了其二重性，资本本身就是社会生产关系的产物，因此不能再从它身上分解出自然和社会二重性。正如马克思所指出："黑人就是黑人。只有在一定的关系下，他才成为奴隶。纺纱机是纺棉花的机器。只有在一定的关系下，它才成为资本。"在马克思关于资本的分析中，核心内容就在于资本不是物而是一种社会关系，忽略了这一点，就会引起对马克思资本概念内涵的误读。

三是关于资本逻辑的研究。作为资本运动的内在规律，资本逻辑是统治和塑造现代资本主义社会的根本逻辑。近年来，学界掀起了有关"资本逻辑"的研究热潮，既有研究的关注焦点主要集中在"如何理解资本逻辑及其运行规律"这一议题上。学界一般认为，资本逻辑是指在逐利本性的趋势下，资本以货币为起点和终点的运动逻辑，以货币增值为内容的无限度和无止境的运动逻辑。简言之，追求利润的最大化的规律和规则就是资本逻辑（孙正聿，2018；何建华，2018；周丹，2021；李爱军，2021）。乔晓楠等（2022）将视角从微观延伸至宏观，论述了三个方面的资本行为规律：其一，采用不同方式谋求获得最大的利润；其二，不同的方式逐利行为对社会整体的影响不尽相同；其三，资本推动生产力发展的方式与资本主导的生产关系存在根本性矛盾。

四是关于资本两面性的探讨。长期以来，受到意识形态领域的影响，政治经济学界围绕资本理论的研究多以凸显马克思对资本及其消极面的批判为主。事实上，马克思在不同时期的经济著作中，都充分表达了对资本的历史正当性和伟大文明作用的肯定。近年来，有关研究逐渐矫正了以往学界在资本问题上"只谈否定，不谈肯定"的片面倾向，基于唯物史观"还原"了马克思对于资本的辩证看法。譬如，胡乐明（2022）提出，资本永无止境地追求规模增大、空间扩展、权力膨胀的历史过程，实际上是一个"创造性破坏"的动态过程，不仅周期性重塑现实世界的面貌、结构与权力体系，也持续性导致劳动与资本、资本与资本、资本与国家以及资本与社会之间的紧张关系。刘敬东（2022）基于马克思考察资本概念的双重视角指出，历史性考察体现了关于资本文明作用的历史观点，阶级性剖析则体现了资本与劳动对立的阶级观点和阶级分析方法。就"资本的伟大的文明作用"而言，主要是同资本推动经济发展的功能相关联的。洪银兴（2022）认为，资本的积极作用主要体现在资本要素参与的财富创造作用，特别是资本作为"要素的黏合剂"，能够将不同生产要素并入生产过程进行配置从而提高生产力。张旭（2022）从生产力、生产关系和社会形态三个层面论述了资本的历史作用：有利于生产力的发展在于资本创造了剩余劳动；有利于社会关系的发展在于资本建立了社会普遍交往的体系，在于产生了无产阶级和社会的劳动能力；有利于更高级的新形态的各种要素的创造在于在资本主义生产关系的发展中孕育着不断增长的新社会关系。就资本的消极面而言，则是与资本对劳动的剥削强制以及资本主义自我毁灭的历史趋势紧密相连的。刘敬东（2022）指出，通过揭示资本与劳动的对立阐明资产阶级生产方式深刻的内在矛盾和社会危机，进而宣告无产阶级的历史使命，构成了马克思资本批判的深层思想动机。洪银兴（2022）也强调，《资本论》本身就是批判资本的著作。正是基于"资本原始积累—资本逐利本性—资本剥削劳动—资本无限扩张引致经济危机"的批判进路，马克思得出了资本主义必然灭亡的科学结论。

（三）关于社会主义市场经济条件下的资本问题研究

在我国理论界，有关社会主义市场经济条件下的资本问题研究经历了两次研究热潮，都与实践领域有着密不可分的关系。第一波研究热潮发生在20世纪90年代末，伴随着经济体制改革的深入和社会主义市场经济体制的建立，资本在我国经济生活中的作用愈发明显。这一时期学界的关注焦点在于，如何看待资本在中国特色社会主义经济中的客观存在，尽管不同学者针对社会主义资本的存在依据持有不同意见，但对于资本在中国特色社会主义经济中存在这一既定事实，学界已达成共识性意见。第二波研究热潮从2021年底中央经济工作会议提出"要正确认识和把握资本的特性和行为规律"开始一直延续至今，面对改革开放40余年来资本无序扩张引发的各类社会顽疾，社会主义如何更好地驾驭资本逻辑，已经成为亟待解答的重要理论命题。

第一，关于社会主义市场经济条件下资本的特性和行为规律的研究。经过改革开放后相当长一段时间的讨论，社会主义资本范畴的存在依据和历史必然性已逐渐得到确证。随之而来的问题是，马克思语境下作为资本主义原生概念出场的资本，其本质规定性在社会主义社会将如何展开？与此同时，社会主义资本又将呈现出何种特殊性？如何深刻地理解公有资本和私人资本等各类资本的差异性？针对上述问题，学者们遵循一般与特殊相结合的方法论原则展开了考察，而这实际上也就揭示出了社会主义市场经济条件下的资本特性及其行为规律。

首先，"资本一般"代表了资本的本质规定性，中国特色社会主义经济中的各类资本也不可避免地具有资本的一般属性。王宏波、曹睿（2020）从三个层面提炼了不同社会形态上资本的共性：其一，资本都要经历运动的过程，运动目的都是追求"剩余价值"。其二，资本的职能形态转换规律具有一般性，都要依次采取"货币资本—生产资本—商品资本"三种职能形态，且三种形态在时间上继起、空间上并存。其三，市场经济中提高资本运动效率的途径也具有一般性。资本本质规定性在社会主义市场经济中的展开必然引起两个方面的后果。一方面，资本执行了"提高相对剩余价值率"的历史任务，进一步激发了各种经济法人单位与个体的发展动力，从而促进生产力的发展（林炎志，2021）。另一方面，以社会主义本质作为审视资本逐利行为及其社会影响的标准，资本自我增殖的追求会在实践中引起两极分化，显然与消灭剥削和实现共同富裕的社会主义目标相冲突（乔晓楠等，2022）。

其次，社会主义市场经济中的资本作为一种"资本特殊"，必然与资本主义经济中的资本有很大差异。这种差异集中表现为，社会主义经济中的资本在具有逐利本性的同时，也必然在不同程度上受到社会主义生产关系和生产目的的牵引和规制。陈鹏（2017）认为，社会主义公有资本运行模式体现了马克思主义"劳动者联合体"的意蕴，具有比资本主义非公资本运行机制更合理的目的性。周绍东、陈艺丹（2020）提炼了"资本控制劳动"和"资本补偿劳动"两条线索。在控制劳动的目的方面，中国特色社会主义经济中的资本与资本主义经济中的资本有很大差异。而且，由于存在这种对劳动者的控制和剥夺，资本在社会主义国家的强制要求下，把剩余劳动时间（剩余价值）的一部分又通过某种形式返还给劳动者作为"补偿"。这两个方面促使中国特色社会主义经济中的"资本"成为"特殊"的资本。

进一步地，在中国特色社会主义经济内部，资本不仅现实呈现为产业资本、商业资本、金融资本等"资本个别"，同时还因所有权归属的差异而划分为公有资本、非公资本等具体形态，不同形态的资本也因所有权归属和活动领域的不同而表现出差异性，这就要求针对不同领域去认识和利用资本在不同形态下的运动规律。按所有制划分，社会主义市场经济中有很多资本形态，如国有资本、集体资本、民营资本、外国资本、混合资本等，但总体上可以归结为公有资本和私有资本。刘凤义（2022）考察了社会主义市场经济中公有资本和私有资本的特性和行为规律。其中，公有资本概念本身就是社会主义和市场经济结合的产物，具有独特的二重属性：一重属性是公有资本作为经济活动的要素；另一重属性是公有资本具有社会主义生产关系的属性，这是公有资本的本质特征。而私有资本内部经济关系是资本雇佣劳动关系，这一本质属性没有改变。但是在社会主义制度下，私有资本运行的社会条件发生了根本性变化，进而导致资本的运动规律也发生"变形"。荣兆梓（2017）认为，公有资本和私人资本的本质差别在于，前者是劳动者为社会提供剩余劳动的经济关系，它的强大积累功能是与增进人民福祉紧密结合在一起的，构成了中国经济快速增长的主因。王宏波、曹睿（2020）则提出，公有资本和私人资本在所有制基础、增值目的、剩余价值分配等方面具有差异性，要避免不加区分地笼统使用资本范畴的做法，否则必将导致对资本社会关系属性的淡化。孟捷（2023）则提出，作为一种生产关系，国有资本涉及国家和企业、资本和劳动、资本和资本三重维度，其中国家和企业的关系是具有决定性影响的维度。

最后，资本在生产领域、流通领域和分配领域也具有不同形态。李连波、陈享光（2020）提出，金融化意味着资本日益摆脱了实际价值的创造，以货币或货币资本和虚拟资本的形式进行资本和收入的占有与积累，同时不断向物质和非物质生产领域扩张，开辟新的获利渠道。就金融资本与产业资本的关系而言，实体经济是国民经济的根基和主业，虚拟经济既孕生和决定于实体经济，又具有反噬和统制实体经济的自发倾向，造成实体经济与虚拟经济扭曲背离和失衡错配（姜英华，2020）。而我国2007年至2018年的省级面板数据表明，中国金融业的利润占比与经济增长速度呈显著负相关，金融业分享的利润过高，已经达到了损害经济增长的程度。健全金融行业内部的竞争机制、引导金融机构关注产业发展、重视长远利益，是增强金融服务实体经济能力的有效手段（文书洋等，2020）。需要格外关注的是，数字经济时代到来，数字资本成为在产业资本、金融资本之后的第三种起支配性作用的资本样态。其核心是对一般数据的攫取和占有并从中牟取大量的利益（蓝江，2018），其运行的动力机制是数字商品化，即通过"产业数字化"和"数字产业化"的相互作用来将用户数据转化为数字商品（聂阳、周坤，2024），数据经历"要素化—商品化—资本化"的历程，最终形成资本样态，但这一资本化路径会因数据价值形态演进的差异而有所不同（胡莹、黄滢，2024）。就结果和发展趋势而言，数字资本的增殖性扩张及平台化运行构成了平台垄断的资本逻辑，从而逐渐呈现出"数字统治"的趋势性特征（贺立龙等，2022）。此外，也有学者质疑"数字资本"概念的正当性。余斌（2021）认为，"数字资本"不符合政治经济学相关术语的运用规则，互联网企业的数字平台属于不变资本，用于获取和处理数据的应用软件才是劳动资料，数据只是劳动对象，数字土地化比数字资本化更符合政治经济学的原理。

第二，关于资本无序扩张与驾驭资本逻辑。改革开放40余年来，资本对于推动我国经济社会发展起到了重要作用，但与此同时，逐利本性驱动下的资本无序扩张也在实践中引发了诸多负面后果和社会问题。2020年12月，中共中央政治局会议首次提出"强化反垄断和防止资本无序扩张"。2021年中央经济工作会议指出：要为资本设置"红绿灯"，依法加强对资本的有效监管，防止资本野蛮生长。在此背景下，学界系统总结了资本无序扩张在不同领域的表现及其危害，并在此基础上针对社会主义驾驭资本的路径构建做出了初步尝试。

资本作为一种生产关系，如果任由其无序扩张，首先将影响国民经济活动和物质利益关系。乔晓楠等（2022）聚焦于经济层面，具体分析了当前我国资本无序扩张在商品经济领域、虚拟经济领域和劳动力再生产领域的表现，强调资本的无序扩张不利于高质量发展、实现共同富裕和维护国家安全。同时，由于资本权力是一种"总体性权力"，当资本运行不受约束，其影响将进一步扩散到国家政治、社会治理、生态环境和意识形态领域。李楠、王继晨（2022）从四个层面详细阐述了资本无序扩张的危害：在经济层面，造成生产决策的无序性和盲目性，阻碍生产要素在各部门间的优化配置；在政治层面，资本与权力的媾和致使"化公为私"现象层出不穷；在文化层面，染指塑造意识形态，影响社会主义核心价值观的培育和践行；在民生层面，导致教育、医疗、住房等特殊商品供给背离公益性，增加民众负担。江宇（2021）提出，判断是否出现了资本无序扩张，根本的标准就是资本发挥作用的范围有没有越过中国特色社会主义制度的底线。这个底线涵盖经济、政治、文化、社会和国家安全五个方面。

也正是在这个意义上，在社会主义市场经济条件下驾驭资本逻辑，需要从生产关系、经济基础和上层建筑等多个层面着手，以达到更好地驾驭资本并使之最大限度地发挥提高生产力水平的作用。首先，资本作为一种生产关系构成社会经济基础的一部分，遏制资本无序扩张实际上就是在一定的领域和一定的程度上限制资本主义生产关系（张俊山，2022）。从生产关系和经济基础的视角来看，核心主线是将中国特色社会主义基本经济制度作为引导和规范资本健康发展的立足点和出发点，这又内在地保护所有制、分配制度和市场经济体制三个方面的要求（乔晓楠等，2022）。具体而言，一是必须坚持"两个毫不动摇"，发挥公有制经济作为"普照的光"引导非公有制经济发展的重要作用（周绍东，2023）。二是必须坚持按劳分配为主体、多种分配方式并存，既注重保障资本参与社会分配获得增殖和发展，又注重维护按劳分配的主体地位（赵峰、田佳禾，2022）。三是坚持"有为政府"与"有效市场"的结合，注重规范资本市场，防止资本脱实向虚和虚拟资本的野蛮生长（洪银兴，2022）。与此同时，遏制资本无序扩张不仅仅局限于生产关系和经济领域，还需要政治上层建筑和思想上层建筑的介入。从上层建筑视角来看，第一，坚持党对各项工作的集中统一领导，在强化监管的同时，明确规则底线，积极引导资本健康有序发展，使其更好地服从和服务于经济社会发展大局（肖潇，2022）。第二，依靠"以人民为中心"的有为政府和举国体制，通过"全国一盘棋"的宏观调控，集中力量破除资本过度集中和无序扩张的体制机制（张磊等，2022）。第三，坚持依法公平对待各类资本，健全法律制度与监管机制，为防止资本无序扩张提供法治支撑（李楠、王继晨，2022）。

十九、共同富裕和收入分配的政治经济学研究

实现共同富裕是社会主义的本质要求。作为马克思主义创始人对未来社会发展的基本设想，共同富裕在马克思主义基本原理与中国具体实际相结合的进程中被赋予了现实底色，进而成为切实付诸行动、具体规划推进的实践目标。共同富裕是中国学界历来的重要议题，对共同富裕的内涵、价值、特征、测度和实现路径的研究已成为推动中国化马克思主义研究的重要成果。随着中国特色社会主义进入新时代，习近平总书记关于"扎实推进共同富裕"的相关论述以及"分配制度是促进共同富裕的基础性制度"的科学判断，使这一研究领域得到了进一步拓展。本部分将借助于 Cite Space 知识图谱分析工具，从共同富裕的科学内涵、新时代推进共同富裕面临的问题及其成因、推进共同富裕的实现路径等三个方面着眼，对国内学界 2015 年至今十年的研究状况展开梳理。

（一）研究概览：基于 Cite Space 的可视化分析

自国家"十四五"规划强调全体人民共同富裕要"取得更为明显的实质性进展"以来，着眼于政治经济学领域推进共同富裕的研究日盛。以中国知网（CNKI）的文献数据为例，2016—2025 年以"共同富裕"为主题的学术期刊论文达到 26697 篇之多，其中以"收入分配"为题的研究高达 1762 篇，凸显出学界对这一现实议题的高度关注和积极响应，并取得了丰硕的研究成果。根据 Cite Space 生成的关键词、时间线突现等分析图谱，可以观察到有关共同富裕研究的多个趋势和热点。

从关键词聚类分析上看，共同富裕和收入分配的研究呈现出理论深化、实践拓展与方法创新的多维特征，研究焦点主要围绕三大维度展开。其一，理论建构方面，着力于马克思主义中国化的新阐释。研究以马克思主义政治

经济学为根基,聚焦习近平新时代中国特色社会主义经济思想的理论创新。学者们重点阐释了"全体人民共同富裕"对传统资本逻辑的超越性,通过"公有制主体地位"和"按劳分配"制度的再解读,构建起社会主义市场经济条件下效率与公平的动态平衡框架。特别是将"人类文明新形态"与"五大新发展理念"相融合,形成了具有中国特色的共同富裕理论体系。其二,现实路径方面,着力于数字经济时代的分配机制重构。研究突破传统分配理论边界,关注数字经济对收入分配的结构性影响。学者们提出"产业数字化"催生的新质生产力正在重塑财富创造与分配机制,通过东西部协作和"双循环"新发展格局的联动,探索数据要素参与分配的创新模式。同时,研究揭示了数字技术对劳动价值论的拓展需求,主张建立包容性更强的"三次分配"制度体系。其三,在方法论革新方面,着重多学科交叉的研究范式转型。研究呈现明显的跨学科特征,将政治经济学原理与空间计量等工具相结合,构建起涵盖"收入差距测度—制度效能评估—政策模拟推演"的复合分析框架。部分学者尝试将规范分析与实证研究相统一,在"所有制结构—分配制度—发展动能"的传导链条中,建立共同富裕实现程度的动态评价指标(见图3-91)。

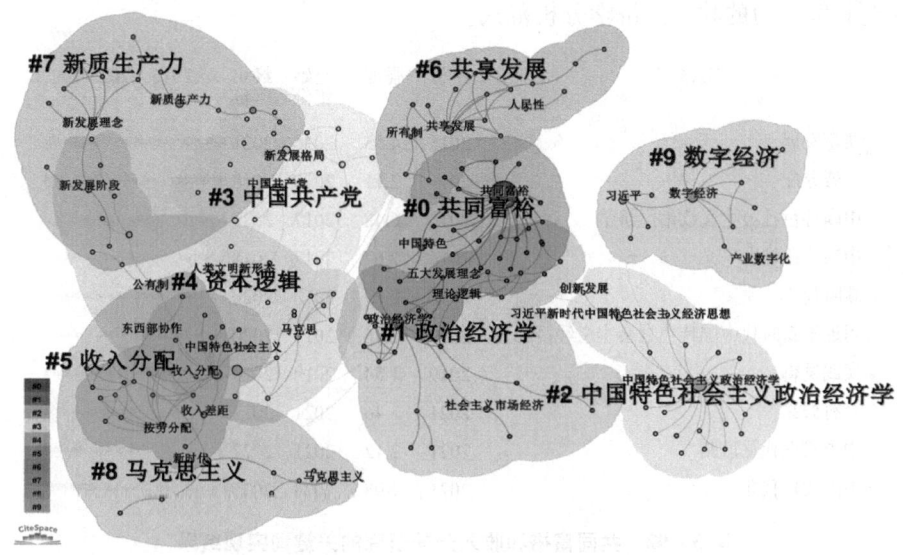

图 3-91　共同富裕和收入分配研究的关键词聚类结果

从时间线突现分析上看,图 3-92 展示了共同富裕研究领域 10 个关键词的突现情况,在特定时间段内的引用突现反映了该时期内研究的热点和趋势。从阶段演进与核心议题上看,一是理论奠基期(2016—2020 年),聚焦中国特色政治经济学体系构建。研究发轫于"共享发展"和"按劳分配"两大核心理念，重点重构社会主义市场经济条件下的分配正义理论。随着"中国特色社会主义政治经济学"概念凸显，学界系统阐释了所有制结构与分配制度的辩证关系，尤其在"中国特色社会主义"框架下，确立了共同富裕作为社会主义本质要求的理论定位。2018年后，"新时代"命题的提出，推动研究转向习近平新时代中国特色社会主义经济思想，形成了"生产—分配—共享"的闭环理论体系。二是实践转型期（2020—2022年），聚焦制度创新与乡村振兴衔接。研究重心转向"实践逻辑"的具象化，通过"乡村振兴"战略与"中国式现代化道路"的交叉研究，揭示城乡融合发展的分配改革路径。此阶段突破传统分配理论框架，将土地制度改革、数字技术赋能等实践维度纳入分析范畴，形成"经济制度—社会政策—文化价值"三位一体的共同富裕推进机制。三是范式拓展期（2022—2025年），聚焦中国式现代化理论体系成型。以"中国式现代化"为标志性概念，研究进入理论升华阶段。学者们从文明形态高度重构共同富裕内涵，强调其作为"人类文明新形态"的全球价值。研究路径呈现两大转向：一是从经济分配拓展至生态共富、数字包容等新领域；二是从国内治理延伸至全球发展倡议下的国际分配正义研究，构建起更具解释力的政治经济学分析范式。

关键词	年份	强度	起始年份	终止年份	2016—2025年
共享发展	2016	4.55	2016	2021	
按劳分配	2016	2.11	2016	2018	
中国特色社会主义政治经济学	2016	6.48	2017	2020	
中国特色社会主义	2016	2.67	2017	2018	
新时代	2018	2.29	2018	2020	
习近平新时代中国特色社会主义经济思想	2019	2.46	2019	2020	
实践逻辑	2019	1.84	2019	2020	
乡村振兴	2021	2.46	2021	2022	
中国式现代化道路	2021	2.12	2021	2022	
中国式现代化	2021	7.98	2023	2025	

图3-92　共同富裕和收入分配研究的关键词突现结果

基于 Cite Space 机构合作网络分析，2016—2025年共同富裕和收入分配的研究形成"核心引领—多元协同"的合作格局如图3-93所示。一方面是核心机构主导研究格局，中国社会科学院及其下属经济研究所、马克思主义研究院构成网络中枢，与复旦大学、武汉大学、北京大学等高校形成密集合作。这些机构通过联合承担国家级课题主导马克思主义政治经济学视角下的理论体系构建,尤其在"所有制—分配制度"关系(中国社会科学院)、数字经济分配效应(复旦大学)等方向形成标志性成果。另一方面是跨区域学科协同深化,研究网络突破地域限制,形成"东西联动"(西北大学经济管理学院与西南财经大学)、"南北呼应"(南开大学与南京大学)的合作模式。此外,作者图谱展示了关键学者及其合作网络(见图3-94)。

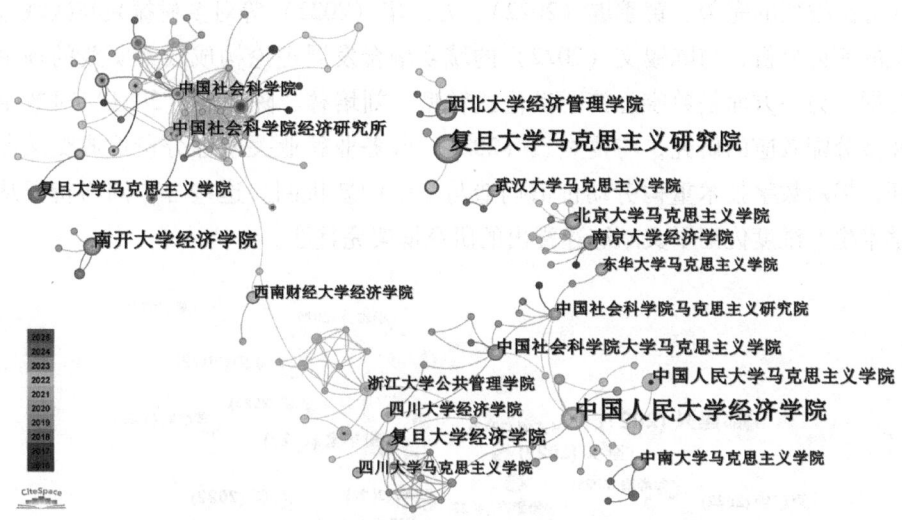

图3-93 共同富裕和收入分配研究的代表性机构

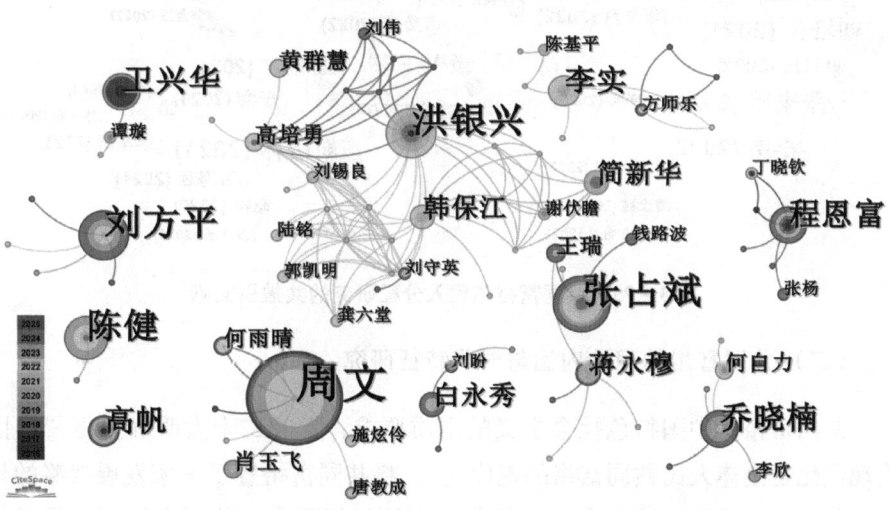

图3-94 共同富裕和收入分配研究的代表性作者

基于Cite Space共被引图谱,近年来共同富裕与收入分配研究呈现"核心学者群引领、跨领域交叉融合、政策实践驱动"的显著特征（见图3-95）。图谱显示，郁建兴、李实、刘培林、陈丽君构成核心学者群，他们2021—2023年高频共被引成果形成研究网络的中枢节点，标志着该领域理论突破的关键期。研究主题沿两条主线演进：一方面是理论—政策的互动深化。李实（2021—2022年）关于收入分配基础理论的研究，与郁建兴（2021）共同富裕政策创新形成双向印证，推动"市场机制—政府调控—社会参与"三位一体分配框架的完善。黄季焜（2022）、万广华（2022）等对乡村振兴与区域差距的实证分析，与陈锡文（2022）的城乡融合发展理论构成政策实践的理论支撑。另一方面是数字经济驱动范式转型。刘培林、陈丽君（2021）对数字经济分配效应的研究，与夏杰长（2021）服务业就业关联性分析形成交叉印证，揭示数字技术重构劳动价值创造与分配的新机制。这些合作网络特征从学术生产维度佐证了文献综述提出的研究框架完整性。

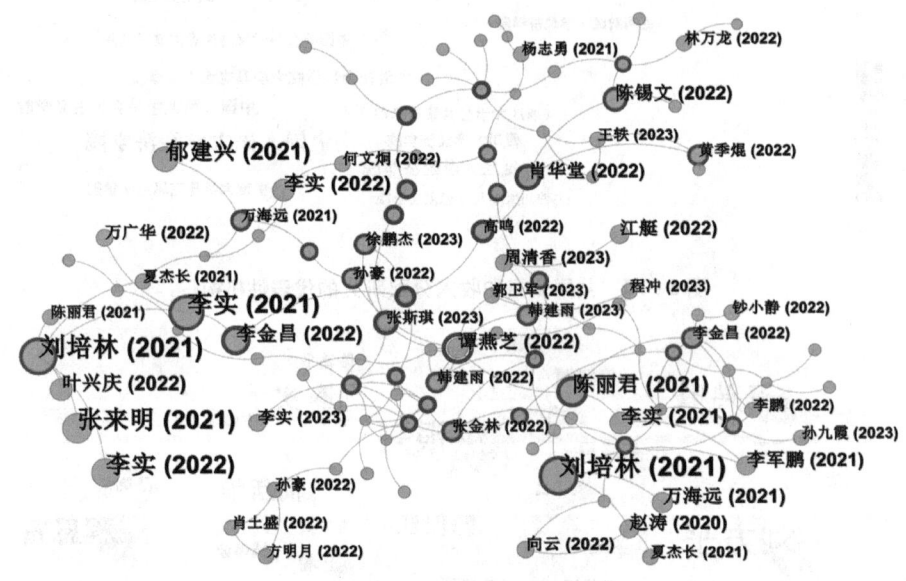

图3-95 共同富裕和收入分配研究的共被引文献

（二）共同富裕的理论内涵与时代特征研究

共同富裕是中国特色社会主义的本质要求，党的二十大明确提出"中国式现代化是全体人民共同富裕的现代化"，将共同富裕置于国家发展战略的核心地位。在全面建设社会主义现代化国家的新征程中，共同富裕不仅是经济目标，更是社会主义制度优越性的集中体现。系统梳理其理论基础与历史逻辑，对于深化分配制度改革、完善中国特色政治经济学理论体系具有重要学术价值和现实意义（李军鹏，2021）。

其一，关于共同富裕的定义。首先，从生产力和生产关系的角度，周文和施炫伶（2022）认为，"富裕"属于生产力范畴，"共同"属于生产关系范畴，共同富裕体现的是生产力与生产关系的统一。其次，从共创共享的角度，刘培林等（2021）提出，共同富裕是在中国特色社会主义制度保障下，全体人民共创日益发达的生产力水平，共享日益幸福而美好的生活。吴文新和程恩富（2021）则认为，共同富裕指的是全体人民通过共同努力和建设，或快或慢地共同拥有和享受国家财富和文明进步的历程、动向及其所呈现的均衡状态。郁建兴和任杰（2021）对共同富裕的理解则更加注重制度性因素的调整，认为共同富裕是一个通过修正和弥补由制度因素引起的不平等现象，确保所有公民能够公平参与到高质量的经济社会发展中，并公平分享发展成果的过程。再次，从衡量标准上看，吴忠民（2021）认为，共同富裕应当以"美好生活"和较高水准的"生活品质"为标准，最终实现一个全面发展的社会。万海远和陈基平（2021）则从公平与效率、发展与共享的理论框架出发，从国民总体富裕和全体居民共享富裕的结果角度构建了共同富裕的量化方法。最后，从新时代的历史方位上看，钞小静、任保平（2022）在其研究中提出，共同富裕这一目标是在中国特色社会主义制度的坚实基础上，依托经济高质量发展，旨在更有效地满足人民对于美好生活的不断增长的需求的一种状态，其核心在于确保所有公民都能够公平地分享到经济发展的成果。

其二，关于共同富裕的特征。张占斌（2021）认为，共同富裕具有非同步性、非同等性、非剥夺性、非享受性的特征。张占斌与吴正海（2022）在其研究中阐明，共同富裕不仅涉及全体公民的富裕，而且要求这种富裕是全面且均衡的，体现公平正义、差别有序的原则。周文和施炫伶（2022）认为，共同富裕包含全民参与和全面发展、共同创造与共享成果、逐步实现和适度差异等特征，并特别提出，共同富裕的目标在于超越传统的福利国家模式，寻求更加高效和可持续的发展道路。杨文圣和李旭东（2022）则从共有、共建和共享三个维度对共同富裕的特征进行了阐释，他们认为，"共有"指的是全体人民在基本经济制度框架下对国家的政治权利和资源性、经营性资产的共同所有；"共建"是指在生产领域对共同富裕物质基础的共同投入和努力；"共享"则涉及在分配领域对共同富裕价值目标的追求。燕连福和王亚丽（2022）也对共同富裕的特点进行了概述，他们强调这一概念的特征在于全民、全面、共建和渐进富裕，共同构成了把握共同富裕的多维视角。

其三，关于精神生活共同富裕的认识。习近平总书记指出，共同富裕是

"人民群众物质生活和精神生活都富裕"。傅才武与高为（2022）在其研究中提出，精神生活的共同富裕涉及公民个体在公共文化资源的获取以及发展机会上的平等与充裕，体现在文化资源的普及、文化活动的参与度、文化成果的共享以及文化发展机遇的均等性。项久雨和马亚军（2022）则进一步指出，人民群众的精神生活共同富裕是在物质生活共同富裕的基础之上构建的，这意味着在国家共同体的高质量发展中，不仅要致力于实现物质层面的富足，还要求精神层面的充裕和全面发展。

（三）新时代推进共同富裕面临的问题及成因研究

进入新时代，共同富裕的目标已向前迈进了一大步。当前中国经济已转向高质量发展阶段，与经济增长减速相伴，在呈现出诸多积极特点的同时，也带来了在这个发展阶段上特有的挑战。新时代推进共同富裕，要求科学认识当前面临的问题，在把握其成因的基础上着力推进全体人民共同富裕。学界关于新时代推进共同富裕面临的问题及成因的研究，主要包括以下几个方面：

其一，关于新时代推进共同富裕面临的问题研究。着眼于宏观维度，万海远（2022）阐发了新时代推进共同富裕的新挑战，包括全球新一轮的资本强势周期对劳资关系处理形式构成了挑战，绝对收入差距带来了一定的社会风险，财富差距的调节办法还有待完善等问题。从分配角度看，张来明和李建伟（2021）认为，当前推进共同富裕存在的一系列挑战主要包括：收入分配领域存在较大差距，分配制度尚需进一步完善；基本公共服务的质量和覆盖率尚未达到理想水平；地区间的发展存在不平衡现象；公民享有平等发展机会方面仍需加强；在健康保障及健康资源的公平获取方面需要进一步改进；精神文明建设和文化普及工作尚面临一些不足之处。韩文龙和祝顺莲（2020）认为，在新时代背景下，我国社会发展受到空间发展不均衡问题的显著影响，这成为制约社会发展的关键难题。秦刚（2021）指出，国家近年来通过增强对农村地区的财政支持，已经在一定程度上控制了城乡差距的进一步扩大，然而要在此基础上实现更为显著的进步，仍然面临着诸多挑战，需要持续的努力和深入的政策支持。在乡村振兴的维度，乡村振兴战略的实施能够大大缓解我国城乡发展不平衡问题，进而推进共同富裕，但是，李实等（2021）指出，当前的乡村振兴实践面临着城乡要素市场壁垒、落后的农村生产配套条件，以及农村民生保障短板等挑战。

其二，关于新时代推进共同富裕问题的成因研究。从贫富差距问题着眼，杨娟（2021）认为主要成因在于社会转型的实践中分配机制与社会主义制度和分配正义理念之间存在偏差，难点在于如何解决社会主义与市场经济结合中市场、权力、资本之间的紧张关系。吴文新和程恩富（2021）明确，社会主义初级阶段贫富分化的成因比较复杂，基本原因在于市场经济一般规律的自发作用，产权原因在于非公有制经济在全国所有制结构中占大多数，自然原因在于城乡地域间不同的自然资源禀赋和交通等条件，以及产业原因在于工农、行业和产业等历史基础和发展差异。总体而言，对于新时代推进共同富裕问题的成因研究还有进一步展开的空间。

（四）收入分配机制的政治经济学分析

收入分配机制的政治经济学研究聚焦于社会财富在不同主体间的配置逻辑与制度安排。近年来，学界围绕初次分配、再分配和三次分配展开的系统性分析，为理解社会主义市场经济条件下的分配格局提供了多维视角。

其一，初次分配中的效率与公平张力。在初次分配领域，劳动报酬占比的动态演变成为核心议题。乔晓楠和李欣（2023）基于政治经济学分析框架，发现2012年以来我国劳动报酬占比呈现波动上升趋势，泰尔指数显示省际间劳动报酬差距显著缩小，印证了党的十八大后分配制度改革的积极成效。这一演变过程揭示出公有制经济在抑制资本过度积累、保障劳动权益方面的制度优势。张占斌、王瑞（2024）提出，新质生产力通过重构生产要素组合，既能提升全要素生产率做大经济总量，又通过技能溢价重塑收入结构。

其二，再分配制度的调节效能。代志新等（2023）指出，应持续优化税制结构，推动社会保障体系纵深发展，加强公共服务均等化，从而促进经济发展和分配公平。周亚虹等（2024）的实证研究表明，电子商务与数字金融协同发展显著促进了农民收入的提高，降低了农民人均可支配收入的基尼系数、分位数差和方差。这凸显数字技术赋能公共服务需配套基础设施建设与数字素养培育。

其三，三次分配的代际传递困境。张建威和黄茂兴（2024）的研究揭示了资本主义私有制是产生收入差距代际传递的经济基础，社会主义公有制则是解决收入差距代际传递的经济基础，现阶段我国存在一定程度的收入差距代际传递既有其客观必然性，也有对其加以抑制的现实紧迫性，应多措并举抑制收入差距代际传递。

（五）新时代推进共同富裕的实现路径研究

其一，坚持社会主义基本经济制度方面。包括所有制、分配制度和市场经济体制在内的社会主义基本经济制度是推进共同富裕的前提条件和制度保障，既有研究对此已基本形成共识。郑志国（2015）指出，做好共同富裕的制度安排，要巩固和完善具有多维结构的公有制，加快建立先富带共富制度，建立健全有利于共同富裕的教育培训和劳动就业制度，着力构建兼顾发展与共享的多种分配制度，完善贫富监测和调控制度。代金平（2021）指出，所有制、分配方式、经济体制"三位一体"的基本经济制度体系，为中国经济长期向好奠定了坚实制度基础，为实现共同富裕目标筑牢了强大制度保障，为市场与政府双重调节提供了有力制度支撑，实现了对资本逻辑的扬弃和超越。

其二，宏观经济治理方面。杜江（2020）提出，通过前瞻性的财政政策规划，可以有效地促进基础财富的持续增长，并实现财富资源的合理分配。檀学文（2020）指出，为继续推进相对贫困治理，我国在 2020 年之后实施的一系列政策措施和民生项目将服务于新的"两阶段"发展规划，旨在制定有力的制度策略，提高贫困人群的福利和生活质量。蒋永穆和谢强（2021）则从机制建设的角度探讨减少贫困的措施，他们认为需要建立更为精细的贫困识别机制以应对贫困治理的不稳定性，针对相对贫困的多元诱因建立长期的保障机制，并针对相对贫困的隐蔽性构建持续的动力机制。

其三，高质量发展方面。周绍东和张毓颖（2022）从生产方式的微观、中观和宏观三个层面展开分析，总结出以高质量发展模式为导向的四种收入分配效应，指出通过逐步缩小劳资、行业、区域和城乡收入分配差距以实现高质量发展下的共同富裕。徐政、郑霖豪（2022）提出了以高质量发展推进共同富裕，包括完善社会主义基本经济制度、推动财税制度改革完善收入分配体系、推动产业融合发展等实践路径。

其四，改善收入分配格局方面。杨立雄（2022）认为，应将发展经济、提高收入作为实现共同富裕的第一要务，在发展中逐步完善分配制度，同时改进再分配结构、提升社会支出公平性，并准确定位第三次分配在共同富裕中的作用。李实和朱梦冰（2022）强调要进一步理顺分配秩序，促进分配结果更加合理化是推进共同富裕的重要选择，必须加快收入分配制度改革，健全和完善收入再分配政策体系。陈宗胜（2020）将推进二元体制改革与优先乡村振兴视为改革重点，并认为推动城乡一体化、发展公有经济并规范民营经济和改革二元保障体制等举措是改善收入分配格局、推进共同富裕的关键举措。

其五，基本公共服务均等化方面。张来明与李建伟（2021）提出，在推进共同富裕的过程中，应当重点关注基本公共服务的均等化，确保机会平等、健康公平、精神文明建设与文化资源普惠，以实现人的全面发展和社会的全面进步。段娟（2017）则强调了公共服务均等化建设在推动民生稳定发展中的核心地位，她指出，确保基本公共服务的全面覆盖和配置是至关重要的，这将使不同社会阶层都能获得满足其生存和发展需求的基本公共物品和资源。这种做法不仅能够体现以人民为中心的发展理念，也遵循了民生保障的基本原则，与现代社会治理的发展趋势相契合。

其六，共享发展理念方面。杨承训和李怡静（2016）指出，共享发展深化了共同富裕的内涵，以共享发展为导向有助于纠正鼓吹私有化、散布"国退民进"、为私企"腾空间"之类认识上的偏误。王立胜（2021）认为，新时代推进共同富裕要坚持共享发展理念，构建合理的收入分配制度和公共服务均等化制度，做到发展成果为广大人民群众所共享。王继田和阮敬（2023）通过社会福利函数等实证检验，指出降低收入不平等和共享不平等的程度能对共同富裕的推进起到积极作用。

总言之，既有研究系统阐释了共同富裕的理论内涵与时代特征，揭示了收入分配机制的政治经济学逻辑，为推进共同富裕提供了理论支撑。学者们围绕"生产—分配—共享"的闭环框架，从所有制结构、数字技术赋能、三次分配协同等维度解析了新时代分配制度的创新方向，并针对城乡差距、阶层固化等现实问题提出了政策建议。未来研究可在以下等方向继续深化扩展：构建融合马克思主义政治经济学与新发展理念的分析框架，强化"制度—技术—文化"协同推进的路径设计；加强代际流动、数字鸿沟等领域的追踪研究，开发动态监测指标体系；立足全球治理变革，提炼中国式现代化道路的分配正义价值，为全球共富实践提供理论参照。

二十、数字经济的政治经济学研究

数字经济与实体经济融合是推动生产力发展的关键。数字经济作为新兴生产力的代表，通过数字技术与数据要素的深度嵌入，为实体经济注入新活力。这种融合不仅提升了传统产业的生产效率，还催生了智能制造、智慧物流等新业态，推动了生产模式从"规模生产"向"规模定制"的转变。近年来，学界围绕数字经济与实体经济融合的理论与实践展开深入研究。研究发现，数字技术的应用赋能实体经济技术创新，数据要素的价值释放促进了产业业态重构，两者相互作用，推动了全要素生产率的提升。这种融合还催生了新质生产力，成为先进生产力发展的新方向。数字经济与实体经济的融合是实现高质量发展的必由之路。它不仅是技术与产业的结合，更是生产力质变的关键路径。学界的研究成果为我国经济转型升级提供了重要理论支撑，也为全球经济发展贡献了中国智慧。

（一）研究概览：基于 Cite Space 的可视化分析

在政治经济学视野下，本研究聚焦于近十年间数字经济领域的研究动态，利用 Cite Space 软件对相关文献的关键词进行聚类分析（见图 3-96）。通过这一分析，清晰地揭示了数字经济研究中的核心主题、热点问题及其相互之间的内在联系。图 3-96 不仅呈现了数字经济研究的集中趋势，还为全面把握该领域的前沿动态和发展脉络提供了重要框架，有助于深入理解数字经济在当前经济社会发展中的地位和作用。

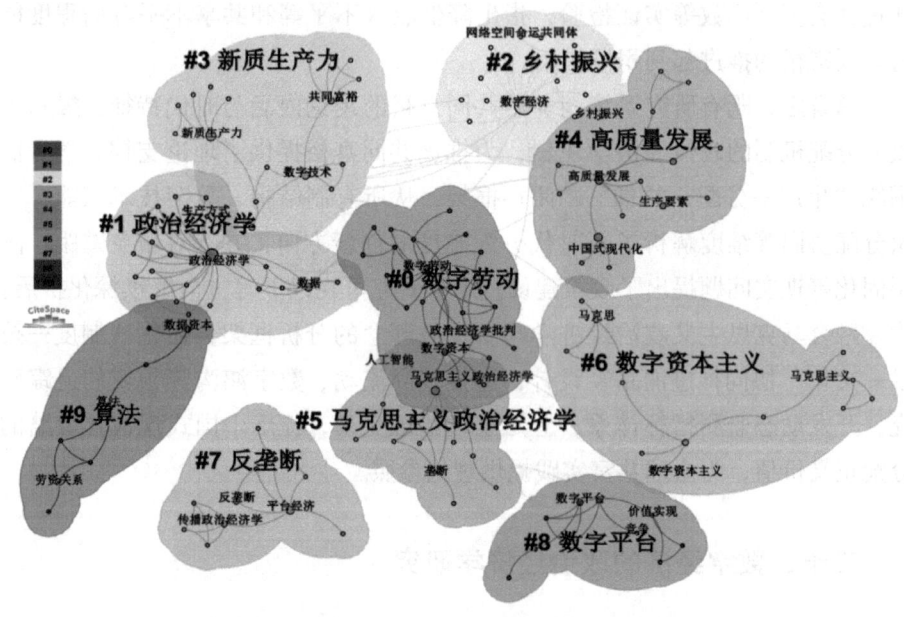

图 3-96　数字经济的政治经济学研究关键词聚类结果

根据图示的关键词聚类分析，我们可以深入理解数字经济的政治经济学研究现状和发展趋势。图 3-96 中展示了多个关键词聚类，每个聚类代表了研究中的一个核心主题及其相关的关键概念。"数字劳动"作为核心主题之一，关联了多个关键词，体现了学术界对数字劳动在数字经济中角色和影响的深入探讨。"政治经济学"聚类包括"政治经济学""数据""数据资本"等关键词，反映了数字经济背景下对传统政治经济学理论的重新审视与拓展。

"新质生产力"聚类包含"新质生产力""数字技术"等关键词，体现了数字经济推动生产力发展的新形态。"乡村振兴"聚类涉及"乡村振兴""数字经济"等关键词，表明数字经济的发展为农村经济的振兴提供了新的机遇。"高质量发展"聚类包含"高质量发展""生产要素"等关键词，反映了数字经济对经济发展质量的提升作用。

在关键词聚类分析的基础上，利用关键词突现图可以直观地分析近七年的阶段性热点主题。图3-97揭示了2017—2024年成为研究热点和前沿主题的前十大关键词。其中，"数据"和"数字技术"作为2019年的突现关键词，其高强度的引用突现表明了数字经济基础要素在学术研究中的重要性，这与全球数字化转型的趋势相吻合。这反映了数字技术在推动数字经济发展中的基础性作用，包括云计算、人工智能、物联网等技术的发展和应用。进入2021年，"平台经济""唯物史观""平台垄断"等关键词的出现，反映了学界对数字经济中新兴商业模式及其对社会经济影响的关注。这些关键词的突现，不仅凸显了数字经济研究的理论深度，也体现了对数字经济实践问题的深入探讨。"数字平台"的突现显示了对数字经济中新兴商业模式的关注，而"反垄断"的突现则可能反映了学界对数字经济研究的理论探讨，特别是在理解数字经济对社会结构和历史进程影响的背景下。到了2022年，"共同富裕""数字资本主义"等关键词的突现，显示了研究者对数字经济中价值创造、分配和社会影响等问题的广泛关注。这些关键词的出现，呼应了数字经济在推动经济增长的同时，也带来了新的社会经济挑战，如劳动者权益保护、数据隐私等。此外，"数字资本"作为2021年的突现关键词，其研究的热度持续至2024年，表明了资本在数字经济中的作用和影响是学术界关注的持续焦点。这些研究成果不仅丰富了数字经济的理论体系，也为政策制定和实践操作提供了重要的理论支持和实践指导。

通过分析图3-98中的作者合作网络图谱，我们可以更深入地了解数字经济领域内关键学者的合作关系及其对研究主题的影响。图3-98显示了多个显著的合作群体，表明他们在该领域的研究中具有较高的影响力和中心地位。例如，"周文""韩文龙"等学者，这反映了他们对数字经济研究领域的显著贡献。此外，图中还可以观察到学者之间的合作关系。如"任保平"与"王子月"等存在合作发表研究成果的关系。这种合作网络不仅促进了知识的交流和创新思维的碰撞，也有助于形成更加系统和深入的研究视角。图中还显示了一些学者的名字被多个群体所连接，如"刘震"和"宋冬林"等学者，这表明他们在多个研究领域或主题中都有所贡献，是跨领域合作的关键节点。这种跨学科的合作对于推动数字经济研究的创新和多样性至关重要。

关键词	年份	强度	起始年份	终止年份	2019—2024年
数据	2019	3.08	2019	2021	
数字技术	2019	1.86	2021	2021	
数字平台	2021	1.64	2021	2021	
反垄断	2021	1.38	2021	2022	
共同富裕	2022	2.03	2022	2022	
平台经济	2021	1.54	2022	2024	
马克思主义	2022	1.54	2022	2022	
数字资本主义	2022	1.33	2022	2024	
新发展格局	2023	1.81	2023	2024	
中国经济学	2023	1.35	2023	2024	

图3-97 数字经济的政治经济学研究关键词突现结果

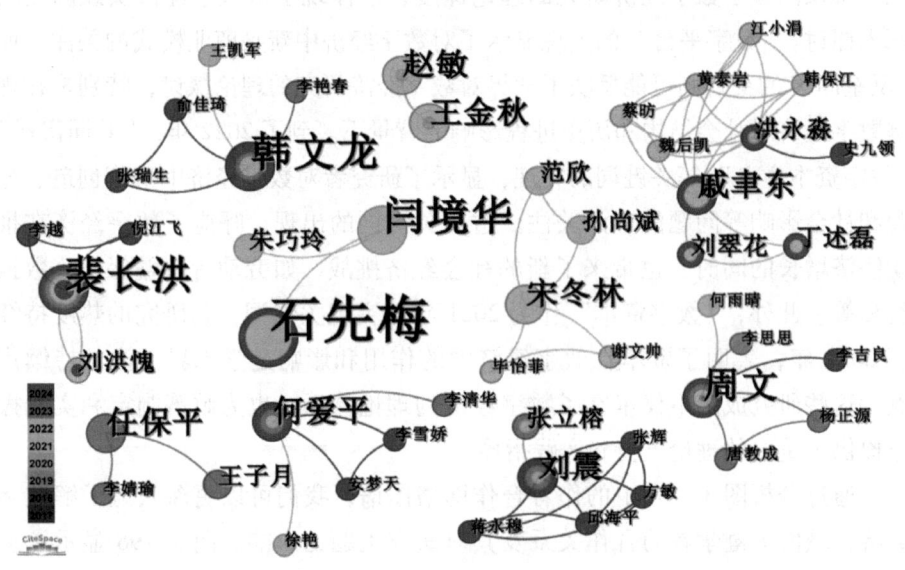

图3-98 数字经济的政治经济学研究代表性作者

机构图谱直观地展现了各个科研机构在数字经济研究领域的实力与影响力。在这些机构中，中国人民大学、北京大学、清华大学、南京大学、四川大学、西北大学、武汉大学以及中国社会科学院、吉林大学等，它们的研究成果不仅在数量上占据优势，而且在学术界的影响力方面也处于领先地位。这些顶尖机构的突出表现，体现了它们在推动数字经济学术研究和知识创新方面的重要作用（见图3-99）。

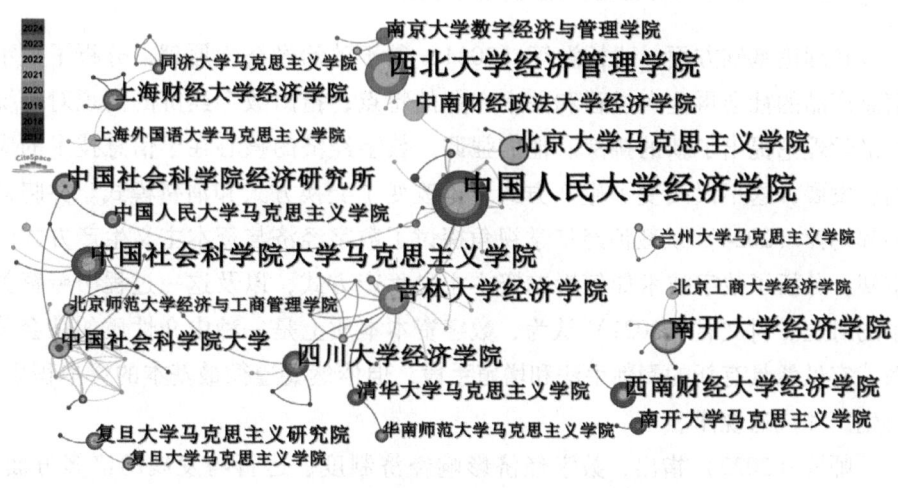

图3-99 数字经济的政治经济学研究的代表性机构

数字经济的政治经济学研究共被引图谱清晰展现了该主题的代表性文献（见图3-100）。由此主题共被引文献情况可以发现，上述研究分别数字经济助力制造业转型升级、数字经济筑基经济高质量发展以及数据要素参与分配情况等，而这些关注点也勾勒出了数字经济政治经济学研究的重点方向。

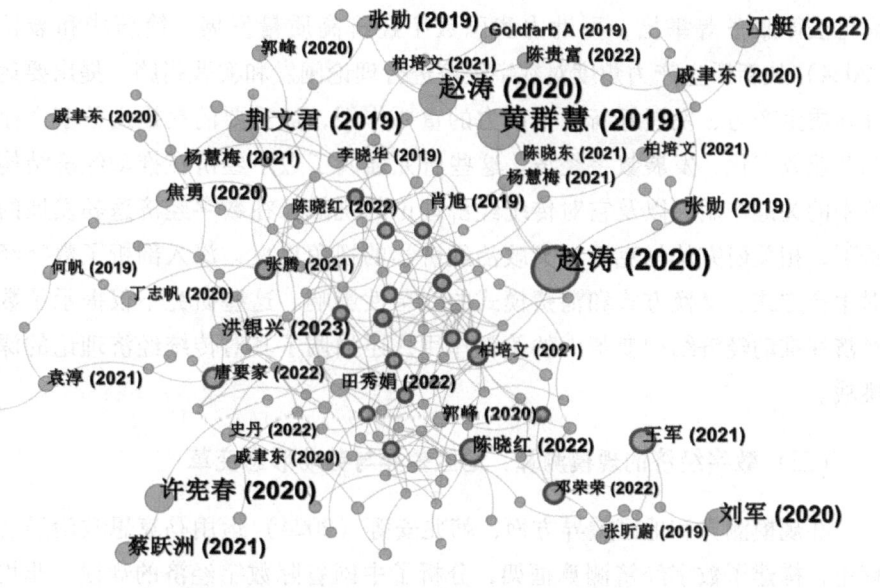

图3-100 数字经济的政治经济学研究共被引文献

（二）数字经济的理论基础与实践特征

在理论基础方面，裴长洪等（2024）基于政治经济学原理，分析了数字信息产品的社会再生产过程和数字产业的特点，指出数字经济的出现对传统经济学理论提出了新的挑战。他们强调，数字经济的核心在于信息技术的应用和发展，这不仅改变了生产方式，也改变了交换方式和消费模式。乔晓楠和郗艳萍（2024）从政治经济学视角探讨了数字经济与资本主义生产方式的重塑，分析了数字技术如何影响资本主义生产方式，以及这一过程中劳资关系的对立。付文君（2021）认为，数字资本本质上是一种中介性质的社会关系，它虽然具有新的剥削手法和增殖手段，但依然要遵循最基本的资本积累、再生产和流通规律。

师博（2022）指出，数字经济影响经济制度、运行与发展的诸多方面，既提升效率又伴生垄断，对社会主义现代化建设、微观主体活力激发、产业体系构建及制度设计完善构成挑战，研究其对中国特色社会主义政治经济学理论创新具有重要价值，成为理论焦点。宋冬林等（2021）从现实层面建构数字经济理论基础，指出数字经济的发展使数据成为国家基础性战略资源与数字经济中的核心资源。白永秀和宋丽婷（2021）认为，在马克思主义政治经济学视角下，规范数据要素市场化、缓解数字鸿沟、提升数据治理水平及完善法律服务等举措，可助力我国数字经济高质量发展。简新华和聂长飞（2024）从新质生产力角度对数字经济进行理论阐发和实践指路，提出要运用好新质生产力、发展好新质生产力的重要作用，最重要的是推进数字产业化和产业数字化，发展数字经济。这些研究强调了数字经济在推动经济结构变革中的关键作用，以及它对传统经济理论的挑战。在数字经济蓬勃发展的背景下，相关研究从马克思主义政治经济学的视角出发，深入剖析了数字经济对生产方式、交换方式和消费模式的变革性影响。这些研究不仅揭示了数字经济在推动经济结构变革中的关键作用，还强调了其对传统经济理论的深刻挑战。

（三）数字经济的规模测算、地区差异与劳动形态变革

在规模测算和地区差异方面，韩兆安等（2024）运用马克思政治经济学理论，构建了数字经济测算框架，分析了中国省际数字经济的规模、非均衡性和地区差异，为数字经济政策制定和区域协同发展提供了重要参考。谢芳芳和燕连福（2024）聚焦于"数字劳动"的内涵，通过比较数字劳动与受众

劳动、非物质劳动、物质劳动的关系，系统阐释了数字劳动的内涵、性质及其发展理路。闫境华和石先梅（2021）认为，零工经济中数字平台大资本与中小企业资本、零工劳动力自有资本交织，剩余价值向大资本平台转移，导致中小企业和零工劳动力处于劣势，应加强监管与权益保护以协调劳资关系。姚建华和徐偲骕（2024）则从传播政治经济学的角度，对中国语境下的数字劳工研究进行了批判性述评，指出了数字劳工研究的新学术生长点和理论创新的可能。陈尧和王宝珠（2022）认为，数字经济融合"数字空间＋物理空间"，通过要素数字化、保障时间继起与优化空间生产结构，降低工业经济循环断链风险，畅通国民经济循环，助力经济高质量发展。任迎伟等（2021）基于马克思主义政治经济学理论，从多维度分析数字经济通过缓解信息不对称、降低交易成本等机制重塑小微企业生存能力，并提出政策支持、数据共享等路径。马德隆和许正中（2023）指出，通过分工理论解读马克思的产业融合思想，并分析其对数字融合的适用性，对丰富马克思主义政治经济学及数字经济政策理论支点具有重要意义。吕景春（2023）指出，数字经济加速推进使劳动关系出现新变化，资本剥削更隐蔽，劳动关系紧张。探索共享型和谐劳动关系以缓和矛盾十分必要，共享发展理念提供新路径，文章从多方面提出实现路径，为数字经济成果惠及人民、推进共同富裕提供建议。这些研究揭示了数字经济在不同地区的非均衡发展，以及数字劳动形态的变革对劳动市场结构的影响。

在数字经济的规模测算和地区差异方面，相关研究通过运用马克思政治经济学理论，构建了数字经济测算框架，并深入分析了中国省际数字经济的规模、非均衡性和地区差异。这些研究不仅为数字经济政策制定和区域协同发展提供了重要参考，还揭示了中国省际数字经济规模整体呈上升趋势且存在显著地区差异的现状，为数字经济的区域发展提供了针对性的政策建议。同时，聚焦于"数字劳动"的研究，通过比较数字劳动与受众劳动、非物质劳动、物质劳动的关系，系统阐释了数字劳动的内涵、性质及其发展理路。从传播政治经济学的角度，对中国语境下的数字劳工研究进行批判性述评，指出了数字劳工研究的新学术生长点和理论创新的可能。这些研究进一步揭示了数字经济在不同地区的非均衡发展，以及数字劳动形态的变革对劳动市场结构的深远影响，为理解数字经济时代的劳动特征和区域发展不平衡问题提供了重要的理论支持。

（四）数字经济的技术—经济范式、高质量发展与数据生产要素

在技术—经济范式和高质量发展方面，王姝楠和陈江生（2024）探讨了数字经济的技术—经济范式，分析了新一代信息技术如何推动传统产业向创新驱动转变，他们的研究强调了数字技术对产业升级和经济高质量发展的推动作用。周文和李思思（2024）从高质量发展的政治经济学阐释角度，分析了高质量发展的内涵及其对中国经济转型的重要性。任保平和李婧瑜（2023）指出，数据成为新的生产要素后，其在生产、交换、分配与消费环节创造、实现并倍增价值，既具积极作用也有消极影响。需基于马克思产权理论明晰数据要素权属，优化数据要素市场政策，强化治理以促其健康发展。李政和周希禛（2024）对数据作为生产要素参与分配的政治经济学进行了分析，强调了数据在数字经济中的重要性，并讨论了数据要素市场决定的数据所有者和开发者报酬机制的完善。姜耀东（2021）认为，数字经济迅速发展以数字化知识和信息为生产要素，推动世界迈向数字时代，其数字劳动的理论本质与马克思劳动价值论深度契合，为认识数字劳动价值走向奠定基础。

韩文龙（2021）从马克思主义政治经济学的视角出发，认为在数字经济时代，社会再生产过程中的生产、流通、分配和消费四个环节正在实现数字化变革。王世泰和曹劲松（2024）基于马克思主义政治经济学视角描画了中国式现代化实现进程中经济治理技术和空间的场景变化，其中便包括实体经济与数字经济惯性使然、传统经济发展方式的创新性延续、经济结构迭代升级的现实需求。卫玲（2020）基于马克思劳动价值论，认为数字经济时代数据作为开源性、非竞争性的劳动资料，可促规模经济，对社会经济影响深远。数字经济通过技术创新提升全要素生产率，激活创新生态，突破时空限制对冲劳动力成本上升，缓解资源环境压力，助力经济高质量发展，推动传统企业升级，需在多领域发展构建新发展格局。这些研究强调了数据作为关键生产要素在数字经济中的作用，以及数字技术对产业升级和经济高质量发展的推动作用。

综上所述，相关研究从技术—经济范式、高质量发展以及数据要素分配等维度，揭示了数字经济对产业升级和经济高质量发展的推动作用。通过对新一代信息技术的分析，明确了其在传统产业创新转型中的关键角色；从政治经济学视角阐释了高质量发展的内涵，凸显了数字经济在经济转型中的重要性；聚焦数据要素的分配机制，强调了数据在数字经济中的核心地位。这些成果为数字经济时代的理论创新与政策实践提供了坚实依据，进一步丰富了数字经济与经济高质量发展之间关系的研究。

（五）数字经济的监管框架、数据治理与政策建议

在监管框架和政策建议方面，裴长洪和刘洪愧（2024）从经济学的角度

分析了习近平总书记关于对外开放的重要论述，探讨了其对中国经济和世界经济的影响。石先梅（2024）分析了互联网平台企业垄断形成的机理，提出了反垄断实践中应兼顾数据竞争的有效性与数据租金的合理性。程恩富和王爱华（2022）总结了数字平台经济垄断的基本特征、内在逻辑与规制思路，认为政府应从数字基础设施治理与开放、公共和私人责权边界划分等方面在数字基础设施的提供者、使用数字基础设施的互联网平台和消费者用户之间合理分配收益。周文和何雨晴（2024）从马克思主义政治经济学的角度分析了平台经济反垄断治理的本质内涵和实践要求。贺立龙等（2022）指出，数字资本扩张推动平台经济垄断化，其根源在于价值增值本性，强化数字劳动剥削并呈现"数字统治"特征，需从制度建构与政策协同入手，构建中国特色治理框架与数字经济发展格局。

韩文龙和王凯军（2024）探讨了平台经济中数据控制与垄断问题，提出了从数据权力立法、劳动者权益保障和平台垄断治理三个方面着手的建议。杨庆（2020）聚焦于数字经济时代的税收治理模块，指出应重点向多元协同的治理立体、"大数据+信用治理"的遵从筹划、数据整合集约治理的架构重塑、技术化工具的工具理性以及数字化赋能型的智慧组织方向转型。这些研究指出了数字经济监管的重要性，以及在全球化背景下，如何通过政策制定和监管框架来促进数字经济的健康发展。

综上所述，现有文献从多个角度对数字经济的政治经济学内涵进行了深入分析，数字经济的快速发展也带来了新的挑战和问题，如平台经济的垄断问题、数据控制与产权问题、平台租金的界定和核算等问题需要进一步研究和探讨。未来的研究应更加关注数字经济的监管框架、数据治理以及数字技术的伦理和社会影响，以促进数字经济的健康发展和社会福祉的提升。此外，数字经济对劳动市场、产业升级和宏观经济政策的影响也应成为研究的重点，以期为宏观和微观政策的制定实施提供更为科学的依据。

二十一、精准扶贫与乡村振兴的政治经济学研究

乡村振兴与精准扶贫作为当前中国农村发展的重要战略，不仅关乎农村贫困问题的根本解决，也是推动城乡融合发展、实现共同富裕的关键路径。纵观近十年学界相关研究，学者们围绕乡村振兴的政策实施、成效评估、挑战与对策等方面进行了深入探讨，取得了丰硕成果。这些研究不仅揭示了乡村振兴的复杂性与系统性，还提出了诸多具有实践指导意义的见解。通过总

结这些研究成果，分析乡村振兴的进展与挑战，可以为未来的政策制定与实践探索提供参考，对推动乡村振兴战略的深入实施具有重要意义。

（一）研究概览：基于 Cite Space 的可视化分析

针对十年来政治经济学视域下精准扶贫与乡村振兴的研究集中度，利用 Cite Space 软件进行关键词聚类分析可以直观反映该主题所涉及的核心概念及其相互关系，从而为我们提供了一个全面理解该领域研究现状的框架（见图3－101）。该图以"精准扶贫"与"乡村振兴"为核心，通过关键词的层级关联揭示了政治经济学视角下中国农村发展的政策逻辑与实践路径。从"精准扶贫"到"乡村振兴"，政策焦点从消除绝对贫困转向系统性重构农村经济生态，其内在逻辑体现为三重转型：其一，扶贫工具的技术化升级。如"供应链金融"通过资本下沉激活农村产业链，破解传统扶贫中资金低效分配的困境，而"绿色补贴"则将生态价值纳入经济核算，推动扶贫与可持续性目标的制度性耦合。其二，发展动力的内生性转向。"内生发展"与"产业发展"强调在地化资源整合与市场主体培育，试图超越外部输血模式，通过产业价值链延伸（如农业深加工、乡村旅游）重塑乡村经济自主性，这一过程中，"相对贫困"概念的提出暗示政策从收入维度转向能力与机会不平等，要求建立更具包容性的分配机制。其三，城乡关系的结构性调整。"城乡融合"不再局限于单向资源输入，而是通过土地制度改革、公共服务均等化及数字化基础设施互联，重构城乡要素双向流动的政治经济框架，其本质是打破城乡二元权力结构，缓解因户籍、土地产权等制度性壁垒导致的资源配置扭曲。值得注意的是，关键词的排序隐含政策优先级张力——例如"脱贫攻坚"与"乡村振兴"的紧邻既体现时序衔接，也暴露政策连贯性挑战：前者以行政动员与项目制为主导，后者需依赖市场机制与社会资本参与，两者在实践中的制度摩擦（如扶贫资产后续运营乏力）亟须政治经济学解构。总体而言，图3－101映射出中国农村政策从"问题应对"到"系统治理"的范式跃迁，其核心矛盾集中于国家主导的再分配逻辑与市场驱动的效率逻辑之间的动态博弈，未来研究需进一步揭示政策文本背后的权力重构（如基层政府角色转型）、资本渗透的风险（如金融化对"小农"的挤出效应），以及农民主体性在现代化进程中的再定位。

在关键词聚类的基础上，利用关键词突现图，可以直观分析近十年的阶段性热点主题（见图3－102）。该图展示了2016—2024年十四大突现强度较高的关键词，这些关键词反映了对应年份中的研究热点。从整体趋势来看，

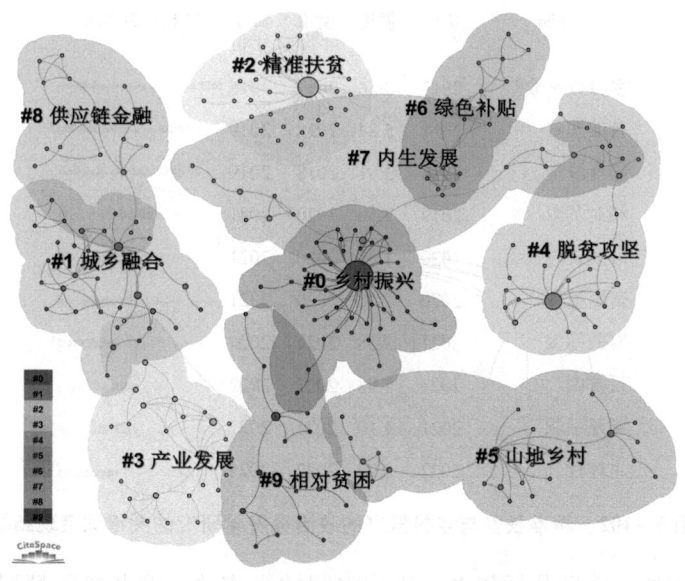

图 3-101　精准扶贫与乡村振兴的政治经济学研究的关键词聚类结果

关键词的突现体现了研究主题之间的逻辑关联和学术演变的轨迹。早期阶段（2017—2019 年）以"乡村振兴战略"与"精准扶贫"为核心，体现政策初期通过行政动员与资源集中破解绝对贫困的政治经济逻辑，其高强度数值映射国家权力对农村资源的直接干预，如财政专项转移支付与对口帮扶机制；2018 年"精准脱贫"与"精准扶贫"的同步活跃，进一步凸显"两不愁三保障"目标下政策工具的精准化与考核刚性。2019 年后，"相对贫困"与"后脱贫时代"的提出标志政策焦点从消除收入贫困转向能力贫困与多维剥夺，隐含发展权分配的结构性矛盾。例如城乡公共服务差距与土地增值收益分配失衡，需通过"有效衔接"机制将脱贫攻坚成果嵌入乡村振兴框架，但"反贫困"的短期活跃暴露政策惯性依赖与长效制度供给不足的张力。2021 年后的关键词"党建引领"与"主体性"揭示政策深层逻辑的转型：前者通过基层党组织嵌入乡村治理网络，强化国家对农村社会的政治整合（如驻村第一书记制度），后者则试图以农民参与重塑发展主体性，但低强度数值暗示实践中行政主导与农民赋权的非对称性——政策话语倡导"内生动力"，却未根本改变"项目制"下基层对上级资源的路径依赖。综上所述，这些关键词的突现，不仅展示了各个时期的研究热点，也揭示了研究主题之间的逻辑关联。从扶贫到脱贫，再到相对贫困和乡村振兴，研究领域的演变反映了社会经济发展的阶段性特征和学术界对政策与实践的深刻反思。通过综合解析这些关键词，可以更深入地理解当前研究趋势和学术发展的内在逻辑。

关键词	年份	强度	起始年份	终止年份	2017—2024年
乡村振兴战略	2017	3.56	2017	2018	
精准扶贫	2018	5.84	2018	2019	
精准脱贫	2018	3.91	2018	2019	
相对贫困	2019	2.50	2020	2021	
后脱贫时代	2020	1.37	2020	2021	
贫困治理	2020	1.10	2020	2021	
有效衔接	2021	3.38	2021	2024	
反贫困	2021	1.93	2021	2022	
党建引领	2021	1.10	2021	2022	
主体性	2022	0.99	2022	2024	

图 3-102　精准扶贫与乡村振兴的政治经济学研究的关键词突现结果

除此之外，通过分析作者、机构之间的合作关系和共被引情况，可以全面地反映区域协调发展相关研究的整体状况、发展动态和潜在趋势。作者图谱展示了关键学者和他们的合作网络，其中刘彦随、张琦、郑瑞强、汪三贵等学者以高发文量和影响力推动着区域研究的发展（见图3-103）。

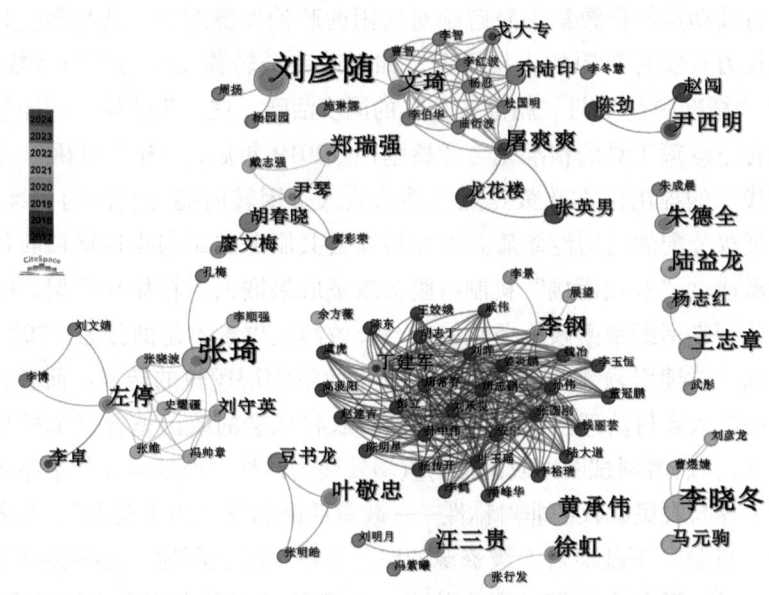

图 3-103　精准扶贫与乡村振兴的政治经济学研究的代表性作者

机构图谱则展示了不同科研机构的实力和影响力，以及它们之间的合作模式和资源分布。其中中国农业大学、四川大学、北京工商大学、四川农业大学、西南财经大学、兰州大学、辽宁大学、北京大学、南开大学、吉林大学、中国科学院大学等机构的研究成果在数量和影响力方面较为领先（见图3-104）。

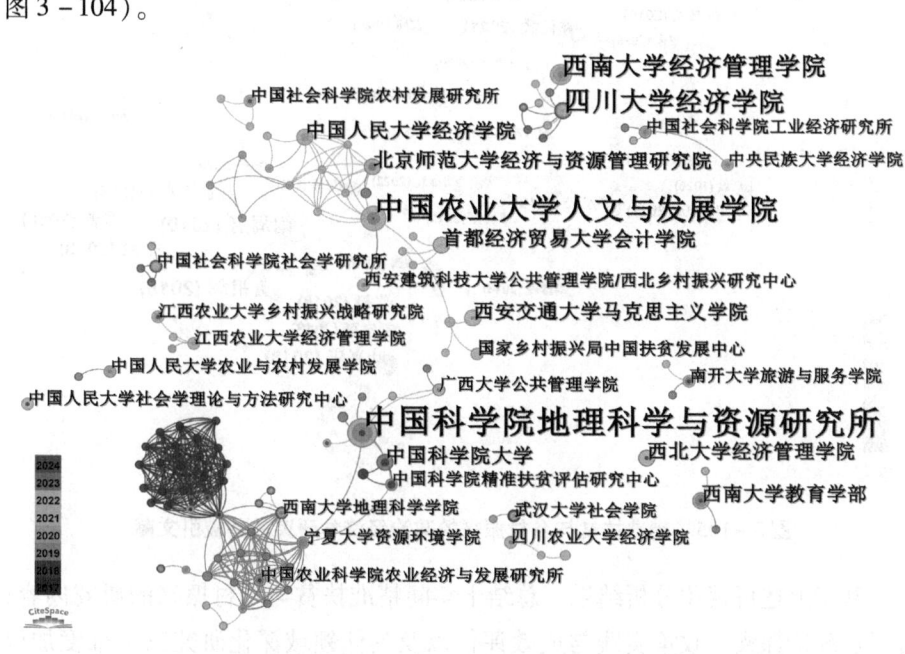

图3-104　精准扶贫与乡村振兴的政治经济学研究的代表性机构

共被引图谱则揭示了该领域的研究热点、核心文献和知识结构的演化过程。其中，《准确把握中国乡村振兴战略》（黄祖辉，2018）、《从二元分割走向融合发展——乡村振兴评价指标体系研究》（闫周府、吴方卫，2019）、《从乡土中国到城乡中国——中国转型的乡村变迁视角》（刘守英、王一鸽，2018）、《新时代中国乡村振兴战略论纲》（叶兴庆，2018）、《乡村振兴评价指标体系构建与实证研究》（张挺、李闽榕、徐艳梅，2018）、《乡村振兴战略的指标体系构建与实证分析》（贾晋、李雪峰、申云，2018）、《中国数字乡村建设若干问题刍议》（曾亿武、宋逸香、林夏珍、傅昌銮，2021）、《我国乡村振兴战略的实施与制度供给》（刘守英、熊雪锋，2018）、《农业高质量发展：数字赋能与实现路径》（夏显力、陈哲、张慧利、赵敏娟，2019）等文章受到重点关注（见图3-105）。

将作者图谱、机构图谱和共被引图谱结合起来，可以更清晰地看到该领域的知识流动、合作网络和学术传承，发现学科交叉融合的新方向，以及潜在的合作机会和研究前沿。这种综合性的分析方法为我们提供了更全面、更深入的视角，有助于我们更好地把握研究的整体脉络和发展趋势。

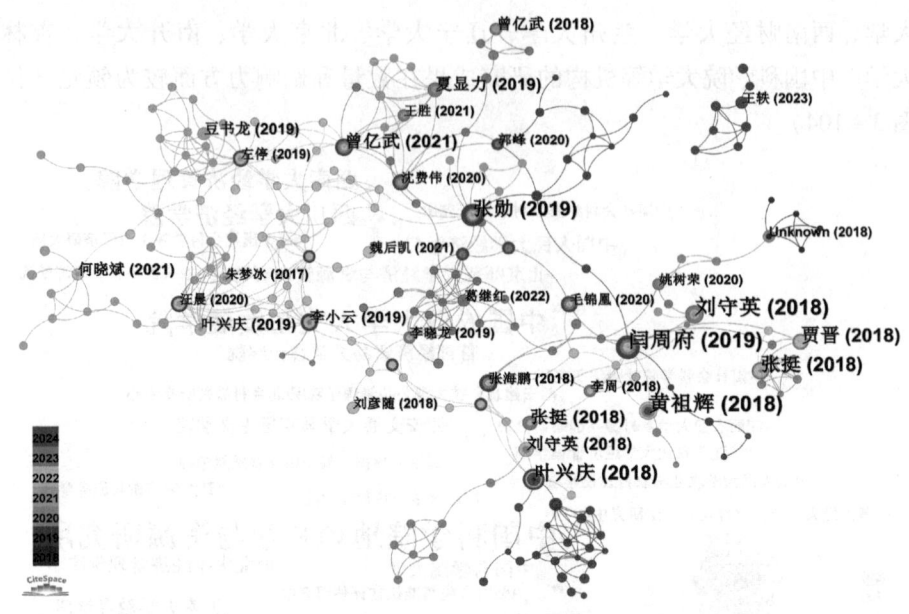

图 3-105　精准扶贫与乡村振兴的政治经济学研究的共被引文献

基于上述可视化分析结果，总结十年间精准扶贫与乡村振兴的研究内容，可以从理论探索、政策实践与成效评估以及具体领域深化研究三个维度加以概括。理论探索维度，学者们围绕精准扶贫与乡村振兴的理论基础、政策框架和实施路径进行了深入剖析，不仅追溯了城乡关系经典理论及其中国化进程，还结合中国实际，提出了适应新时代需求的乡村振兴理论模型和政策建议。政策实践与成效评估维度，学者们关注精准扶贫与乡村振兴政策的实际执行效果，对政策的实施过程、成效评估以及存在的问题进行了全面分析。具体领域深化研究维度，学者们针对精准扶贫与乡村振兴涉及的具体领域，如乡村经济、乡村治理、乡村文化、乡村生态等，展开了细化研究。

（二）城乡关系经典理论及中国化研究

城乡关系作为社会发展的重要维度，一直是学术界关注的焦点。马克思、恩格斯等经典理论家对城乡关系的深刻剖析，为理解乡村振兴提供了坚实的理论基础。近年来，学者们围绕城乡关系经典理论的中国化进行了广泛而深入的研究。从马克思主义乡村转型理论到政治经济学视角下的乡村振兴分析框架，再到马克思主义反贫困理论的中国化新境界，一系列研究成果不断涌现。

其一，马克思、恩格斯的城乡关系研究。马克思、恩格斯认为，城乡关系的演变是乡村问题的重要反映,这一观点为理解乡村振兴的战略意义提供了理论基础(刘守英、陈航,2023)。刘守英、陈航进一步指出,中国当下的乡村问题是城乡关系演变的集中体现,强调必须重新思考乡村系统的独特性和内在逻辑,以寻找乡村系统的复兴机理。王朝科、王宝珠(2018)从马克思主义政治经济学的基本原理出发,将乡村振兴过程抽象为一个"完全使用价值空间"的动态扩展过程。他们强调,生产力与生产关系的矛盾运动是乡村振兴的根本动力,为乡村振兴的实施提供了理论指导和路径选择。王晓光、方凤玲(2021)回顾了马克思主义反贫困理论的发展,指出其对新时代中国特色社会主义扶贫开发事业具有重要的理论和实践指导意义。他们强调,马克思关于消除贫困、实现人的全面自由发展的思想,为乡村振兴提供了重要的理论支撑。

其二,中国化的城乡关系研究。邓小平的"第二次飞跃"论强调农村集体经济的重要性,为农村经济发展提供了新思路(张杨、程恩富,2018)。习近平总书记关于"统"的重要论述则进一步提出了统筹城乡发展、实现共同富裕的战略目标,为新时代乡村振兴战略的实施提供了根本遵循。邓金钱(2019)系统梳理了习近平总书记关于乡村振兴发展重要论述的主要内容,包括乡村振兴之基、之本、之魂、之擎、之核五个方面。他认为,这些论述是对马克思主义城乡关系理论的创新发展,为乡村振兴提供了全面的理论指导。李正图(2020)总结了中国特色社会主义反贫困制度和道路的理论基础和实践经验,指出其是在马克思主义反贫困理论指导下形成的。他强调,中国特色社会主义反贫困理论和道路对于指导新时代乡村振兴具有重要意义。

通过对城乡关系经典理论及其中国化研究的考察,可以发现,马克思主义城乡关系理论在中国得到了创新发展和应用。学者们从多个角度对乡村振兴进行了深入探讨,不仅揭示了乡村振兴的理论基础和实践路径,还强调了生产力与生产关系的矛盾运动在乡村振兴中的根本作用。同时,邓小平的"第二次飞跃"论和习近平的"统"的思想为乡村振兴战略提供了根本遵循和全面指导。这些研究成果对于推动城乡融合发展、实现乡村振兴具有重要意义,为未来的政策制定和实践探索提供了宝贵的理论资源。

(三)精准扶贫与脱贫成果的巩固

精准扶贫和脱贫成果的巩固是当前乡村振兴工作中的重要议题。学者们围绕这一主题展开了深入细致的研究,为防止返贫、促进乡村可持续发展提供了宝贵的学术见解和对策建议。贺立龙、刘丸源(2022)认为,建立健全防止返贫监测和帮扶机制是巩固脱贫成果的关键所在，同时还需要注重提升贫困地区的内生发展动力。许晓（2022）以鲁西北D村为例，深入分析了第一书记制度在乡村治理变迁中的作用。他指出，第一书记制度不仅有效促进了村级党建的强化和乡村社会的整合，还为基层治理体制提供了重要补充，为脱贫成果的巩固提供了有力保障。贺立龙（2019）探讨了乡村振兴与脱贫农户融合共生的经济性质，提出了推动高质量脱贫与乡村产业振兴有序衔接的路径。他认为，通过提升农户经营能力、优化机制设计等方式，可以有效促进脱贫农户融入乡村产业振兴，实现可持续发展。高原（2023）探讨了中国式农业农村现代化的理论意涵，为乡村振兴提供了新的思路。他认为，中国式农业农村现代化具有鲜明的中国特色和理论内涵，为乡村振兴提供了重要的理论支撑和实践指导。孙贺、傅孝天（2021）研究了农业现代化与农村现代化一体推进的政治经济学逻辑。他们认为，农业现代化与农村现代化是相互依存、相互促进的关系，需要一体设计、系统谋划来推进，以实现乡村振兴的全面发展。总的来看，建立健全防止返贫监测和帮扶机制、提升贫困地区内生发展动力、发挥第一书记制度在乡村治理中的作用、推动高质量脱贫与乡村产业振兴的有序衔接、探索中国式农业农村现代化的理论意涵以及一体推进农业现代化与农村现代化等，都是巩固拓展脱贫成果、实现乡村振兴的重要途径。

（四）数字赋能与乡村振兴

随着数字技术的飞速发展，数字赋能乡村振兴也成为新时代乡村发展的重要议题。学者们围绕数字乡村建设的内在机理、衔接机制与实践路径展开了深入探讨，为乡村振兴的数字化转型提供了宝贵思路。谢文帅、宋冬林、毕怡菲（2022）深入探讨了数字乡村建设的内在机理、衔接机制与实践路径。他们认为，数字乡村建设是推动农村数字化生产力解放和发展的关键，需要加快完善数字乡村建设体制机制，促进数字乡村建设主体协同合作。沈费伟（2022）分析了数字乡村敏捷治理的实践逻辑与优化路径，强调其快速性、灵活性和回应性特点。他认为，数字乡村敏捷治理有助于提升乡村治理效能，促进乡村社会的和谐稳定。王静、孙晋海等（2023）从数字技术赋能的视角出发，研究了数字技术赋能农村公共体育服务更高水平发展的路径。他们认为，数字技术有助于提升农村公共体育服务的效率和质量，促进农村居民的健康生活方式形成。赵月枝、张志华（2019）分析了数字经济在乡村经济发展中的作用，指出其对乡村治理和农民增收的积极影响。他们认为，数字经济通过优化资源配置、提升生产效率等方式，为乡村经济发展注入了新的活力。刘雪敏（2024）基于马克思主义政治经济学视角，阐释了数字经济赋能乡村振兴的理论逻辑。她认为，数字经济通过促进产业融合、提升创新能力等方式，为乡村振兴提供了有力支撑。于水、范德志（2024）以浙江 W 村为例，探讨了数字赋能乡村治理的空间重构逻辑。他们发现，数字技术的运用不仅改变了乡村空间的实践形态和社会关系，还促进了乡村文化的传承和创新，为乡村振兴提供了新的发展动力。进一步地，针对数字技术在乡村治理中的应用，沙垚、李倩楠（2022）研究了电商直播在乡村治理中的作用，指出其促进了乡村社会的互动和团结。他们认为，电商直播通过搭建信息交流平台、促进资源共享等方式，为乡村治理提供了新的手段和工具。吕方、颜晓婷（2024）以河南省兰考县 Z 村为例，探讨了村庄争取政策资源的经验事实背后的"隐秘"维度。他们发现，村干部通过有效争取政策资源，为村庄发展提供了有力支持，同时也促进了乡村治理的民主化和科学化。谌玲、孔祥利（2022）分析了新发展格局和乡村振兴战略的内在逻辑，强调了数字技术在其中的作用。他们认为，数字技术通过促进信息流通、提升治理效能等方式，为乡村振兴和新发展格局的构建提供了有力支撑。总之，从数字乡村敏捷治理的实践逻辑到数字技术赋能农村公共体育服务的发展路径，再到数字经济在乡村经济发展中的积极作用，可以发现数字技术已成为推动乡村振兴的重要力量。随着数字技术的不断革新和应用场景的持续拓展，数字赋能乡村振兴将迎来更加广阔的发展前景。在数字技术的赋能下，乡村振兴将迈上新的台阶，实现更加全面、可持续的发展。

（五）乡村振兴的政策与制度分析

乡村振兴作为国家发展的重要战略，其政策与制度的分析显得尤为重要。学者们围绕农村土地制度改革、精准扶贫与乡村振兴政策衔接、东西部协作机制重构、相对贫困治理、城乡融合发展以及乡村振兴的战略路径等多个方面展开了深入研究。

其一，农村土地制度改革。米运生、罗必良（2021）从功能主义视角探讨了农地集体所有权制度改革，强调其对乡村振兴的重要性。他们认为，农地集体所有权制度改革有助于明晰产权关系、提升土地利用效率，为乡村振兴提供有力保障。何自力、顾惠民（2022）分析了土地制度改革、农业生产方式创新与农村集体经济发展的关系。他们认为，土地制度改革是推动农业生产方式创新的关键，通过优化土地资源配置、提升农业生产效率等方式，为农村集体经济发展注入了新的活力。张杨（2023）探讨了防止农村集体土地用途根本性变化的政治经济学逻辑，强调了土地制度改革的必要性。他认为，防止农村集体土地用途发生根本性变化是保障农民权益、促进农村经济发展的重要前提，需要通过深化土地制度改革来实现。

其二，精准扶贫与乡村振兴政策衔接。贺立龙、刘丸源（2022）全面探讨了接续推进巩固拓展脱贫攻坚成果同乡村振兴有效衔接的理论、实践与政策。他们认为，通过建立健全政策衔接机制、优化资源配置等方式，可以有效推动脱贫攻坚成果向乡村振兴的平稳过渡。翟坤周（2022）探讨了共同富裕导向下乡村振兴的东西部协作机制重构，强调了政策衔接的重要性。他认为，东西部协作机制是推动乡村振兴的重要力量，需要通过政策衔接来优化资源配置、提升协作效能。郑继承（2021）分析了相对贫困的经济学辨析与中国之治，提出了巩固拓展脱贫攻坚成果同乡村振兴有效衔接的对策。他认为，通过完善社会保障体系、提升教育水平等方式，可以有效防止返贫现象的发生，为乡村振兴提供有力保障。此外，姚毓春、梁梦宇（2019）研究了城乡融合发展的政治经济学逻辑，提出了相关政策建议。他们认为，通过推动城乡要素自由流动、优化城乡资源配置等方式，可以促进城乡融合发展，为乡村振兴提供有力支撑。吴军、黄涛（2020）基于马克思主义政治经济学原理，分析了乡村振兴的战略路径。他们认为，乡村振兴需要从生产力、生产关系、上层建筑等方面统筹推进，通过深化改革、完善制度等方式来实现。李正图、朱秋（2023）总结了脱贫攻坚历史性胜利的中国智慧，为乡村振兴政策制定提供了参考。他们认为，脱贫攻坚的成功经验为乡村振兴提供了重要借鉴，需要通过政策创新、制度完善等方式来推动乡村振兴的深入发展。总之，随着国家对乡村振兴战略的深入实施，政策与制度将更加注重针对性和实效性，以更好地适应乡村振兴的实际需求。

（六）具体领域深化研究

乡村振兴作为全面发展的国家战略，涵盖了经济、治理、文化、生态、小农户与现代农业、劳动力流动以及金融等多个方面，除上述四个主要研究方向外，学者们就其他具体问题也开展了广泛研究，主要包括乡村经济发展、乡村社会治理、乡村文化与教育、乡村生态环境、小农户与现代农业发展、乡村劳动力流动以及乡村金融发展七个方面。

第一，乡村经济发展。张晖（2020）从马克思主义政治经济学视角阐释了乡村振兴战略，强调了乡村经济发展的重要性。他认为，通过推动农村产业结构优化、提升农业生产效率等方式，可以促进乡村经济发展，为乡村振兴提供有力支撑。郭冠清（2020）考察了新中国成立70年以来农业农村现代化进程，提出了新时代农业农村现代化的政策建议。他认为，通过深化农村改革、推动农业现代化等方式，可以促进农业农村现代化进程，为乡村振兴注入新的动力。高帆（2021）运用大历史观审视了中国的农业农村发展，强调了乡村经济发展的历史逻辑。他认为，乡村经济发展是贯穿新中国成立以来我国长时段现代化进程的重大命题，需要在历史逻辑和现实需求的双重驱动下推进。

第二，乡村社会治理。曾凡木（2022）研究了新乡贤参与乡村社会治理共同体的路径，强调了其在乡村治理中的作用。他认为，新乡贤通过参与制度供给、推动集体行动等方式，可以为乡村治理提供有力支持，促进乡村社会的和谐稳定。李燕、程恩富、张国献（2023）探讨了乡村全过程人民民主的主体制约与化解路径，提出了完善乡村治理的建议。他们认为，通过加强基层党组织建设、提升村民自治能力等方式，可以推动乡村全过程人民民主的发展，为乡村治理提供有力保障。林敏霞（2022）从经济人类学视角探讨了乡村振兴战略的四重逻辑，强调了乡村治理的文化和社会基础。她认为，乡村治理需要注重文化认同和社会关系的构建，通过推动乡村文化建设、加强社会治理等方式来促进乡村振兴。

第三，乡村文化与教育。王静、孙晋海等（2023）虽然主要探讨的是数字技术赋能农村公共体育服务，但也间接涉及了乡村文化与教育的发展。他们认为，通过推动农村公共体育服务的发展，可以促进乡村居民身心健康水平的提升，进而推动乡村文化与教育的繁荣发展。陈冬仿、桂玉（2020）深入解析了乡村振兴战略的政治经济学逻辑，强调了乡村文化与教育在乡村振兴中的作用。他们认为，乡村文化与教育是乡村振兴的重要组成部分，需要通过加强乡村文化建设、提升教育质量等方式来促进其发展。张杨、程恩富（2018）通过对毛泽东农村调查文集的研究，为新时代实施乡村振兴战略提供了启示。他们认为，毛泽东的农村调查思想强调了深入实际、了解民情的重要性，为新时代乡村文化与教育的发展提供了有益借鉴。

第四，乡村生态环境。钟廿琪、周申倡（2020）从马克思主义政治经济学视域探讨了乡村生态振兴的路径，强调了生态环境保护的重要性。他们认为，通过推动乡村生态振兴，可以促进乡村生态环境的改善和可持续发展能力的提升。韩喜平、金光旭（2020）分析了城乡融合赋能新时代东北振兴的政治经济学逻辑，其中也涉及了乡村生态环境治理的内容。他们认为，通过推动城乡融合发展，可以促进乡村生态环境治理能力的提升和生态环境质量的改善。富丽明（2022）在国内大循环背景下探讨了乡村振兴的政治经济学阐释，强调了乡村生态环境与经济发展的良性互动。她认为，通过推动乡村生态环境与经济发展的良性互动，可以实现乡村经济的可持续发展和生态环境的持续改善。

第五，小农户与现代农业发展。何永林（2022）探讨了小农经济的经典理论之争及其时代价值，为理解小农户与现代农业发展的关系提供了理论支撑。他认为，小农户与现代农业发展并非对立关系，而是可以通过制度创新和技术进步等方式实现有机融合。贺立龙（2019）研究了乡村产业与脱贫农户融合共生的经济性质，提出了推动小农户融入现代农业发展的路径。他认为，通过提升农户经营能力、优化农业产业链等方式，可以有效促进小农户融入现代农业发展体系。张杨、程恩富（2018）在探讨毛泽东农村调查思想时，也间接涉及了小农户与现代农业发展的关系。他们认为，毛泽东的农村调查思想强调了深入了解农民需求和意愿的重要性，为制定符合小农户利益的现代农业发展政策提供了有益借鉴。

第六，乡村劳动力流动。夏金梅、吴梦秋（2022）在分析新发展格局下农业劳动力城乡流动的政治经济学阐释时，特别关注了劳动力流动对乡村振兴的影响，并提出了通过优化城乡劳动力流动政策、促进农业劳动力有序转移等方式来推动乡村振兴。梁栋、吴惠芳、吴存玉（2019）在回顾农业转型的政治经济学理论时，也涉及了乡村劳动力流动的问题，强调了劳动力流动在促进农业转型和乡村发展中的作用。

第七，乡村金融发展。陈俭（2018）在探讨中国城乡金融关系发展的政治经济学时，特别关注了乡村金融发展的问题，并提出了通过打破城乡金融二元结构、实现城乡金融融合等方式来促进乡村金融发展。廖维晓（2022）在分析乡村振兴背景下新型合作化的政治经济学时，也涉及了乡村金融发展的内容，强调了新型合作化经济组织在促进乡村金融发展中的作用。

本部分围绕精准扶贫与乡村振兴这一核心议题，从政治经济学视角出发，对近十年来学术界的相关研究进行了全面梳理和总结。首先，通过关键词聚类分析和突现图分析，揭示了乡村振兴与精准扶贫研究中不同关键词之间的复杂关系和阶段性热点主题，为理解该领域的研究现状和发展趋势提供了直观框架。其次，文献综述部分系统回顾了城乡关系经典理论及其中国化进程，为乡村振兴提供了坚实的理论基础。研究还深入探讨了精准扶贫与脱贫成果的巩固机制，以及数字赋能在乡村振兴中的新兴作用。最后，对乡村振兴的政策与制度分析，以及乡村经济、治理、文化、生态、小农户与现代农业、劳动力流动、金融发展等具体领域的研究，也为本部分提供了丰富的实证支持和理论洞察。总体而言，乡村振兴是一个复杂而系统的工程，需要政府、市场、社会等多方面的共同努力。未来，应继续深化对精准扶贫与乡村振兴内在联系的认识，探索更加有效的政策工具和制度安排，以推动乡村振兴战略的深入实施，实现农村全面振兴和共同富裕的目标。

二十二、区域协调发展的政治经济学研究

恩格斯在《反杜林论》中首次提出了未来社会主义社会生产力均衡布局的思想。中国特色社会主义政治经济学认为，生产力均衡布局在我国主要表现为区域经济协调发展。党的十四届五中全会首次提出"区域经济协调发展"的概念，"十二五"规划又把主体功能区战略上升为国家战略。"十四五"规划提出："深入实施区域重大战略、区域协调发展战略、主体功能区战略，健全区域协调发展体制机制，构建高质量发展的区域经济布局和国土空间支撑体系。"十年来，学界就区域协调发展问题开展了丰富的研究，取得了丰硕的理论成果。随着我国经济由高速增长阶段转向高质量发展阶段，区域协调发展也随之面临新的机遇和挑战。基于此，对我国当前区域发展所面临的问题、成因及解决路径进行分析，具有重要的理论和实践价值。

（一）研究概览：基于 Cite Space 的可视化分析

针对十年来政治经济学视域下区域协调发展的研究集中度，利用 Cite Space 软件进行关键词聚类分析可以直观反映出该主题所涉及的核心概念及其相互关系，从而为我们提供了一个全面理解该领域研究现状的框架（见图3-106）。区域协调发展作为核心词，一直是该领域的热点和重点。图3-106中，"区域协调发展"这一关键词与其他多个关键词如"协调发展""新型城镇化""高质量发展"等紧密相连，凸显了区域协调发展的核心研究地位。学者们普遍认为，区域经济的均衡发展是实现区域协调发展的重要前提，因此，对区域经济的深入研究对于理解区域协调发展的本质和路径至关重要。与此同时，"协调发展"作为区域协调发展的核心目标，其内涵和外延在图中得到了充分的展现。与"协调发展"紧密相连的关键词涵盖了"耦合协调""技术创新"等多个方面，形成了一个复杂而紧密的网络。这表明，协调发展不仅关注经济层面的均衡，还涉及社会、生态等多个维度的协同推进。学者们通过不同

的研究视角和方法,对协调发展的内涵、机制、路径等方面进行了深入的探讨,为我们提供了丰富的理论支撑和实践指导。此外,图中还展现了区域协调发展领域内的一些新兴研究方向和热点话题。例如,"耦合协调"作为近年来兴起的一个研究热点,其关注区域间各要素的相互匹配和协同推进,为区域协调发展的新路径提供了新的思路。同时,"技术创新""全要素生产率""全国统一大市场"等关键词的出现,也反映了学者们对于区域协调发展目标和路径的深入思考和探索。这些新兴研究方向和热点话题的涌现,不仅丰富了区域协调发展的研究内容,也为我们提供了更多的研究视角和方法。

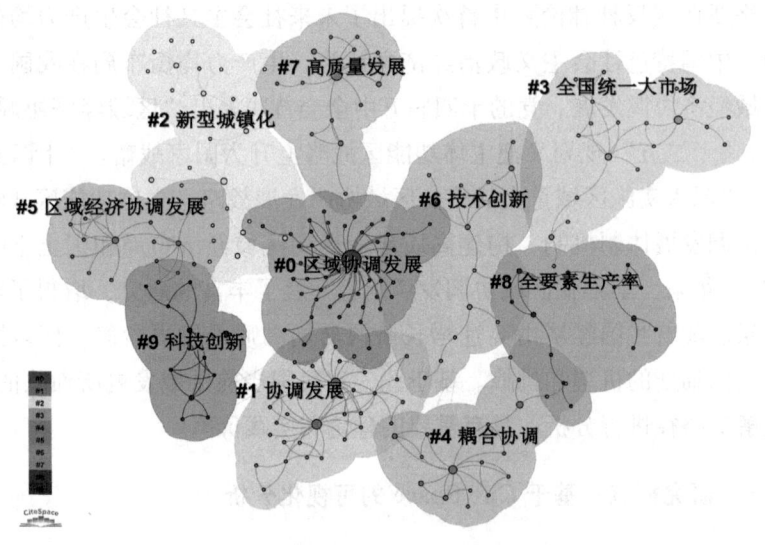

图 3-106　区域协调发展的政治经济学研究的关键词聚类结果

在关键词聚类的基础上,利用关键词突现图,可以直观分析近十年的阶段性热点主题(见图3-107)。图3-107通过2016—2024年区域协调发展相关关键词的时序分布与研究强度,揭示了政治经济学视角下中国区域战略的动态演进逻辑。早期阶段(2016—2018年)以"长江经济带""区域经济"为核心,体现"十三五"期间通过跨流域资源整合破解区域发展不平衡的政治经济诉求,其政策工具多依赖基础设施投资与行政协调机制;2019年"十四五"规划启动后,研究焦点转向"新发展格局"与"数字经济",反映双循环战略下区域协调从地理空间重构向市场制度深化的转型——前者通过产业链区域化布局重塑国内大循环空间载体,后者则以数据要素跨域流动消弭传统行政区划壁垒,形成技术赋权的新型协调范式。

2021年后，"城市群"持续至2024年的长周期活跃及"中国式现代化"概念的兴起，标志政策逻辑从单一经济增长转向包容性治理，即在区域协调中嵌入共同富裕目标与现代化治理体系，如都市圈内部公共服务均等化、生态补偿机制等议题均成为政治经济学分析的新场域。总体而言，这些研究映射出中国区域协调发展的三重政治经济逻辑：从早期行政主导的"硬协调"到市场驱动的"软协调"，再向制度创新的"系统协调"演进，未来需进一步解构数字技术如何重构区域权力关系、财政转移支付如何平衡效率与公平等核心命题，以超越政策叙事，构建更具批判性与解释力的政治经济学框架。

关键词	年份	强度	起始年份	终止年份	2016—2024年
长江经济带	2018	2.00	2018	2019	
中国	2018	1.10	2018	2019	
"十四五"时期	2019	1.36	2019	2021	
区域经济	2016	1.56	2016	2021	
产业结构	2020	1.53	2020	2022	
新发展格局	2021	2.61	2021	2022	
城市群	2021	1.66	2021	2024	
经济高质量发展	2021	1.48	2021	2022	
数字经济	2021	3.70	2022	2024	
中国式现代化	2022	1.06	2022	2024	

图 3 - 107　区域协调发展的政治经济学研究的关键词突现结果

除此之外，通过分析作者、机构之间的合作关系和共被引情况，可以全面地反映区域协调发展相关研究的整体状况、发展动态和潜在趋势。作者图谱展示了关键学者和他们的合作网络，其中孙久文、樊杰、刘华军、任保平、刘秉镰、刘志彪等学者以高发文量和影响力推动着区域研究的发展（见图 3 - 108）。

机构图谱则展示了不同科研机构的实力和影响力，以及它们之间的合作模式和资源分布。其中，中国科学院大学资源与环境学院、中国人民大学应用经济学院、中国科学院地理科学与资源研究所、中国社会科学院工业经济研究所、中国区域经济学会、暨南大学经济学院、中国社会科学院人口与劳动经济研究所等机构的研究成果在数量和影响力方面较为领先（见图 3 - 109）。

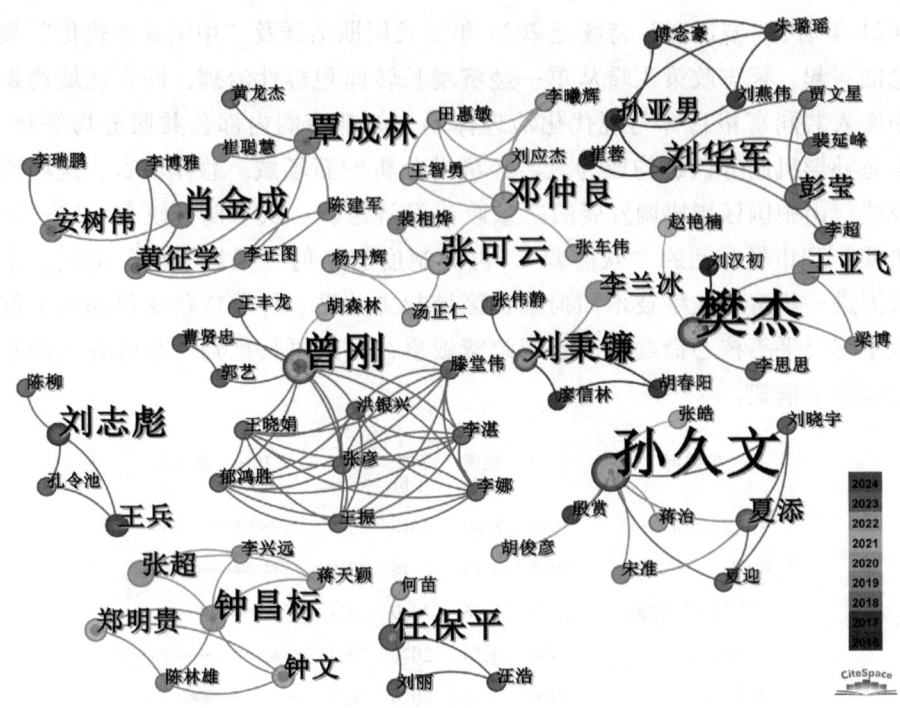

图 3-108　区域协调发展的政治经济学研究的代表性作者

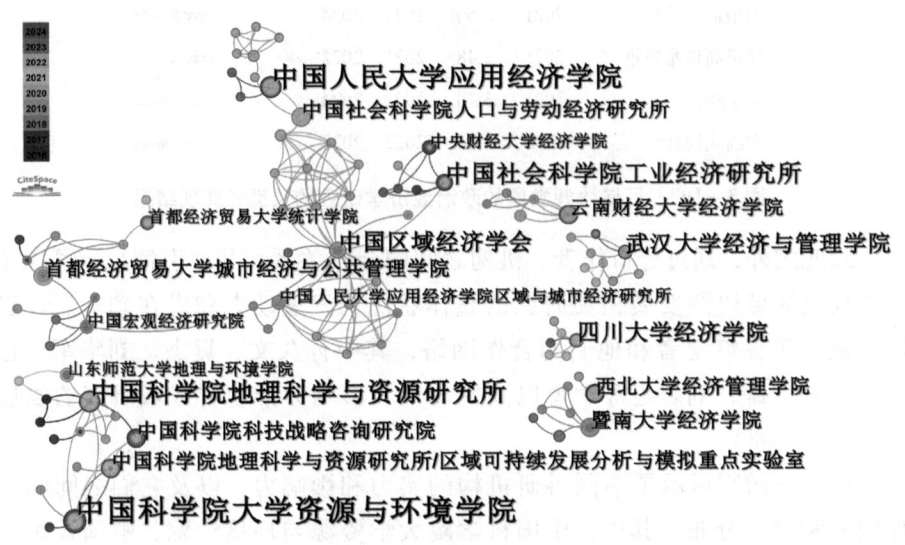

图 3-109　区域协调发展的政治经济学研究的代表性机构

共被引图谱则揭示了该领域的研究热点、核心文献和知识结构的演化过程。其中,《中国区域协调发展的逻辑框架与理论解释》(李兰冰,2020)、《"十四五"时期中国区域发展战略与政策》(魏后凯,2020)、《中国区域经济发展 70 年回顾及未来展望》（刘秉镰，2019）、《论新时代区域协调发展战略的发展与创新》（孙久文，2018）、《新时期区域协调发展的科学内涵、框架体系与政策举措：基于国家发展规划演变的研究视角》（赵霄伟，2021）、《"十四五"时期中国区域经济发展的重大问题展望》（李兰冰，2020）等文章受到重点关注（见图 3-110）。可以发现，这些文章均从宏观视角切入，深入探讨了区域协调发展的核心问题，不仅梳理了区域经济发展的理论框架和政策体系，还对中国区域协调发展的现状、挑战及未来趋势进行了全面分析，为细化研究和具体实践提供了丰富的参考和启示。

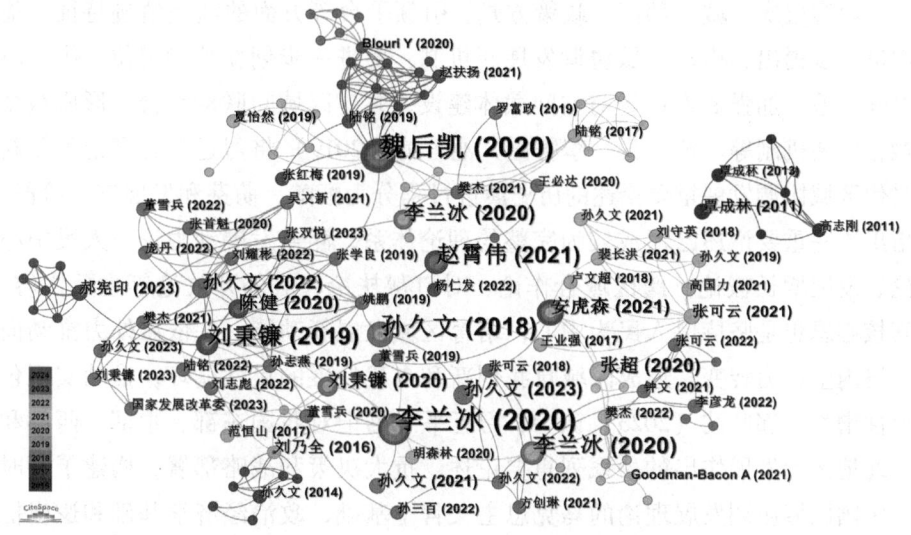

图 3-110　区域协调发展的政治经济学研究的共被引文献

将作者图谱、机构图谱和共被引图谱结合起来，可以更清晰地看到该领域的知识流动、合作网络和学术传承，发现学科交叉融合的新方向，以及潜在的合作机会和研究前沿。这种综合性的分析方法为我们提供了更全面、更深入的视角，有助于我们更好地把握研究的整体脉络和发展趋势。在区域发展研究领域，协调发展的理念日益受到重视。随着全球化进程的加速和信息技术的发展，区域间的联系日益紧密，但同时也带来了发展不平衡、资源环境压力加大等问题。因此，如何实现区域协调发展，促进经济、社会与环境的和谐共生，成为学术界和政策制定者关注的焦点。

基于上述可视化分析结果，总结 2016—2024 年区域协调发展的研究内容，可以从宏观、中观、微观三个层面加以概括。宏观层面，学者们就区域协调发展的政策演进特征展开研究，并提出了一系列实践展望；中观层面，区域协调发展与其他经济政策如共同富裕、数字经济等紧密相关，不少学者就其中的关系以及存在的问题进行了广泛研究，并提供了破解路径；微观层面，针对具体区位的协调发展问题，也有部分学者展开了细化研究，得到了可供借鉴的经验。

（二）区域协调发展的宏观演进特征及实践展望

自提出"区域协调发展"概念以来，不少学者从宏观的视角对区域协调的演进展开研究。张首魁、赵宇（2020）总结了中国区域协调发展在空间尺度、内容层次、城乡部门、政策方式、引领平台等方面的演进轨迹特征。他们进一步提出，构建区域协调发展新机制，要进一步创新功能定位、优化政府间关系、加强要素市场与空间载体建设、共建区域间联动平台、形成城乡融合发展机制等。董雪兵、李霁霞、池若楠（2019）将习近平总书记关于新时代区域协调发展重要论述的历史演进过程分为酝酿、萌芽和发展三个阶段，指出这些重要论述已形成较为完整的理论体系，涵盖发展动力论、人民中心论、发展增长极论、跨区域合作论、对口帮扶论、对外开放论等主要内容，其核心思想是坚持以人民为中心，培育区域发展新动能，从依靠外力推动向激发内生动力转变，形成区域自我创新和自我发展的良性循环，推动实现包容性增长。郭叶波（2023）认为，习近平总书记对我国东部、中部、西部和东北地区的发展作出的一系列重要论述、重大决策和战略部署，构建了新时代中国区域协调发展理论的马克思主义哲学基础、政治经济学基础和逻辑框架体系，开辟了马克思主义区域经济理论大厦建设的新境界，极大拓展了宏观调控的区域政策工具箱。

针对区域经济发展面临的现实问题，周文（2020）分析了我国区域发展不平衡的现状、原因及应对措施，阐述了习近平总书记关于新时代区域经济协调发展的重要论述，研究了区域协调发展新机制和新思路，并对特殊区域如黄河流域及东部地区高质量发展进行了深入探讨，同时回顾了我国区域发展战略和政策的历史演变，为推动区域协调发展提供了理论支撑和政策建议。在实践展望方面，郝宪印、张念明（2023）认为新征程促进区域协调发展，应在深化推动各大区域板块经济社会协调发展的同时，深入推动各类区域发展战略的融通协调，以构建优势互补、高质量发展的区域经济布局和国土空间体系。地方应从国家战略总体布局中找准定位，在顺应国家区域发展战略走势中塑造区域发展新优势。陆铭、向宽虎、李鹏飞、李杰伟、钟粤俊（2023）指出，在新发展阶段中国各区域的比较优势将进一步分化，经济活动和人口仍将向沿海城市群和中心城市周围集聚，偏远地区人口持续流出，进而形成从沿海向内陆、从中心城市向外围的发展梯度，呈现"双重中心—外围"的区域发展新格局。未来，区域发展战略应践行"在发展中促进相对平衡"的新理论，在城市群内部区分人口流入地和流出地，开拓区域间分工和协调并重的差异化发展新路径。孙久文、胡俊彦（2022）提出，面向"十四五"以及未来更长时期，应将城镇化与科技创新作为区域协调发展的强大动力，以区域协调发展战略为方向引领，以区域重大战略为轴点支撑，不断优化城镇体系并强化中心城市的带动作用，以功能性平台建设推进区域经济创新发展。

（三）区域协调发展的中观政策研究

区域协调发展与其他经济政策如共同富裕、数字经济等紧密相关，不少学者就其中的关系以及存在的问题进行了广泛研究，并提供了破解路径。

第一，区域协调发展与共同富裕。区域协调发展与共同富裕是相辅相成的两大目标，实现区域协调发展，意味着要缩小不同地区之间的发展差距，促进资源、人才、技术等要素的合理流动和高效配置；而共同富裕则是社会主义的本质要求，强调全体人民共享发展成果，实现经济、社会、文化的全面进步。在推进这两大目标的过程中，不可避免地会面临诸多挑战和问题，现有研究在总结现实问题的基础上，从不同角度提供了政策建议。庞丹、边悦玲、张晓峰（2022）指出，东部率先发展、中部加速崛起、东北振兴提速等历史性成就，为实现全体人民共同富裕奠定了坚实基础。但由于资源禀赋差异、国家政策导向等因素影响，推进共同富裕过程也受到区域发展不平衡不充分的制约，因此建议秉持市场主导和政府引导、自主创新和科技富民两大原则，建立健全城乡融合发展机制，加快现代化都市圈建设，扎实推进共同富裕。陈健（2022）针对实践中遇到的各区域行政主体的合作性有待增强、区域间各市场主体的利益协同性有待提升和区域协调发展与共同富裕的关联性有待增强等难点，提出三条破解路径：一是以经济治理的现代化为手段，构建东中西部区域各行政主体协同合作共同体；二是以中国式经济现代化建设为目标，构建东中西部地区各市场主体利益攸关共同体；三是以中国式共同富裕现代化为价值指向，构建区域协调发展成果惠及于民的共享共富共同体。肖金成、洪晗、申秀敏（2024）认为，目前区域协调发展与共同富裕面临着群体之间收入差距较大、分配制度不够合理、区域发展差距较大、城乡发展差距较大等主要问题，并进一步从区域协调发展角度出发，提出缩小区域发展差距、完善收入分配制度、以新型城镇化道路发挥内需拉动作用、以乡村振兴战略缩小城乡差距等对策建议，以期为实现区域协调发展与共同富裕提供理论支撑。董雪兵、缪彬彬、倪好（2022）也强调要大力加强浙江共同富裕示范区建设，推动高质量发展格局，逐步完善以人民为中心的区域协调发展政策，为全体人民共同富裕取得更为明显的实质性进展提供坚实基础，为新时代深入推进区域协调发展指明方向与路径。

第二，区域协调发展与数字经济。在数字经济对区域协调的影响机制方面，李清华、何爱平（2022）提出，数字经济不仅为区域经济增长注入新动能，更成为推进区域经济协调发展的重要契机。基于定量分析，他们得出数字经济不仅从整体上促进了我国区域经济协调发展，而且能够通过提高市场化水平和改善劳动力资源配置缩小区域经济差距。在分地区回归中，数字经济均显著缩小了东中西部区域经济发展差距，并且对东部城市的影响效应最为显著。刘伟丽、陈腾鹏（2023）探讨了数字经济与共同富裕的理论联系，同样基于定量分析得出数字经济对共同富裕的实现起积极促进作用，并通过了稳健性检验。机制检验发现，区域协调发展水平是数字经济推动共同富裕实现的重要机制。同时他们指出，基础设施建设的推进和金融发展水平的提高对数字经济促进共同富裕有正向调节作用。斯丽娟（2023）从历史逻辑和理论逻辑的角度论证了数字经济对区域协调发展的积极作用，但仍面临"数字鸿沟"现象不断扩大、新型数字基础设施不足、地方数字治理方式单一、数字经济发展政策体系有待完善等难题。为此，她提出完善新型数字基础设施建设，实施差异化数字经济发展战略，加快数字产业化和产业数字化融合，构建区域间数字经济协调发展机制，有利于弥合区域间"数字鸿沟"，通过数字经济高质量发展推动新时代区域协调发展。曾祥炎、魏蒙蒙、梁银笛（2023）认为，数字经济已经成为促进我国区域协调发展的新动能。他们认为数字经济能够通过提升各地区资源配置效率并缩小地区数字鸿沟，为加快实现区域协调发展创造积极条件。在政策建议方面，他们提出应重点做好新基建布局、市场体系建设、平台企业（总部）布点、优势产业数字化、要素支撑等方面的政策设计。

（四）区域协调发展的微观区位分析

针对不同地区的实际情况，学者们将研究视角深入到具体区位的协调发展问题中，探讨了区域协调发展的具体路径和策略。这些细化研究不仅揭示了地区间发展差异的内在原因，还总结出了可供其他地区借鉴的宝贵经验，为推动区域协调发展的实践提供了有力的理论支撑。

首先，其中最具有代表性的是关于长江经济带的研究。周成、冯学钢、唐睿（2016）构建了区域经济—生态环境—旅游产业耦合协调评价体系，以长江经济带沿线11个省市的数据为基础展开定量分析。他们发现长江经济带沿线各省市区域经济和旅游产业系统具较高关联性，而环境保护与经济发展间并不具有显著冲突；三大系统耦合协调度从时间上看以保持稳定和波动上升为主，空间上大致呈东高西低的发展格局，且耦合发展主要制约因素东中西部各有不同。王鹤鸣、田双清、陈乐宾、姜海（2023）认为，在区域发展转型的传统动能基础上，构建新发展格局将从内生性、外源性和激励性三个方面为长江经济带协调发展注入新动能，既为实现向高水平、强协调升级提供新的历史机遇，更需直面地区发展分化与要素流动固化、产业升级与基础设施和国土空间格局优化、生态环境协同治理以及跨区域和跨板块协调体制机制创新等新的现实挑战。基于此，他们提出了"五协五共"的新路径：通过园区设施共建、产业发展协作；空间布局协接、发展机会共享；权利责任共担、生态保护协同；主体利益协商、体制机制共谋；强化区域共同体意识，推动长江经济带实现更高水平协调发展。丁如曦、刘梅、李东坤（2020）从集聚外部性和网络外部性相结合的视角探讨多中心城市网络对区域经济协调发展的驱动影响，并以长江经济带为例进行实证检验。结果显示，在长江经济带等区域范围内应统筹推进中心城市与城市网络建设，培育多中心网络化发展格局，以更加有效促进区域经济协调发展。靖学青（2017）运用2000—2014年样本数据，对长江经济带产业转移、区域经济协调发展及前者对后者的影响进行了实证研究，分析结果表明，2004年以来沪苏浙三省市向长江经济带其他8省份进行了大规模产业转移，到2011年达到峰值，此后产业转移规模虽然有所缩小，但是区域产业转移的基本方向未发生变化；在研究期间长江经济带11个省份之间的经济差异在不断缩小，区域经济呈现协调发展的良好态势；长江经济带产业转移与区域经济差异为显著的负相关关系，产业转移对区域经济差异缩小产生了显著影响，对区域经济协调发展发挥了积极作用。

除此之外，部分学者对大湾区的协调发展进行了研究。周艳、钟昌标（2020）从港口群、产业群和城市群"三群"协调联动发展的角度，剖析微观主体（企业和民众）、中观主体（地方政府）和宏观主体（中央政府）三大利益主体在大湾区"三群"联动发展中的动力机制，提出激活主体活力、强化跨行政区域的协商体制和利益分配机制等对策，以期为我国区域协调发展提供示范或启示。

更进一步地，针对城市圈和都市圈建设，陆军、毛文峰（2020）指出，城市网络外部性具有"跨边界""可流动""多尺度""共享性"等特征。基于此，他们从网络分析范式下提出了"网络嵌入与互联""功能互补与协同"和"价值传递与增值"的区域一体化分析框架。其中，网络外部性通过降低匹配和交易成本、强化知识扩散和技术溢出、高效推动产业分工与合作、实施城市间"借用规模"行为等渠道促进区域一体化，而规模的借用是未来都市圈和城市群区域一体化的重要机制。这对于提高新型城镇化质量和深化区域协调发展实践具有重要政策启示，有助于跳出优先发展大城市和中小城市之争，从网络联系、节点位置和借用规模效应的视角，将大中小城市统一纳入动态的城市经济体系，指引区域经济在网络参与中走向高质量一体化发展。汪光焘、叶青、李芬、高渝斐（2019）提出城镇化进入以城市群为主体形态的发展阶段，对区域协调发展提出了更高要求，在新的发展阶段，应按照高质量发展的要求，从构架基于功能联系的空间形态、坚持以人民为中心的服务要素配置、基于资源禀赋差异互补的产业空间重构、发挥市场资源配置等方面制定合理政策措施，着力培育现代化都市圈。

2016—2024年，区域协调发展的研究内容在宏观、中观、微观三个层面均取得了丰富成果。在宏观层面，学者们深入探讨了区域协调发展的政策演进特征，从空间尺度、内容层次、城乡部门、政策方式、引领平台等多个维度总结了其发展历程，并提出了构建区域协调发展新机制的实践展望，强调创新功能定位、优化政府间关系、加强要素市场与空间载体建设等方面的重要性。同时，学者们还对新时代区域协调发展的理论体系进行了深入研究，阐述了其核心思想和实践意义。在中观层面，区域协调发展与共同富裕、数字经济等经济政策紧密相关。学者们就区域协调发展与共同富裕的关系、存在的问题及破解路径进行了广泛研究，强调缩小区域发展差距、完善收入分配制度、推进新型城镇化道路和乡村振兴战略等对策措施的重要性。同时，数字经济对区域协调发展的影响也成为研究热点，学者们通过定量分析揭示了数字经济在促进区域经济协调发展、缩小经济差距方面的积极作用，并提出了加强新型数字基础设施建设、实施差异化数字经济发展战略等政策建议。在微观层面，学者们将研究视角深入到具体区位的协调发展问题中，以长江经济带、大湾区等区域为例，探讨了区域协调发展的具体路径和策略。这些研究不仅揭示了地区间发展差异的内在原因，还总结出了可供其他地区借鉴的宝贵经验。同时，学者们还对城市圈和都市圈建设进行了研究，提出了网络嵌入与互联、功能互补与协同、价值传递与增值等区域一体化分析框架，为提高新型城镇化质量和深化区域协调发展实践提供了重要政策启示。然而，现有研究还存在部分片面性：一方面，部分研究可能过于侧重于宏观层面的分析和政策建议，而忽视了微观层面的具体实践和问题。例如，对于区域协调发展的具体实施路径和策略，虽然提出了一些总体性的方向和建议，但缺乏针对不同地区、不同产业、不同发展阶段的具体操作指南和案例分析，可能导致研究成果在实际应用中的针对性和可操作性不足。另一方面，部分研究在数据收集和分析方面可能存在局限性。由于区域协调发展涉及多个领域和层面，数据收集和分析的难度较大。部分研究可能由于数据来源有限或数据分析方法不够科学，研究结论的准确性和可靠性受到一定影响。此外，随着经济社会的发展和变化，一些旧有数据可能已经过时或不再适用，这也对研究的时效性和准确性提出了挑战。此外，部分研究在跨学科融合方面可能还存在不足。区域协调发展是一个涉及经济学、社会学、地理学等多个学科的复杂问题，需要综合运用多学科的理论和方法进行研究。然而，部分研究可能过于侧重某一学科或领域的分析，而忽视了其他学科视角和方法的应用，导致研究结论的片面性或局限性。

二十三、新发展格局和全国统一大市场的政治经济学研究

当前，我国正处于构建新发展格局、推动高质量发展的关键转型期。以国内大循环为主体、国内国际双循环相互促进的新发展格局，既是应对全球经济格局深刻变革的战略选择，也是实现经济长期稳定增长的内生需求（刘志彪，2022）。在这一背景下，建设全国统一大市场作为支撑新发展格局的基础性制度安排，通过破除地方保护与市场分割、优化要素资源配置，成为打通经济循环堵点、释放内需潜力的核心抓手。两者的协同推进，不仅体现了中国经济从规模扩张向质量效益转型的实践逻辑，更凸显了中国特色社会主义政治经济学的理论创新价值。学者们将中国式现代化实践经验与马克思主义基本原理深度融合，构建了具有中国特色的动态平衡机制与市场整合理论。本研究通过系统梳理相关文献，旨在厘清两者的内在关联与实践路径，为经济高质量发展提供理论支撑与政策启示。

（一）研究概览：基于 Cite Space 的可视化分析

基于 Cite Space 关键词聚类图谱分析，2016—2025 年（见图 3-111）。核

心理论构建方面，研究以马克思主义政治经济学为根基，聚焦习近平新时代中国特色社会主义经济思想的学理阐释。其中"马克思主义中国化"形成独立知识模块，学者们着重探讨新发展格局的历史唯物主义基础，将"双循环"战略与社会主义市场经济的制度优势结合，构建起包含"中国式现代化""新发展理念"等核心概念的理论体系。习近平经济思想作为指导纲领，贯穿于供给侧结构性改革、产业链现代化等具体议题研究。研究热点方面呈现多维交织的特点。"双循环"新发展格局形成核心知识网络，研究涵盖"国内大循环"的体制机制创新与"国际循环"的开放型经济新体制构建，重点突破市场分割、要素流动障碍等现实问题。全国统一大市场建设聚焦制度性交易成本降低，学者运用空间计量模型揭示区域市场分割的经济效应，提出信用法治与数字经济赋能的市场整合路径。高质量发展研究呈现"理论—实践"双向互动特征，既包含生产力变革的哲学思考，也涉及产业链现代化的实证分析，特别关注新冠疫情对全球价值链重构的冲击效应。

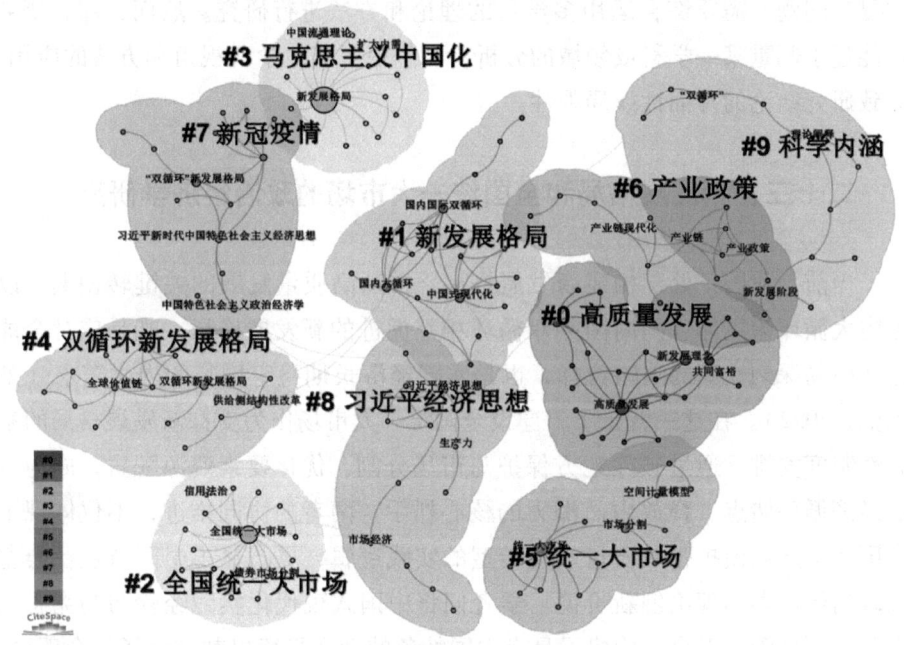

图 3-111　新发展格局和全国统一大市场研究的关键词聚类结果

基于 Cite Space 热点词突现图分析，自新发展格局提出以来，研究范式呈现政策驱动特征与理论演进轨迹（见图 3-112）。近十年研究呈现明显的政策驱动特征与理论演进轨迹。2020 年"双循环""国内大循环"等关键词的突增标志着研究重心向国家战略转移，学者聚焦经济循环体系重构，重点突破产业链韧性、市场分割等现实瓶颈。2022年后,"中国式现代化"与"习近平经济思想"形成理论制高点,研究转向新发展格局的意识形态属性与制度优势阐释,构建起"政治原则—经济规律—实践路径"的三维分析框架。2023年"科技创新"与"数据要素"凸显显示,数字经济赋能统一大市场建设的研究产出激增,学者着力解构要素市场化配置中的"技术—制度"协同机制。

关键词	年份	强度	起始年份	终止年份	2020—2025年
双循环	2020	5.30	2020	2021	
国内大循环	2020	2.26	2020	2021	
双循环新发展格局	2020	1.59	2020	2021	
全球价值链	2020	1.32	2020	2021	
数据要素	2022	1.40	2022	2023	
经济循环	2022	0.93	2022	2023	
全国统一大市场	2022	7.51	2022	2025	
中国式现代化	2022	3.58	2023	2025	
科技创新	2023	1.56	2023	2025	
习近平经济思想	2022	1.32	2023	2025	

图3-112 新发展格局和全国统一大市场研究的关键词突现结果

基于Cite Space机构合作网络分析,新发展格局和全国统一大市场研究形成核心机构引领跨校协同的格局(见图3-113)。以中国人民大学、北京大学经济学院和西南财经大学经济学院为核心,形成辐射全国的"三角研究网络"。其中,中国人民大学在"双循环"理论体系构建中发挥中枢作用,其与国务院发展研究中心等政策智库的深度合作,凸显理论研究与政策制定的双向赋能。值得注意的是,节点间的跨学科合作占比显著提升,如北京大学经济学院与法学院联合攻关市场法治化议题,中国人民大学引入复杂网络模型解析市场分割效应。这种"政治经济学+数据科学+法学"的交叉融合,推动研究从政策阐释转向机制解构,为构建中国自主的经济学知识体系提供了方法论创新。此外,作者图谱展示了关键学者及其合作网络(见图3-114)。

基于Cite Space共被引图谱,新发展格局和全国统一大市场研究的研究呈现核心学者群引领理论创新的特点(见图3-115)。以江小涓(2021)、刘志彪(2020—2021年)、黄群慧(2021)等构成的学术共同体形成密集共被引

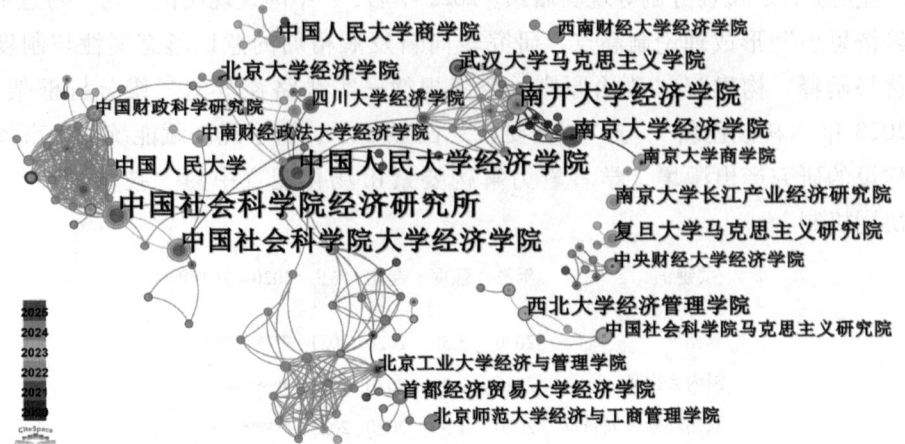

图 3-113　新发展格局和全国统一大市场研究的代表性机构

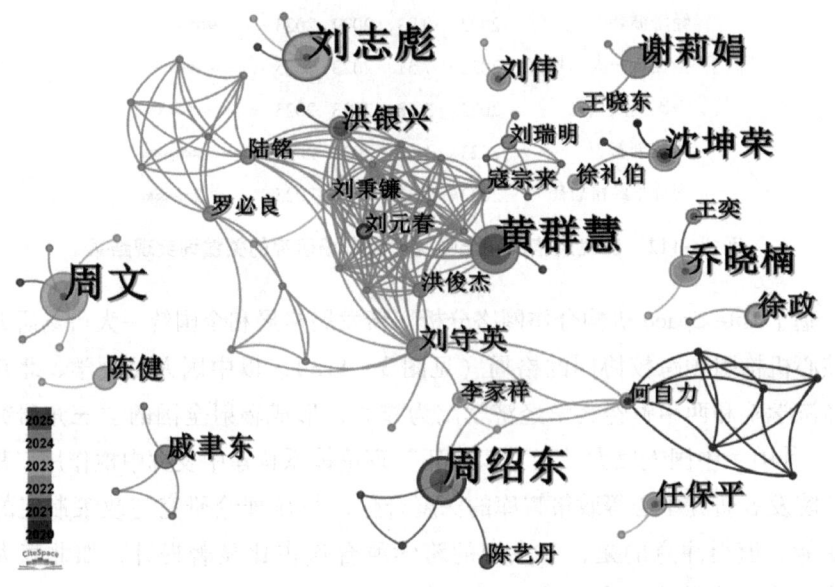

图 3-114　新发展格局和全国统一大市场研究的代表性作者

网络，其中，江小涓关于数字经济赋能双循环的论述被引频次最高，与王一鸣（2020）的"超大规模市场优势"理论、洪银兴（2021）的"区域协调机制"研究形成三角支撑。刘志彪连续两年的高频被引（2020年产业链安全、2021年统一市场制度成本）反映出研究议题的纵深拓展。此外，高培勇（2021）的财政体制改革研究与葛扬（2021）的要素市场化配置理论产生强共被引关系，揭示出"政治经济学+制度经济学"的跨学科融合趋势。

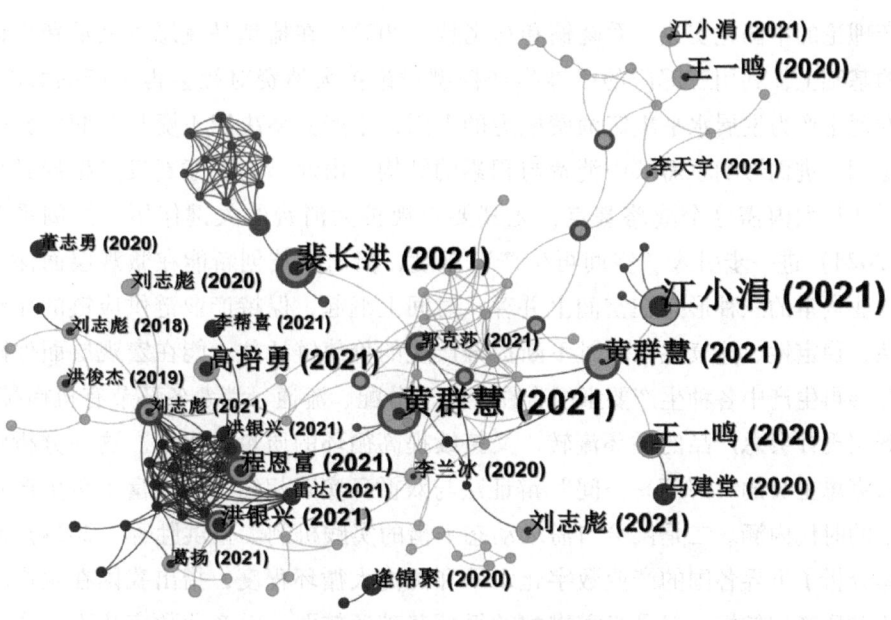

图 3-115　新发展格局和全国统一大市场研究的共被引文献

（二）新发展格局与统一大市场的理论基础

其一，统一大市场的理论内涵研究。一是要素市场化配置与制度性交易成本优化。统一大市场的理论基石在于通过制度性改革打破要素流动壁垒，从而实现"市场决定资源配置"的更高水平。石玉堂等（2024）提出，数据要素市场化配置通过提高流通效率、要素配置效率及对外开放水平内在路径进而影响全国统一大市场建设。对此，丁述磊等（2024）从就业入手，指出高质量充分就业有助于打通制约经济循环的关键堵点，促使生产、分配、流通、消费各环节更加畅通，对于推动建立全国统一大市场，构建新发展格局具有显著积极作用。二是破除地方保护与市场分割的路径。资本要素市场分割是当前我国构建全国统一大市场和新发展格局的关键堵点（何凡等，2024）。王明益等（2024）基于省际面板数据的实证研究发现，商品市场一体化和要素市场一体化水平的提升均能显著降低城市边界重污染地区企业的排污强度；商品市场一体化主要通过加强市场竞争和优化产业结构降低边界地区企业的排污强度，要素市场一体化则侧重通过降低企业边际成本、提高要素配置效率和绿色创新水平促进边界地区企业减排。

其二，新发展格局的政治经济学逻辑研究。一是双循环的马克思主义再生产理论框架。新发展格局的"双循环"战略本质上是马克思主义社会再生产理论的中国化实践。乔晓楠和马飞越（2022）在梳理马克思主义消费理论的基础上，利用三部门的线性生产模型讨论扩大消费对社会再生产的影响，发现生产力发展水平决定消费能力的上限，生产关系决定工资与利润的分配比例，进而影响总需求中消费与积累的结构，由此指出构建新发展格局必须抓住扩大内需这个战略基点，尤其要重视扩大消费的关键作用。江剑平等（2024）进一步引入"空间再生产"维度，指出科技创新能在微观层面保障产业资本的三种形态在空间上并存、时间上继起，保持产业链供应链的完整性、稳定性、连续性，同时不断提升产业的价值链地位；能在宏观层面保障社会再生产中各种生产要素组合在生产、分配、流通、消费各环节有机衔接，既实现社会总产品的循环流转，又持续提高循环的质量和水平。这一分析将马克思主义的"时间—空间"辩证法与双循环实践相结合，丰富了再生产理论的时代内涵。二是供给与需求动态平衡的实践机制。张洪胜等（2024）测算分析了世界各国的产业数字化水平和国内大循环程度，指出我国在生产端的循环基础较好，但最终需求端的循环基础还较弱，以产业数字化引领高质量需求、赋能供给体系质量提升、高质量推进第一产业和第二产业数字化转型、加快推进生产性服务业数字化转型，都有助于推进国内大循环建设。李丹和吕鑫萌（2023）基于贸易成本的视角，指出国内大循环初见规模，同时长三角地区及广州表现出国内大循环与国际循环"双振"的特点，在全国范围内保持领先地位，京津冀地区区域间循环更为畅通，成渝地区双城经济圈与长江中游城市群圈区域间贸易融合发展有待进一步提高。这一机制表明，中国特色的供需平衡并非被动适应市场，而是通过制度创新主动塑造市场，体现了社会主义市场经济"规划—市场"协同优势。

（三）统一大市场的建设机制与效应

其一，市场一体化的驱动因素研究。一是数字经济对市场分割的消解作用。数字经济通过技术赋能与平台整合，成为破除市场分割、推动全国统一大市场建设的关键驱动力。赵春明等（2024）研究表明，数字贸易对统一大市场建设具有先抑制后促进的"U"形影响；数字贸易通过物流渠道对统一大市场建设具有促进作用，但是企业效率通道因引致垄断而抑制统一大市场建设；开放水平对数字贸易推进统一大市场建设具有正向调节效应。周芸帆（2024）进一步指出，数字经济可通过推动全国统一大市场建设促进产业链现代化，有效削弱地方保护主义的生存空间，并且随着全国统一大市场建设水平的不断提升，数字经济对产业链现代化的促进作用显著增强。二是税收征管数字化与政务服务一体化的政策效果。税收征管数字化改革通过统一征管标准与信息共享机制，降低了跨区域经营企业的制度性成本。石绍宾等（2024）基于全国税收调查数据的实证分析发现，税收征管数字化对于统一大市场建设的促进作用主要是通过降低政府间税收竞争程度来实现的，这种促进作用在制度壁垒高、城市受省界影响程度高，以及地形起伏度高的地区更为明显。孙伟增等（2024）以"跨省通办"政务平台为例，证明政务服务一体化可显著提升要素流动性。这一机制不仅优化了营商环境，更通过打破区域政策差异，为市场主体的跨区域扩张提供了制度保障。

其二，要素流动与资源配置效率研究。一是数据要素流通对产业协同的促进作用。数据要素的跨域共享与标准化流通，正在重构产业链协同模式。张志等（2024）构建"数字经济—市场化—资源配置"的理论分析框架，发现中国城市数字经济发展显著改善了资源配置扭曲，并指出数字经济对资源配置扭曲的优化效应存在边际递减的非线性特征，且在优化效应的结构差异上存在"资本—产品—劳动力"的递进逻辑。郝爱民等（2024）聚焦流通数字化发展对全国统一大市场建设的影响，实证检验流通数字化赋能全国统一大市场建设的传导机制和异质特征，指出流通数字化发展能够通过加快创新要素流动、扩大企业规模、释放消费潜力等途径促进全国统一大市场建设。二是劳动力与资本跨区域流动的优化路径。劳动力流动障碍的破除与资本流动渠道的拓展，是统一大市场建设的重要维度。黄永颖等（2023）研究发现，统筹改革通过减少地级市之间养老保险政策差异和改善劳动力跨地市流动状况，大幅提升了地级市之间的劳动力市场一体化水平。其中，养老保险基金压力越小、外来劳动力占比越高的省份，省级统筹对劳动力市场一体化的促进作用越明显。申明浩和庞钰标（2024）指出，数字技术本身的新突破可以提高集团内部资本市场的治理效率，促进企业资本跨区域流动，且在数字产业化行业和非数字经济行业、同一经济圈以外以及市场分割程度较低地区，数字技术创新的赋能效果更加明显。

其三，统一大市场的经济增长效应。一是市场整合对全要素生产率的影响。统一大市场通过消除资源配置扭曲，显著提升了全要素生产率（TFP）。卞元超等（2024）基于地区技术多样化的视角指出，全国统一大市场建设能够形成多样化的市场需求和要素供给，这有助于促进地区的技术多样化发展，从而提升企业的技术复杂度，验证了"统一市场—创新扩散—生产率跃升"的作用链条。申杰等（2024）基于2003—2020年中国省级面板数据，考察了全国统一大市场建设对乡村振兴的作用机制，指出全国市场统一度每增加1

单位，乡村振兴指数大约增加 0.7423 个单位。二是区域协调发展的空间溢出效应。统一大市场建设通过要素再配置与产业梯度转移，激活了区域协同发展的正向溢出。王妍晴等（2024）聚焦空间溢出视角，指出我国区域数字创新呈现由东向西梯次递减格局，且具有显著的正向空间相关性；全国统一大市场建设水平的提升会显著促进区域数字创新能力提高，且全国统一大市场建设空间溢出效应是驱动区域数字创新能力提升的重要因素。韩笑和彭桥（2024）认为，深化区域产业分工和促进区域产业结构升级在统一大市场影响区域经济差距中发挥重要中介作用，商品市场和要素市场统一有利于区域产业分工和产业结构升级并存在互补效应，且能相互增强其对区域经济差距的影响。这种"效率—公平—可持续"三位一体的溢出效应，彰显了中国特色区域协调道路的制度优势。

（四）新发展格局的实践路径

1. 科技创新与产业链现代化研究

一是新质生产力驱动产业链韧性提升。新质生产力通过技术创新与组织变革，成为增强产业链韧性的核心动力。石建勋等（2023）阐述了产业链供应链韧性和安全水平的内涵及两者之间的内在联系，通过完善关键核心技术攻关的新型举国体制，加快构建产业链供应链动态评价机制，完善产业链供应链韧性管理体系，加速产业链供应链数字化转型，推动国内国际双循环相互促进。史丹等（2023）聚焦于技术转移，指出技术转移是促进创新链和产业链深度融合的关键纽带，高产业集聚水平、加强创新积累可以促进国内技术转出、国际技术转入对产业升级的正向作用，验证了"新质生产力—产业链闭环"的正向循环机制。二是数字技术与实体经济深度融合。数字技术对实体经济的赋能效应，正在重构传统产业的价值创造模式。张森等（2023）研究认为，城市数字经济发展对企业技术创新具有促进作用，尤其促进了企业的发明创新和实用新型创新，其中主要发挥作用的是融合应用维度和数字政府维度。

2. 扩大内需与消费升级研究

一是高质量就业与收入分配优化。高质量就业是扩大内需的基础，而收入分配改革则是释放消费潜力的关键。李标（2022）指出，新时代需求侧管理强调短期与中长期目标相互融合，总体目标的核心在于促进新发展格局加快构建、高质量发展模式顺利塑造；具体目标的内核是促进经济稳定增长、扩大社会需求规模、引导就业改善和牵引结构升级。特别指出，分配环节侧重以健全的三次分配机制为保障，优化分配结构、壮大中等收入群体。二是城乡融合与乡村振兴的市场基础。城乡要素双向流动机制的完善，为乡村振兴注入市场活力。李俊高（2023）基于城乡经济循环分析，认为要深化城乡要素市场化改革，搭建交易、服务、数字化的要素流动平台，挖掘农村消费潜力，促进城市居民消费水平升级，提高城乡供需结构适配度，并改善农村交通、物流、信息基础设施条件，畅通城乡供需循环。

3. 高水平对外开放与双循环联动研究

双循环并非内外市场的简单叠加，而是通过价值链升级实现深度协同。张建华等（2023）结合1995—2018年多区域投入产出数据，基于双循环视角构建产业结构变化的结构分解框架，指出国内循环变化是中国产业结构转型升级的主要影响因素：国内价值链结构变化和国内最终需求结构变化使得第一产业占比降低、第三产业占比上升、生产性服务业与实体经济逐渐走向深度融合，推动了产业结构转型和整体升级。任桐瑜等（2023）的实证研究表明，RCEP关税减让会促进中国整体经济发展和福利水平的上升，同时降低了阻碍商品流通和劳动力迁移的壁垒，不仅能够促进中国整体经济发展和福利水平的进一步上升，还能够缩小东部和中西部地区福利水平的差距。刘志彪和刘俊哲（2023）指出，欧共体（欧盟）、美国和俄国等经验表明，以区域市场一体化推进全国统一市场建设，其关键抓手在于促进区际商品要素资源的充分自由流动，以及建设四通八达的交通基础设施。在具体策略和路径上，要通过区域市场一体化的"极化""扩散"和"联通"，分步骤、分行业、分项目地推进全国统一大市场建设。

总言之，构建新发展格局与建设统一大市场，既是中国特色社会主义政治经济学的理论突破，也是全球经济治理转型的中国方案。新发展格局与统一大市场研究深化了中国特色社会主义政治经济学的范式创新，揭示了政策协同与制度优化的关键路径。未来需以新质生产力为核心引擎，推动科技创新与产业链现代化深度融合，加速数字化转型与绿色技术应用，为高质量发展注入持久动能。同时，通过深化要素市场化改革、破除制度性壁垒，进一步释放统一大市场的规模效应与协同潜力，在扩大内需中实现供给与需求的动态适配，在城乡融合与区域协调中夯实共同富裕的物质基础。

二十四、中国特色宏观经济治理的政治经济学研究

当前，我国正处于全面建设社会主义现代化国家的关键阶段，面对百年

未有之大变局与国内经济"双循环"新发展格局的深化推进,健全中国特色宏观经济治理体系成为国家战略的迫切需求。全球化逆流、技术革命冲击与高质量发展目标的多重挑战,要求我国在统筹发展与安全、效率与公平的框架下,构建更具韧性和适配性的治理模式。党的二十大报告明确将"完善宏观经济治理"作为深化改革的核心任务,凸显了其在国家治理现代化中的基础性地位。与此同时,中国式现代化道路为宏观调控理论创新提供了独特实践场域。传统西方宏观经济理论难以解释中国"有效市场与有为政府"协同发力的治理效能,而中国特色社会主义政治经济学通过供需双侧协同改革、跨周期与逆周期调节的动态平衡,推动了理论范式的突破。这种创新不仅体现在政策工具的组合优化上,更贯穿于以人民为中心的发展导向和制度优势转化的治理逻辑中。本部分立足新时代国家战略需求,系统梳理中国特色宏观经济治理的理论演进与实践经验,旨在为构建自主知识体系、提升全球治理话语权提供学理支撑,同时为新发展格局下政策协同与制度优化贡献决策参考。

(一) 研究概览:基于 Cite Space 的可视化分析

基于 Cite Space 关键词聚类图谱分析,2016—2025 年中国特色宏观经济治理研究呈现三大特点,即从政策效果评估转向制度优势理论化,从单一经济维度转向政治经济学综合视角,从国际经验借鉴转向本土理论建构(见图 3-116)。一是聚焦治理体系建构研究。围绕"宏观经济治理体系"核心节点,构建了包含制度优势转化机制、政府—市场动态平衡等要素的分析框架。研究强调中国特色的"制度型调控"模式,通过供给侧结构性改革与需求侧管理协同,形成超越西方"逆周期调节"的治理范式。高质量发展作为最大聚类,其研究从增长质量评估延伸到制度创新路径,揭示出发展方式转变与治理能力提升的辩证关系。二是关注政策工具箱创新。货币政策与财政政策协同研究形成明显知识群,学者们提出"结构性货币政策"概念,阐释定向降准、MLF 等工具在疏通传导机制中的特殊作用。研究突出中国宏观调控的"多维动态平衡"特征,既包含对经济周期波动的平抑,更注重解决结构性问题。疫情冲击下的政策响应机制研究进一步拓展了非常规政策工具的理论边界。三是推进理论范式革新。研究突破西方宏观经济学"技术中性"假设,构建中国特色社会主义政治经济学的分析范式。学者们通过"国家能力—市场效能"耦合模型,阐释新型举国体制在重大风险防范中的理论逻辑。对"有效市场—有为政府"的持续探讨,推动形成了具有中国特色的宏观经济治理话语体系。

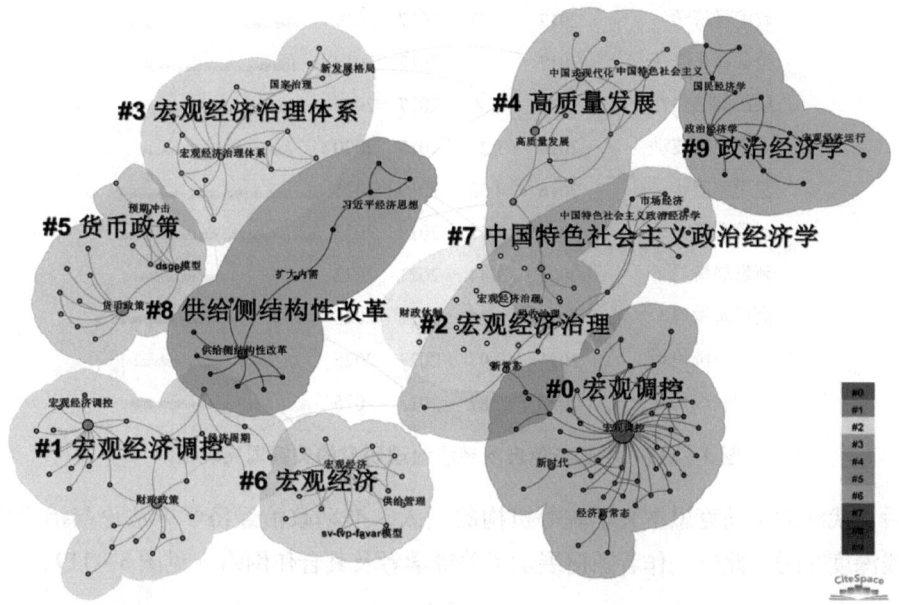

图 3-116　中国特色宏观经济治理研究的关键词聚类结果

基于 Cite Space 热点词突现图分析，研究焦点历经"政策工具探索—治理体系构建—理论范式突破"三阶段跃迁（见图 3-117）。早期研究（2016—2018 年）聚焦改革攻坚与结构优化，"供给侧结构性改革""全面深化改革"成为核心议题，着重破解传统增长模式的结构性矛盾。中期（2019—2020 年）研究转向政策工具创新，"货币政策""财政政策"的协同机制研究形成高峰，对应经济波动治理的现实需求。2021 年后研究呈现理论化转向，"宏观经济治理""中国式现代化"强势凸显，研究重心转向国家治理能力现代化理论建构。贯穿始终的"政治经济学"方法论（2017—2025 年）推动研究形成双重突破：一方面构建"新发展格局"与"高质量发展"的实践框架，另一方面通过"中国式现代化"概念突破西方治理理论范式。

基于 Cite Space 机构合作网络分析，中国特色宏观经济治理研究形成"核心引领—多元协同"的合作格局（见图 3-118）。以中国社会科学院经济研究所、中国人民大学经济学院和北京大学经济学院构成三极核心网络，形成跨机构知识生产的"铁三角"。三大机构主导了宏观经济治理基础理论创新。研究网络呈现显著的地域辐射特征：吉林大学数量经济研究中心与东北财经院校构成数量经济方法创新集群，中国财政科学研究院串联起北京高校政策评估研究网络，南京财经大学金融学院则成为长三角区域合作枢纽。2019 年

关键词	年份	强度	起始年份	终止年份	2016—2025年
政治经济学	2017	1.73	2017	2019	
全面深化改革	2017	1.47	2017	2018	
供给侧结构性改革	2017	1.39	2017	2018	
宏观经济波动	2018	1.22	2018	2020	
货币政策	2016	4.52	2019	2021	
财政政策	2016	1.57	2019	2023	
新发展格局	2021	3.44	2021	2022	
高质量发展	2018	1.26	2021	2025	
宏观经济治理	2021	10.97	2023	2025	
中国式现代化	2022	2.87	2023	2025	

图3-117 中国特色宏观经济治理研究的关键词突现结果

后，武汉大学马克思主义学院等机构的嵌入，推动政治经济学方法论与治理实践深度交融。此外，作者图谱展示了关键学者及其合作网络（见图3-119）。

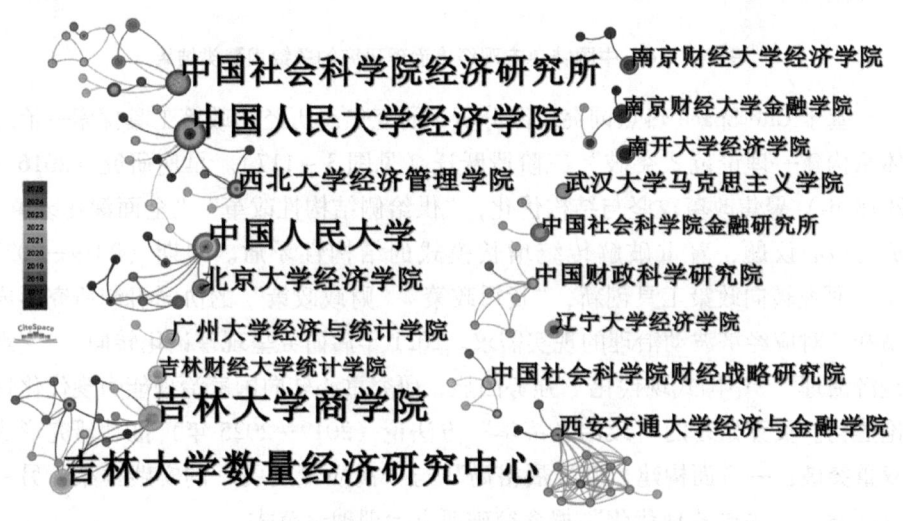

图3-118 中国特色宏观经济治理研究的代表性机构

基于 Cite Space 共被引图谱，中国特色宏观经济治理的政治经济学研究呈现"核心引领—脉络演进—主题聚合"的学术共同体特征（见图3-120）。余斌（2014）、陈杰（2015）和刘达禹（2016）构成核心知识节点，其奠基性研究形成了三大理论支柱：余斌关于宏观经济治理体系的理论建构、陈杰对政府与市场动态平衡的阐释，以及刘达禹在数量经济方法上的创新应用，共同支撑起"制度优势—政策创新—方法论"三位一体的研究框架。图谱中

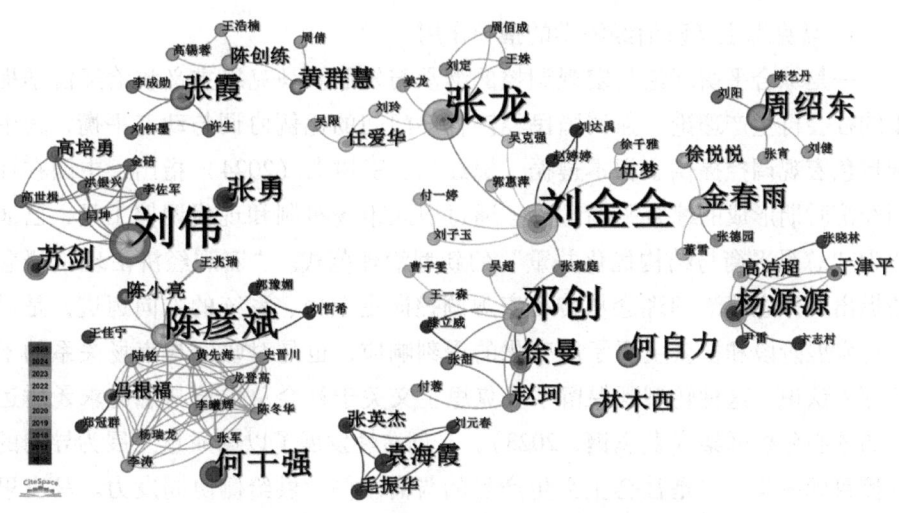

图 3-119　中国特色宏观经济治理研究的代表性作者

高频共被引文献集中揭示了三大前沿方向：新型举国体制下的政策协同机制、高质量发展评估指标体系构建，以及数字经济治理的政治经济学阐释。

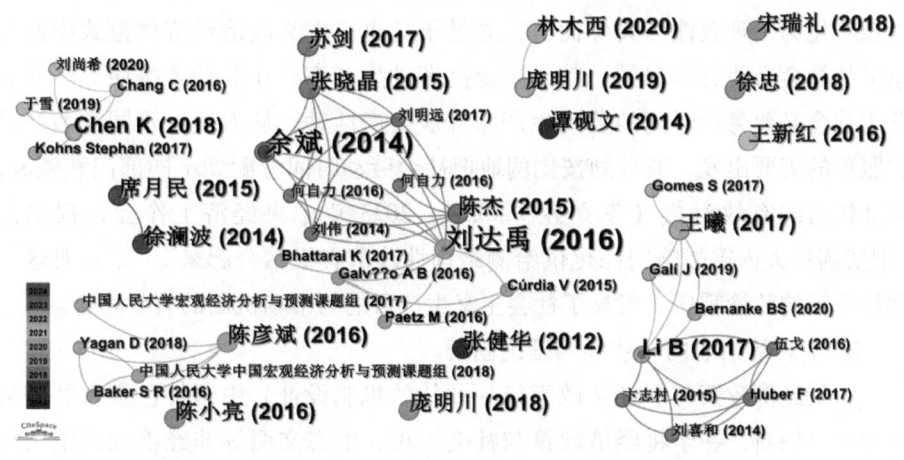

图 3-120　中国特色宏观经济治理研究的共被引文献

（二）中国特色宏观经济治理的理论基础

中国特色宏观经济治理体系的构建，植根于马克思主义政治经济学的理论基石，并在中国式现代化实践中实现了继承性突破与创新性发展。这一理论体系既遵循马克思主义关于社会再生产、综合平衡等基本原理，又通过本土化改造形成了具有鲜明中国特色的政策框架，为新时代宏观经济治理提供了科学指导。

1. 马克思主义政治经济学的指导作用

一是综合平衡理论与宏观调控的继承与发展。马克思主义政治经济学提出的社会再生产理论，强调国民经济各部门间的比例协调与动态平衡，为中国特色宏观调控提供了根本遵循。倪红福、王树森（2024）指出，中国在计划经济时期形成的综合平衡理论，通过引入市场机制和现代调控工具，已演化为"总量平衡与结构优化并重"的新型治理范式。"宏观经济治理"概念的提出，标志着治理理念从传统宏观调控向更全面、系统的方向迈进，是对经济发展阶段和社会主要矛盾变化的深刻响应，也是对政府与市场关系的不断深入认识。这种转型既保留了马克思主义关于社会总供给与总需求矛盾运动的核心分析框架（黄志钢，2023），又创造性发展了以高质量发展为导向的调控目标体系。二是社会主义生产目的与需求侧—供给侧协同发力。马克思主义政治经济学强调"满足人民需要"的社会主义生产目的，这一核心价值导向在中国特色宏观经济治理中具象化为需求侧管理与供给侧结构性改革的动态协同机制。刘伟（2024）提出，中国特色的供需协同改革突破了西方经济学的需求管理单维主导的局限，通过制度创新将"以人民为中心"的发展思想转化为治理效能。具体而言，立足于马克思主义政治经济学范式中两种意义的社会必要劳动时间，就是要提高劳动生产率，让劳动者按照等于或者低于社会必要劳动时间的劳动生产率开展生产活动；从人民对不同类型产品和服务的需要出发，有计划按比例地把社会劳动时间分配到不同部门和领域，保证供需的有效对接（王立胜，2023）。2023年中央经济工作会议提出的"把实施扩大内需战略同深化供给侧结构性改革有机结合起来"，正是对这一理论逻辑的政策呼应，彰显了社会主义生产目的与市场机制的有效融合。

2. 宏观政策取向一致性的理论创新

一是经济政策与非经济政策统一评估的机制设计。中国特色宏观经济治理的突出创新，在于将经济政策与社会治理、生态文明等非经济政策纳入统一评估框架。陈小亮（2025）指出，为确保宏观政策取向一致性评估高效推进，需要构建科学的评估体系并成立专门的评估机构，基于"统一评估＋自评估"的评估模式，对宏观政策取向一致性进行事前、事中、事后全覆盖评估。二是跨周期与逆周期调节的辩证统一。中国宏观调控体系通过制度创新破解了西方经济学"短期稳定与长期增长难以兼顾"的理论困境。张霞等（2024）提出的"跨周期调节工具箱"理论，揭示了我国在应对经济波动时的独特治理逻辑：一方面运用逆周期工具平抑短期波动，如通过专项债发行对冲经济下行压力；另一方面通过科技创新基金、新型基础设施建设等跨周期安排培育长期增长动能。党的二十大提出的"加强财政、货币、就业、产业等政策协调配合",正是这一辩证思维在政策层面的具体体现。

(三) 中国特色宏观经济治理的体系构建

中国特色宏观经济治理体系的构建,以中国式现代化为实践场域,通过目标设定、政策创新与制度改革的协同联动,形成了兼具战略定力与动态适应性的治理框架。这一体系既汲取了国际经验,又立足于中国制度优势,展现出鲜明的本土化特征。

1. 国际比较与中国经验

中国的发展规划战略导向区别于西方"自由放任"或"强干预"模式,形成"战略规划引领+市场活力激发"的双轮驱动机制。韩喜平和雷书天(2025)指出,国家发展规划的战略导向作用在规范目标路径、优化资源配置、提升安全水平和增进民生福祉等方面,为健全宏观经济治理体系提供核心指引,实现了长远目标阶梯化与市场预期稳定化的有机统一。这种战略导向的独特性,在拉美国家因政策短视导致"中等收入陷阱"的对照下更具启示价值(张勇,2024)。有效市场与有为政府的结合,则是中国治理效能的核心密码。白永秀和吴杨辰浩(2025)通过制度经济学分析发现,我国政府通过产业政策引导市场主体的"竞争前合作",既避免了"市场失灵"导致的创新动力不足,又规避了"政府俘获"风险。黄群慧和周倩(2024)进一步强调,中国式宏观经济治理现代化要求健全宏观经济治理体系,加快建设现代财政金融体系,强化货币政策、宏观审慎政策和金融监管协调,全面完善科技创新制度和组织体系,完善产业政策和区域政策体系,以一流营商环境建设为牵引持续优化政府服务,推动有为政府与有效市场更好结合。

2. 目标体系的多维协同

中国特色宏观经济治理突破传统"增长优先"范式,构建了高质量发展、安全稳定与共同富裕的三维目标协同体系。赵峰等(2025)指出,有六组重要关系需要正确认识,包括短期周期波动和长期经济增长的关系、宏观总量调控和经济结构优化的关系、"全国一盘棋"和区域协调发展的关系、发展新质生产力和实现共同富裕的关系、国内宏观调控和国际政策协调的关系、有效市场和有为政府的关系。李炜光、臧建文(2024)提出,基于财税体制与宏观经济运行的内在传导机理,新一轮财税体制改革应聚焦于预算制度、税收制度以及央地关系调整等方面,并以此推动进一步全面深化改革,赋能宏观经济治理体系的健全与完善。

3. 政策工具的集成创新

在政策工具层面，中国创新性地将结构性货币政策与税收转移支付相结合，形成"精准滴灌+普惠覆盖"的复合调控模式。马理等（2025）的多部门 DSGE 模型模拟显示，结构性货币政策可以促进高端消费品的生产，为居民消费结构升级提供物质基础；对高收入家庭的适当征税和向低收入家庭的转移支付相结合的机制，可以约束高收入家庭的过度高消费和促进低收入家庭的消费结构升级，减少政府支出和降低调控成本。数字技术驱动治理能力现代化，则重塑了政策传导机制。刘航等（2024）证实，数字要素部门的资本积累对总产出增长有棘轮效应；一旦发生负向的需求冲击，数字经济将有助于宏观经济保持韧性，避免短期总产出大幅减少；数字要素部门的相对独占性将可能削弱扩张性需求管理的政策效果。魏琪嘉（2022）认为，推动政府数字化、智能化运行，涉及重要管理事项流程的改造、重塑，为此，找准数字政府建设与提升宏观经济治理效能的完美结合点，是将技术优势、管理优势、组织优势转化为发展优势的必经途径。

4. 制度保障的深化改革

财税体制改革聚焦央地关系优化，周波和杨李路（2024）聚焦新一轮财税体制改革中完善财政体制的相关部署和安排，指出建立权责清晰、财力协调、区域均衡的中央和地方财政关系是完善财政体制的具体目标，新一轮财税体制改革将主要通过增加中央政府事权和支出责任、增加地方政府财权和财力、完善政府间转移支付体系等推进落实。岳树民（2024）认为，优化税制结构主要通过完善地方税体系、健全直接税体系，优化税收体系结构；完善增值税制、消费税制、个人所得税制和企业所得税制，优化主体税种；规范税收优惠、完善体制机制，优化税收支持政策和支持机制。金融体制改革则以风险防范为核心导向。李天一和齐文浩（2024）指出，深化金融体制改革可以通过深化金融供给侧结构性改革、促进金融与实体经济深度融合、强化金融监管与风险防范体系、加强政策协同与国际合作来推动宏观经济治理体系的健全。陈雨恬等（2024）基于预期引导这一研究视角，发现我国金融市场的预期传导过程存在着显著的不对称现象，市场对悲观预期更为敏感，同时在国内外风险冲击下，我国宏观经济整体呈现较好韧性，而金融系统对风险冲击的抵御能力也出现了持续性的提升，金融市场韧性不断增强，这进一步佐证了我国经济韧性强、长期向好的基本面不会改变。

（四）中国特色宏观经济治理实践与政策路径

中国特色宏观经济治理的实践路径既聚焦核心领域的制度创新，又注重特殊情境下的动态适应性调整，形成了"常态治理"与"应急治理"协同推进的政策框架。这一路径通过结构性改革与精准施策，实现了治理效能与发展目标的深度契合。

1. 核心领域的治理创新

一是增值税改革与宏观税负稳定。增值税作为我国第一大税种，其改革对优化税制结构、稳定宏观税负具有关键作用。罗志恒等（2024）指出，国内增值税收入占我国税收总收入的比重2017—2023年处在36%—40%，比位列第二的企业所得税占比高出12—17个百分点。增值税是我国税收总收入的"压舱石"，对稳定宏观税负有决定性作用，但是目前我国的增值税制度仍存在职能定位不清、立法进展相对缓慢、税收中性有待提升、政府间收入分享机制不尽合理等问题。2013年以来，我国各口径的宏观税负水平持续下降，当前我国宏观税负已处于历史低位，虽然对减轻企业和居民负担、激发经济发展活力起到了一定的积极作用（胡海生等，2021），但削弱了增值税筹集财政收入的职能。因此，应从优化增值税职能定位、积极推动增值税立法进程、增强增值税税收中性和优化政府间增值税收入分享机制等方面进行改革。二是消费结构升级与内需扩大。在构建新发展格局的背景下，消费驱动成为宏观经济治理的核心发力点。马理等（2025）的实证研究表明，我国通过"供给创造需求"与"需求牵引供给"的双向互动，推动消费结构从生存型向发展型跃迁。张杰（2023）提出了"产业政策＋金融政策＋财政政策＋货币政策"的"四位一体式"的中国特色宏观经济调控政策体系及其新型组合，围绕稳定和促进未来潜在经济水平增速、促进国民收入结构优化升级和消费结构优化升级、实现高水平科技自立自强和构建全球最为前沿创新型国家为建构方向。金春雨和徐悦悦（2023）利用多元方向分位数向量自回归模型，检验不同强度的财政政策对货币政策调控经济增长、物价稳定、债务可控三大经济目标有效性的影响，指出应优化财政支出结构，保持生产性支出与消费性支出的合理比例，在多重目标中寻求动态平衡，以期健全宏观经济治理体系。政策工具创新方面，冯明（2023）认为，应由传统的"投资主导＋广义政府部门主导"模式向更加健全的"投资消费并重＋政府企业居民三部门均衡"模式过渡：在需求侧调控的基础上，更加重视供给侧因素，围绕保市场主体和保障产业链供应链稳定加快建立健全供给侧财税政策的理论框架和政策体系；在稳投资的基础上，更加重视消费在稳经济中的作用，加快健全针对居民部门稳消费、促消费、扩消费的财税政策支持体系。

2. 特殊情境的应对策略

一是预期引导与韧性提升。在经济不确定性加剧的背景下，预期管理成为宏观调控的新维度。陈雨恬等（2024）从"预期韧性"入手，表明乐观预期传导强度的走高与悲观预期传导强度的转弱均能显著提升我国宏观经济与金融市场的韧性。金春雨和徐悦悦（2022）检验了引入汇率预期后实际汇率波动对宏观经济目标影响效应的变化，指出在预期引导下，汇率预期对促进经济增长和平衡国际收支的调控更有效，实际汇率波动对稳定物价和促进就业的调控更有效。韧性建设方面，丁守海（2020）指出，要培育新动能，变韧性优势为发展优势，应基于完备的产业体系，通过产业升级打造新的产业动能，同时推动巨大的消费潜力转化为真正的消费能力。二是新经济形态的适应性治理。面对数字经济、平台经济等新业态的迅猛发展，我国创新性地采用"包容审慎"治理原则。蔡万焕和张紫竹（2022）深入研究了平台经济的运行规律，指出要着力完善平台经济监管政策，引导平台企业有序发展；利用大数据掌握需求侧的变化，推进供给侧结构性改革；注重系统统筹，提高产业政策的有效性和全局性；利用动态监测机制，优化社会分配格局。戴双兴（2020）指出，构建以数据为关键要素的数字经济，要完善数据要素产权界定，着力打破"数据孤岛"困境，健全数据要素参与分配机制，提升数据要素市场治理效能，推进产业数字化和数字产业化。

中国特色宏观经济治理体系的构建与完善，是中国式现代化道路在经济学领域的重大理论与实践创新。这一治理体系以马克思主义政治经济学为理论根基，通过综合平衡理论与供需协同机制的动态调适突破了西方宏观经济理论的单一维度局限。在实践层面，中国特色的"战略规划引领＋市场活力激发"模式，以及有效市场与有为政府的深度结合，不仅成功应对了全球化变局与国内转型的双重挑战，更在高质量发展、安全稳定与共同富裕的多维目标协同中彰显制度优势。未来可重点探索碳中和目标下的绿色治理机制、开放型经济风险防控体系等新领域，同时强化政策取向一致性的动态评估框架。

二十五、"一带一路"开放型经济的政治经济学研究

"一带一路"倡议作为中国推动构建人类命运共同体的重要实践，为全球经济复苏和可持续发展提供了新机遇。然而，随着倡议的深入推进，其在全球经济治理中的作用日益凸显，同时也面临着诸多挑战，如地缘政治风险、

文化差异和国际舆论压力等。学术界围绕"一带一路"倡议在全球经济治理中的作用展开研究,不仅有助于揭示其在促进国际合作和推动全球经济增长方面的积极影响,还能为应对全球性挑战提供新的思路和方法。通过分析"一带一路"倡议在推动多边合作、构建新型国际关系、促进可持续发展等方面的具体实践,可以为全球经济治理提供有益的借鉴和启示,进而提升中国在全球经济治理中的影响力,为构建更加公平、合理、有效的全球治理体系贡献中国智慧和中国方案。

(一)研究概览:基于 Cite Space 的可视化分析

关键词揭示了研究的聚焦点。针对"一带一路"倡议相关研究的集中度,利用 Cite Space 软件进行关键词聚类分析(见图 3 - 121)。图 3 - 121 直观地揭示了这一议题所涉及的重要主题及其相互关系,为我们提供了一个全面理解该领域研究现状的框架。其中,"一带一路"作为该主题的核心概念,其研究一直是该领域的热点和重点。此外,"数字经济""产业转移""引力模型"等关键词的频繁出现,表明"一带一路"倡议的研究需要结合现代经济发展的新趋势,以数字经济和产业转移为文本基础探寻"一带一路"倡议的实践发展。与此同时,"公共产品""中国"等关键词的出现,反映了"一带一路"倡议理论研究的重心在于考察倡议在不同国家和地区的实践效果,以公共产品和中国经验为重要切入点阐释"一带一路"倡议在全球经济治理中的特性和行为规律。

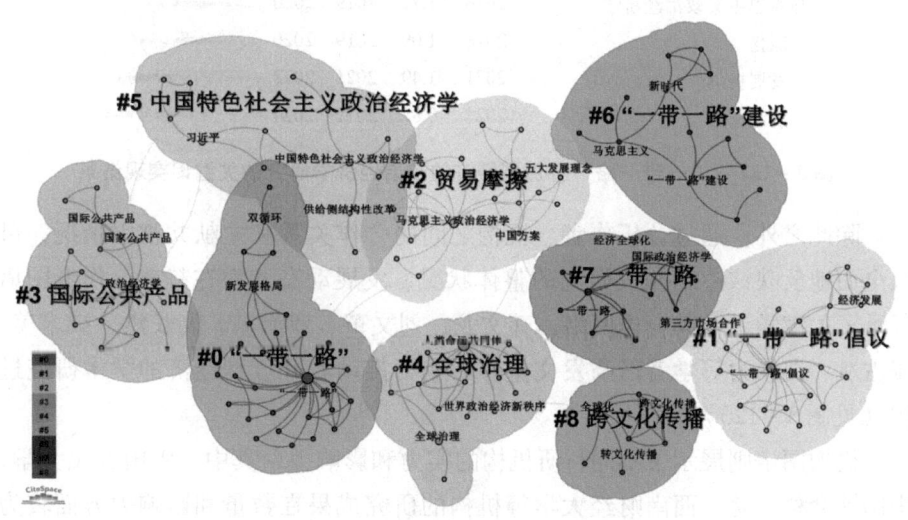

图 3 - 121　"一带一路"开放型经济的政治经济学研究的关键词聚类结果

在关键词聚类分析的基础上，利用关键词突现图（见图3-122）可以直观地分析2016—2024年的阶段性热点主题。图3-122揭示了这一时期成为研究热点和前沿主题的前十大关键词。这些关键词的引用爆发强度和时间段表明了学术界对特定议题的关注程度和研究趋势。2016年，"中国特色社会主义政治经济学"成为研究热点，其在2017年居于首位，表明学术界对其高度关注，它为理解和解决中国经济社会发展中的重大问题提供了理论支撑。2017年，"共词分析""供给侧结构性改革"等关键词出现引用爆发，反映出学术界对文献计量学方法的应用以及对经济改革等议题的探讨。2018年，"人类命运共同体""全球化"等关键词的引用爆发，体现了学术界对全球议题的深入研究。2021年，"新发展格局""发展经济学"等关键词成为新热点，既贴合中国经济社会发展的新阶段和新需求，又体现了学术界对经济学研究的不断拓展和深化。这些研究热点不仅展现了学术界对当前经济社会现象的敏锐洞察，也为政策制定和实践提供了理论支持和指导方向。

关键词	年份	强度	起始年份	终止年份	2016—2024年
中国特色社会主义政治经济学	2016	1.43	2016	2017	
习近平	2017	2.07	2017	2018	
共词分析	2017	0.78	2017	2018	
供给侧结构性改革	2017	0.77	2017	2019	
人类命运共同体	2018	1.15	2018	2019	
全球治理	2018	0.80	2018	2019	
马克思主义政治经济学	2016	1.71	2019	2020	
全球化	2018	1.09	2019	2020	
新发展格局	2021	1.49	2021	2022	
发展经济学	2021	0.82	2021	2024	

图3-122　"一带一路"开放型经济的政治经济学研究的关键词突现结果

除此之外，通过分析作者、机构之间的合作关系和文献共被引情况，可以全面地反映该主题相关研究的整体状况、发展动态和潜在趋势。作者图谱展示了关键学者及其合作网络，韩文龙、刘文革、罗润东、裴长洪、臧术美、张占斌、白暴力等学者以高发文量和影响力推动着开放型经济的学术研究进程（见图3-123）。

机构图谱则展示了不同科研机构的实力和影响力，其中，中国人民大学、中国社会科学院、西南财经大学等机构的研究成果在数量和影响力方面较为领先（见图3-124）。

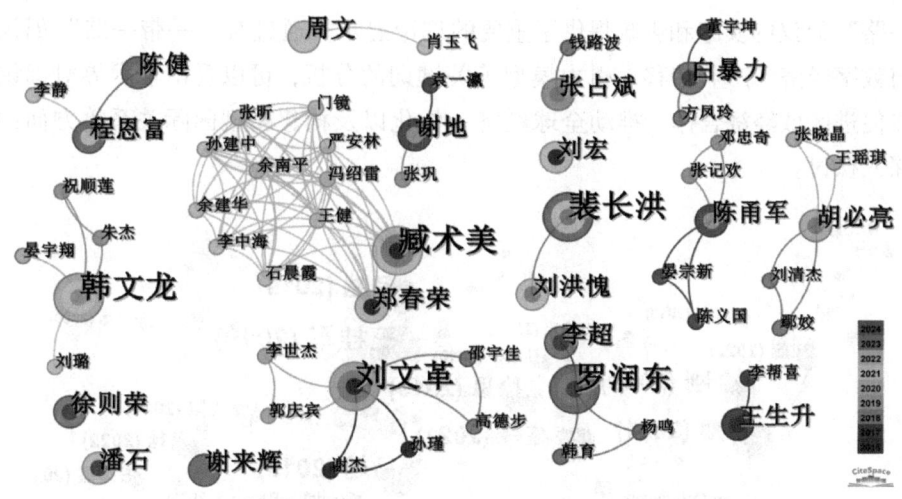

图 3-123 "一带一路"开放型经济的政治经济学研究的代表性作者

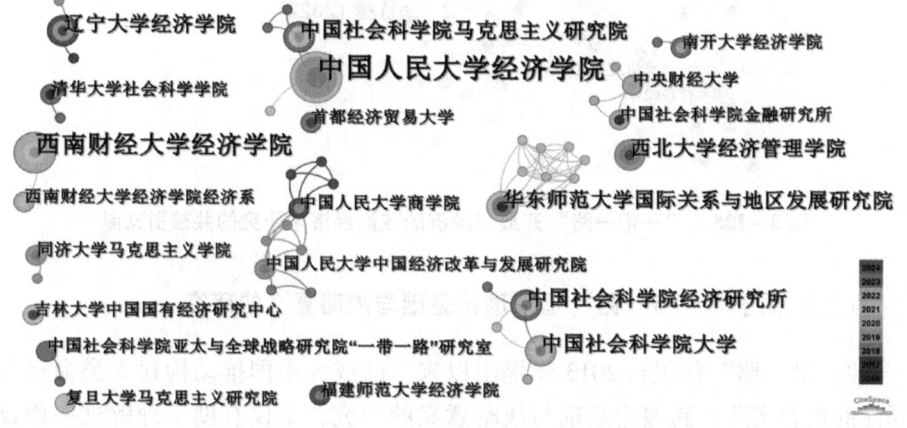

图 3-124 "一带一路"开放型经济的政治经济学研究的代表性机构

共被引图谱则表明了该主题的代表性文献（见图 3-125）。其中，《金融发展与"一带一路"沿线国家绿地投资——基于母国和目标市场特征的异质性分析》（吕越等，2019）、《"一带一路"倡议的全球价值链优化效应——基于沿线参与国全球价值链分工地位提升的视角》（戴翔、宋婕，2021）、《"一带一路"倡议与中国企业融资约束》（徐思等，2019）、《中国企业对"一带一路"沿线国家的交通投资效应：发展效益还是债务陷阱》（金刚、沈坤荣，2019）等文章受到重点关注。上述研究基本涵盖了"一带一路"开放型经济的政治经济学研究的多个关键领域，包括倡议的理论基础、实践意义以及在全球经济治理中的作用等。这些研究为理解社会主义市场经济条件下"一带一路"倡议的实施和影响提供了重要的理论启示。通过对"一带一路"倡议与数字经济、产业转移、引力模型等关键词的分析，可以看出学术界对倡议在促进区域经济合作、推动全球经济一体化以及构建新型国际关系等方面的深入探讨。

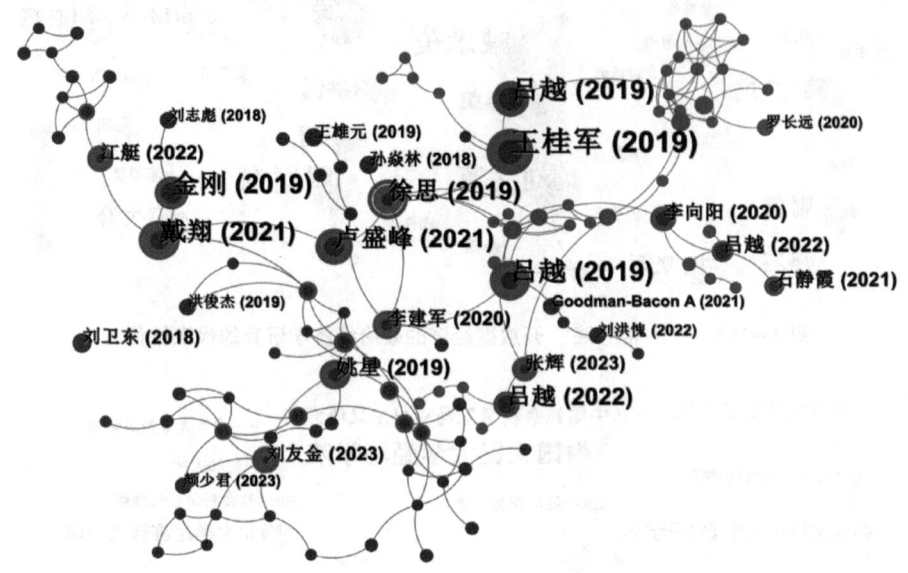

图3-125 "一带一路"开放型经济的政治经济学研究的共被引文献

（二）关于"一带一路"倡议理论基础与战略意义的研究

"一带一路"倡议自2013年提出以来，已成为中国推动构建人类命运共同体的重要实践。其理论基础与战略意义的研究，不仅有助于理解这一倡议的深远影响，也为全球经济发展提供了新的视角和思路。早期的研究主要集中在对"一带一路"倡议的理论基础和战略意义的探讨上，这些研究为后续的深入分析奠定了坚实的基础。

1. 理论基础的探讨

"一带一路"倡议的理论基础可以从多个维度进行探讨，其中马克思主义政治经济学提供了重要的理论框架。例如，张前（2016）从国际政治经济学的角度，对"一带一路"倡议进行了专题研讨，认为"一带一路"倡议是中国在全球化背景下推动区域经济合作的重要举措，有助于提升中国在国际经济中的地位。周文和方茜（2015）则从政治经济学的角度，探讨了"一带一路"倡议的理论依据和实践意义，认为这一倡议的提出不仅有利于中国与发展中国家之间形成新的生产关系，而且可以更好地通过资本输出实现合作共赢。裴长洪（2016）认为，"开放型经济"理论继承马克思主义基因，扎根中国实践，创新相关理论，涵盖完善开放体系、构建新体制、培育新优势及参与全球治理等内容。濮灵（2018）指出，构建开放型经济新体制是习近平新时代中国特色社会主义经济思想的重要内容，承载理论、制度与动力创新，立足全球化背景与新时代国情，破除体制机制弊端，落实改革目标，加强党对经济工作的领导，为我国发展更高层次开放型经济、建设现代化经济体系指明方向，也为开放型世界经济贡献中国智慧。进一步来看，陈甫军等（2024）认为，"一带一路"倡议是习近平新时代中国特色社会主义经济思想的实践发展与理论创新的重要体现，为推动中国式现代化提供了重要支撑。这一观点进一步深化了对"一带一路"倡议理论基础的理解，强调了其在新时代中国特色社会主义经济思想中的重要地位。张开等（2020）认为，习近平新时代中国特色社会主义经济思想作为中国特色社会主义政治经济学的最新理论成果，是我国政治经济学理论界的研究热点，聚焦推动经济工作能力现代化、坚持以人民为中心、构建生态文明制度体系、建设现代化经济体系及坚持稳中求进方法论五个方面。韩文龙和刘璐（2021）认为，党的十九届四中全会从所有制、收入分配制度和市场经济体制三个方面对中国特色社会主义基本经济制度进行新概括，丰富了当代马克思主义政治经济学基础理论。在此基础上，党中央、国务院颁布《关于新时代加快完善社会主义市场经济体制的意见》，为系统推进改革、构建高水平社会主义市场经济体制提供指导。通过这些研究，学术界逐渐形成了对"一带一路"倡议的全面认识，认为其不仅是经济合作的平台，更是推动全球经济发展和构建人类命运共同体的重要途径。

2. 战略意义的分析

"一带一路"倡议的战略意义在于其对全球经济格局的深远影响。洪银兴（2021）认为，国民经济循环由再生产各环节共同作用形成，新时代我国经济循环从外循环为主转向内循环为主，需结合扩大内需战略与供给侧结构性改革，加快培育内需体系并推进产业链现代化，促进产业链与创新链深度融合。在此基础上，国际、国内双循环相互促进的新发展格局要求我国开放型经济从传统出口导向型转向内需型，着力发展创新导向的开放经济。陈伟雄（2018）指出，习近平总书记关于新时代中国特色社会主义对外开放的重要论述，作为中国对外开放领域马克思主义政治经济学的最新发展，包含主动、全面、双向、共赢等丰富内涵，为我国扩大开放提供理论指南，也为全球经济治理体系改革、构建人类命运共同体、推动全面开放新格局作出贡献。梁昊光（2024）从国际政治经济学的视角，分析了"一带一路"倡议对全球治理的贡献，认为"一带一路"促进了均衡型全球价值链分工格局的形成，改善了发展中国家在国际生产网络和财富分配中的地位。裴长洪（2023）则从马克思主义政治经济学的角度，探讨了"一带一路"倡议的理论创新，认为这一倡议是马克思主义政治经济学理论中国化和时代化的重要成果。这些研究进一步揭示了"一带一路"倡议在全球经济治理中重要作用，强调了其在推动多边合作、促进全球经济平衡发展方面的积极影响。韩保江和项松林（2017）从政治经济学视角探讨了"一带一路"倡议中的供需关系、博弈风险及互信共享问题，指出其战略价值在于实现供需耦合，但实施中面临诸多风险挑战，需通过扩大战略互信与共享发展来增强战略保障，以推动倡议更好发展。此外，罗润东和李超（2017）通过文献计量分析，指出"一带一路"建设已成为我国经济学研究的重要热点领域，其研究紧密围绕经济运行的新特征和国家经济发展战略展开。这些研究不仅揭示了"一带一路"倡议在促进区域经济合作中的重要作用，还强调了其在全球经济治理中的创新性贡献。这些研究进一步丰富了"一带一路"倡议的理论内涵，强调了其在促进全球公共利益和推动可持续发展方面的重要作用。

3. 理论与实践的结合

"一带一路"倡议的理论基础与战略意义的研究，不仅停留在理论层面，还注重与实践的结合。例如，何自力（2019）认为，新中国成立70年来形成的中国模式，由社会主义基本经济制度、市场经济体制、共享导向分配体制、绿色发展体制、开放型经济体制及党对经济工作的集中统一领导体制等要素构成，具有显著的制度优势。李曦辉等（2024）认为，新质生产力的发展是"一带一路"倡议的重要理论与实践价值，科学技术创新对生产力要素结构、生产力组织形态、生产力运行机理和经济发展态势，都会产生深刻影响。程恩富和陈健（2023）也指出，发展新质生产力对于加速推进中国式现代化意义重大，而"一带一路"倡议为新质生产力的发展提供了广阔的空间。这些研究不仅揭示了"一带一路"倡议在推动科技创新和产业升级方面的重要作用，还强调了其在促进全球经济高质量发展方面的积极贡献。

进一步来看，谢来辉（2023）从农业合作的角度，分析了"一带一路"框架下农业合作的国际政治经济学意义，认为这一合作不仅有助于实现共同发展目标，还能有效应对国际地缘格局的变化。这些研究进一步丰富了"一带一路"倡议的理论内涵，强调了其在促进全球公共利益和推动可持续发展方面的重要作用。通过这些研究，学术界逐渐认识到"一带一路"倡议不仅是经济合作的平台，更是推动科技创新和产业升级的重要途径，为全球经济发展提供了新的动力。

（三）关于"一带一路"倡议在全球经济治理中的作用的研究

随着"一带一路"倡议的不断推进，学者们开始关注其在全球经济治理中的重要作用。近年来，学术界从多个角度对"一带一路"倡议进行了深入研究，揭示了其在推动全球治理变革、促进国际合作、构建新型国际关系等方面的深远影响。

1. 促进全球价值链分工格局的形成

"一带一路"倡议通过加强基础设施互联互通、推动国际经济合作，促进了均衡型全球价值链分工格局的形成。李琼和薛雨西（2020）指出，新中国成立以来，中国从制造业开放到服务贸易开放，从货物服务开放到制度型开放，从经济全球化参与者到推动者，走出了一条从以开放促改革到构建人类命运共同体的中国特色新型开放发展之路。梁昊光（2024）指出，"一带一路"倡议不仅提升了发展中国家在全球生产网络中的地位，还改善了财富分配的不均衡现象。具体而言，"一带一路"倡议通过基础设施建设、贸易投资便利化等措施，帮助发展中国家更好地融入全球价值链，提升了其在全球经济中的作用和地位。

2. 推动新型全球治理模式的构建

"一带一路"倡议以共商、共建、共享为原则，提出了新型全球治理模式。裴长洪（2023）从马克思主义政治经济学的角度，探讨了"一带一路"倡议的理论创新，认为这一倡议是马克思主义政治经济学理论中国化和时代化的重要成果。刘洪愧（2021）认为，"双循环"新发展格局是应对全球变局的重大战略，其理论基础源于马克思主义政治经济学。剩余价值理论和世界市场理论分别揭示了"国内大循环"与"双循环相互促进"的逻辑，中国共产党结合时代背景形成了中国化的经济循环理论，改革开放实践印证了其科学性。

3. 应对全球性挑战的实践路径

"一带一路"倡议通过兼具包容性和实用主义的治理方案，为应对全球性挑战提供了实践路径。裴长洪（2022）认为，总结中国对外开放成就需立足中国立场，坚持独立自主，形成中国开放型经济学理论体系，以区别西方主流国际经济学。林盼（2021）指出，统筹发展与安全是应对全球化逆流和单边主义的现实需要，也是经济新常态的客观诉求。需在新发展格局下协调发展与安全，构建"新型举国体制"推动国内大循环，同时构建开放型新体制，参与全球经济治理，实现包容性增长。乔晓楠和王奕（2023）从人类命运共同体的角度，探讨了"一带一路"倡议的政治经济学意义，认为这一倡议为世界发展增添新动力，为全球经济治理带来新理念。杨立国（2019）指出，新发展理念是破解我国经济难题的关键，坚持党对经济工作的统一领导和以人民为中心的发展理念是解决社会主要矛盾的必然要求。

二十六、中国式现代化和人类文明新形态的政治经济学研究

中国式现代化是具有中国特色的现代化道路，它不仅推动了中国社会的全面发展，还为人类文明新形态的构建提供了新的理论与实践范式。中国式现代化以马克思主义基本原理为指导，立足于中国国情，通过经济、政治、文化、社会和生态文明建设的协同发展，实现了物质文明与精神文明的有机统一。这一现代化道路强调以人民为中心的发展思想，注重共同富裕的实现，致力于构建人类命运共同体。近年来，学界围绕中国式现代化与人类文明新形态的政治经济学研究取得了显著进展，学者们从不同视角探讨了这一主题的理论内涵与实践意义。

（一）研究概览：基于 Cite Space 的可视化分析

关键词揭示论文的聚焦点。针对最近十年来中国式现代化和人类文明新形态的政治经济学研究集中度，利用 Cite Space 软件进行关键词聚类分析（见图3-126）。该关键词聚类图谱直观地呈现了中国式现代化与人类文明新形态政治经济学研究的关键议题及其内在关联，为系统性地把握该领域的研究脉络提供了一个清晰的分析框架。具体而言，相关研究主要沿着两条路径展开：其一，在"马克思政治经济学"视域下，围绕"中国式现代化"与"人类文明新形态"的内在逻辑关联展开探讨，深入剖析两者在理论渊源与实践路径上的耦合机制，这体现了马克思主义基本原理同中国具体实际相结合、同中华优秀传统文化相结合的理论创新逻辑；其二，聚焦于高质量发展的"五位一体"总体布局所涵盖的文明形态，即"物质文明""政治文明""精神文明""社会文明""生态文明"，对其各自的生成逻辑及其相互作用机制展开系统研究。此外，"人类文明新形态"作为该主题的核心关键词，其出现与发展中国式现代化这一重大战略主题紧密相连。中国式现代化的推进必须契合人类文明新形态的构建要求，而人类文明新形态的塑造也需依托中

国式现代化的实践路径，两者相辅相成。因此，为实现人类文明新形态的高质量构建，必须进一步深化体制机制改革，形成与之相适应的中国式现代化发展路径。

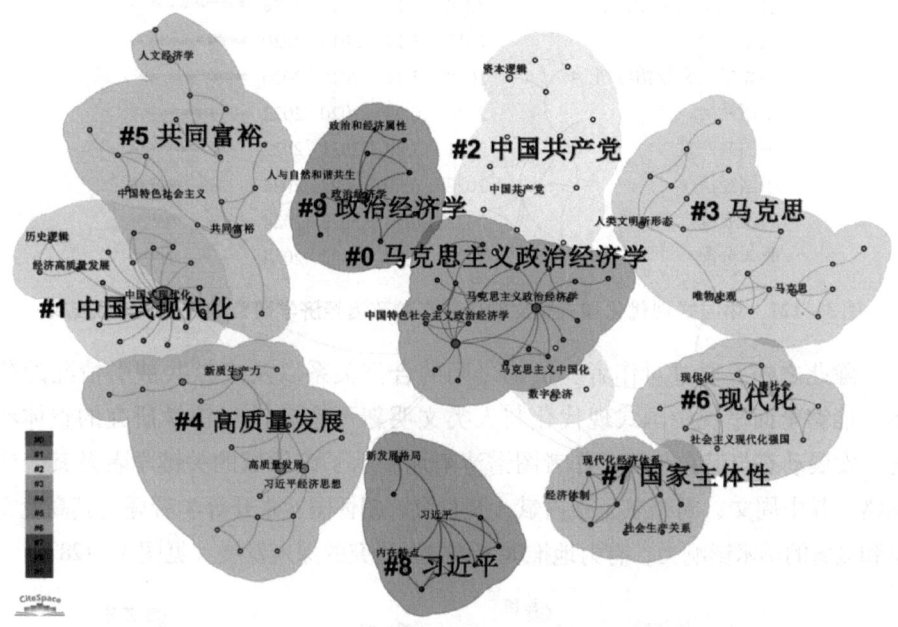

图 3-126　中国式现代化和人类文明新形态的政治经济学研究的关键词聚类结果

在关键词聚类的基础上，利用关键词突现图，可以直观分析近十年的阶段性热点主题（见图 3-127）。该关键词突现结果图揭示了 2016—2024 年"突现"成为研究热点和前沿主题的前十大关键词，这些关键词的突现，刻画出中国式现代化与人类文明新形态政治经济学研究的多维框架与动态演进路径。其中，"现代化经济体系""中国特色社会主义政治经济学""马克思主义中国化"等关键词的持续突现，表明学界研究聚焦于中国式现代化与人类文明新形态的内在逻辑关联，深入剖析两者在理论渊源与实践路径上的耦合机制。这体现了马克思主义基本原理同中国具体实际相结合、同中华优秀传统文化相结合的理论创新逻辑。"中国经济学"等关键词的突现，表明学界研究聚焦于中国式现代化的独特经验和世界意义。中国式现代化不仅是中国发展的实践路径，也为全球现代化提供了新的选择。例如，中国式现代化的本质要求包括实现高质量发展、丰富人民精神世界、实现全体人民共同富裕等。

关键词	年份	强度	起始年份	终止年份	2018—2024年
现代化经济体系	2018	2.40	2018	2020	
中国特色社会主义政治经济学	2018	1.72	2018	2020	
马克思主义中国化	2018	1.19	2018	2020	
国家治理	2018	1.19	2018	2020	
马克思主义政治经济学	2018	1.11	2018	2020	
小康社会	2020	0.97	2020	2022	
中国共产党	2021	1.88	2021	2022	
中国经济学	2022	0.50	2022	2024	
新发展理念	2022	0.50	2022	2024	
收入分配	2022	0.50	2022	2024	

图 3-127 中国式现代化和人类文明新形态的政治经济学研究的关键词突现结果

除此之外，通过对作者、机构之间的合作关系以及文献共被引情况的分析，能够全面呈现中国式现代化与人类文明新形态政治经济学研究的整体状况、发展动态与潜在趋势。作者图谱清晰地展示了该领域的关键学者及其合作网络，其中周文、周绍东、张占斌、裴长洪、胡怀国、张开等学者凭借其高发文量和显著的学术影响力，有力地推动了该主题研究的深入发展（见图 3-128）。

图 3-128 中国式现代化和人类文明新形态的政治经济学研究的代表性作者

机构图谱则展示了不同科研机构的实力和影响力，其中，中国人民大学、中国社会科学院、中国社会科学院大学等机构的研究成果在数量和影响力方面较为领先（见图3-129）。

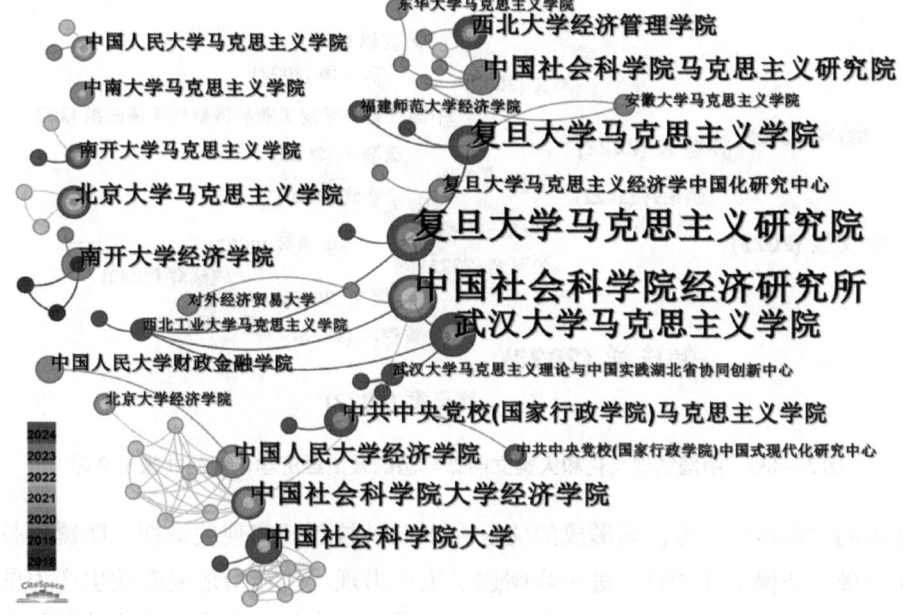

图3-129 中国式现代化和人类文明新形态的政治经济学研究的代表性机构

共被引图谱则表明了该主题的代表性文献（见图3-130）。其中，《立足中国式现代化建构中国自主的知识体系》（韩庆祥，2024）、《中国式现代化道路的世界意蕴》（韩喜平、郝婧智，2022）、《新质生产力与中国式现代化》（周文、李吉良，2024）、《中国式现代化进程中的政党治理现代化》（王韶兴、任丹丹，2021）等文章受到重点关注。可以发现，共被引频次较高的文献既有结合中国特色社会主义政治经济学理论体系切入中国式现代化的研究，也有结合新的时代背景考察人类文明新形态的研究，这反映了政治经济学视域下生产关系研究的发展趋势和热点方向。

（二）中国式现代化和人类文明新形态的政治经济学研究热点探析

学术界对中国式现代化和人类文明新形态的政治经济学研究，以探寻其理论来源为前提，并从深度和广度方面拓展了对中国式现代化以及生产力与生产关系之间辩证统一关系的认识。

第一，在深化和拓展对中国式现代化的理论内涵方面。周文和李吉良（2024）认为，中国式现代化的实现关键在于以科技创新推动生产力与生产关系的变革，新质生产力在驱动能力、支撑载体、发展方式、生产力要素等方

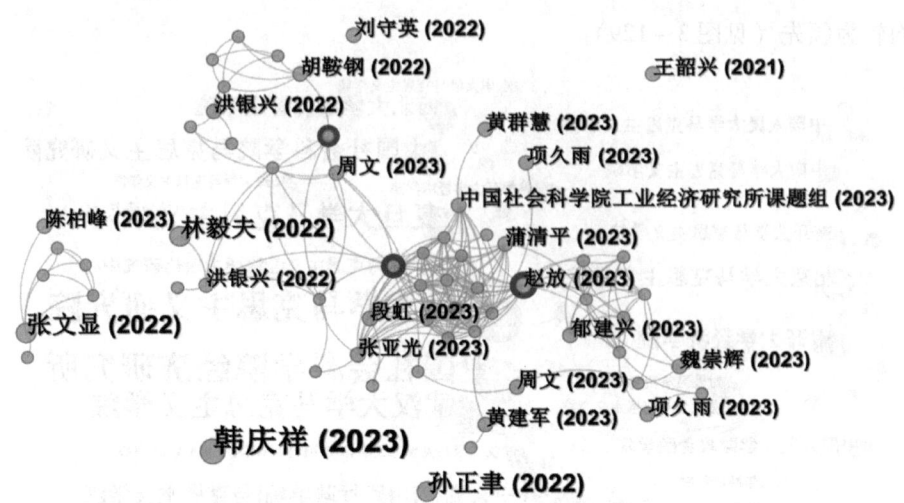

图 3-130　中国式现代化和人类文明新形态的政治经济学研究的共被引文献

面不同于传统生产力，其形成的关键在于以科技创新实现关键性、颠覆性技术突破。任保平（2024）进一步阐述了生产力现代化转型形成新质生产力的历史逻辑、理论逻辑与实践逻辑，认为新质生产力是生产力现代化转型的最新体现，科学回答了政治经济学生产力现代化转型的世界之问、时代之问、中国之问。具体而言，从历史逻辑看，新质生产力是立足世界生产力现代化的历史进程和中国式现代化进程中生产力现代化转型的实践创新；从理论逻辑看，新质生产力是对马克思主义政治经济学生产力理论的创新发展，是中国共产党生产力理论的创新发展；从实践逻辑看，形成新质生产力必须遵循生产力现代化的规律和趋势，构建包括科技创新体系、现代化产业体系、绿色生产力体系和相应的生产关系体系在内的新质生产力体系。

第二，在中国式现代化研究范式向广度和深度拓展方面。郭冠清（2024）指出，中国式现代化创造的人类文明新形态是社会主义生产力和生产关系、社会主义经济基础和上层建筑矛盾运动的必然结果。王茹（2022）从生态文明的角度探讨了习近平生态文明思想对人类文明新形态的历史性贡献，认为生态文明是人类文明发展的历史趋势，是人类文明新形态的有机组成部分和鲜明特征标识。程恩富和陈健（2023）则从政治经济学视角分析了新质生产力与中国式现代化的关系，强调发展新质生产力对于加速建设中国式现代化意义重大。此外，程恩富和何干强（2023）提出，中国式现代化道路的四重阐释及其整合，为其他社会主义国家和广大发展中国家探求经济现代化道路提供了重要的理论和现实意义。

（三）关于中国式现代化的研究

中国式现代化是中国共产党领导的社会主义现代化，具有鲜明的中国特色和普遍意义。近年来，学界从历史逻辑、现实逻辑和理论逻辑三个维度对中国式现代化展开了深入研究。

从历史逻辑来看，中国式现代化是中国共产党在长期实践中逐步探索形成的。周文和李吉良（2024）指出，中国式现代化的提出立足于我国经济发展的现实与大国竞争格局，是针对当前着力推动经济高质量发展和实现中国式现代化的紧迫性提出的时代命题。新质生产力在驱动能力、支撑载体、发展方式、生产力要素等方面不同于传统生产力，其形成的关键在于以科技创新实现关键性、颠覆性技术突破。郭冠清（2024）指出，中国式现代化创造的人类文明新形态是社会主义生产力和生产关系、社会主义经济基础和上层建筑矛盾运动的必然结果。

从现实逻辑来看，中国式现代化强调以人民为中心的发展思想，注重共同富裕的实现，致力于构建人类命运共同体。王茹（2022）从生态文明的角度探讨了习近平生态文明思想对人类文明新形态的历史性贡献，认为生态文明是人类文明发展的历史趋势，是人类文明新形态的有机组成部分和鲜明特征标识。从理论逻辑来看，中国式现代化的理论内涵不断丰富和发展。周文和李吉良（2024）指出，新质生产力的形成与发展是实现中国式现代化的关键，也是推动高质量发展的重要动力。任保平（2024）进一步阐述了生产力现代化转型形成新质生产力的理论逻辑，认为新质生产力是对马克思主义政治经济学生产力理论的创新发展，是中国共产党生产力理论的创新发展。郭冠清（2024）指出，中国式现代化创造的人类文明新形态是社会主义生产力和生产关系、社会主义经济基础和上层建筑矛盾运动的必然结果。

（四）关于人类文明新形态的研究

如何正确认识人类文明新形态的理论内涵与实践路径，是一个紧迫而有意义的理论和现实问题。白信（2024）从政治经济学视角出发，指出中国式现代化高度重视生产力的作用，并以不断创新的伟大实践调整和完善生产关系，开创了政府与市场有机结合的国家治理现代化的中国道路，主动回应了世界性发展难题和普遍性发展困境。这种现代化道路深深根植于中国实践，遵循中国独特的经济逻辑，深刻回答了经济建设的首要问题。

在人类文明新形态的理论建构上，叶龙祥和钟锦宸（2024）通过对马克思文明观的分析，指出马克思将文明观与政治经济学批判相融合，以此"深入到历史的本质性"。马克思通过对资产阶级国家和法的理论批驳，认识到文明的进步无法依靠理性自我完善的趋向，只有"转向"政治经济学批判的理论视野，才能获得理解人类文明进程的钥匙。在此基础上，马克思政治经济学批判对象的深化也推动了文明观问题域的转化发展，即着重在生产力和交往形式的矛盾关系中考察文明的现实基础。马克思文明观将文明问题的探索上升为"当代普遍问题"，为中国式现代化道路创造的人类文明新形态提供了重要启示。

郭冠清（2024）进一步指出，中国式现代化创造的人类文明新形态是社会主义生产力和生产关系、社会主义经济基础和上层建筑矛盾运动的必然结果。这种文明新形态是中国共产党人创造性地将马克思主义的辩证法和实践认识论应用于经济工作中形成的，以问题导向和系统观念为核心的科学思想方法的应用结果。中国式现代化创造的人类文明新形态打破了"西方中心论""文明冲突论""历史终结论"，摆脱了人与自然、人与人、人与自身之间的对立，作出了超越性的文明贡献，为人类文明发展提供了崭新的文明道路。

蔚佳霖和王翔（2024）从社会正义的视角探讨了人类文明新形态的政治经济学叙事，指出一个理想的文明形态代表了在一定历史条件下人们对于文明发展方向的期望，经济基础决定上层建筑，因此这一文明形态必将首先以一个高度协调发展的社会经济形态加以表征。新时代中国的社会经济形态可以从生产、分配、交换、消费四个向度加以叙述，这就意味着人类文明新形态在对旧文明形态非正义的超越中，构成了对上述四个向度的正义彰显。这四个向度的正义彰显形塑出中国社会经济形态的未来发展前景，也为人类文明新形态孕育了新时代中国特色社会主义的出场语境。林伟东和张荣军（2024）通过对马克思自由思想的研究，指出马克思自由思想的生成经历了由理性的自由、自我意识的自由向自由的高级形态自由个性的转变。马克思从哲学维度、政治经济学维度和科学社会主义维度对自由思想进行了深入探讨，揭示了资本主义社会中潜在的通向新文明的途径及其实现主体。马克思积极自由思想的哲学立场和价值取向有助于突破西方工业文明的发展困境，有利于筑牢人类文明新形态的理论根基和增强实践主动，对人类文明新形态的中国式创造和发展方面带来有益的价值启示。寇东亮（2023）从"劳动—资本"辩证法的角度探讨了马克思的人类文明观，指出马克思基于"劳动—资本"辩证法来理解人类现代文明及其发展规律，是马克思人类文明观创新的核心内容之一。马克思超越近代思想家关于"市民社会"的劳动原理及其"劳动—所有权""劳动—财富""劳动—教养"等文明叙事，确证了"劳动—资本"关系在现代市民社会的"轴心"地位和意义，同时揭示了资本主义文明的历史地位、本质意义和内在限度。马克思基于"劳动—资本"辩证法的人类文明观，是研究当代中国特色社会主义人类文明新形态的理论指南。金碚（2024）从经济学范式变革的视角探讨了新型工业化的内涵，指出新型工业化是比传统工业化更为复杂的系统性经济社会过程，涉及各种复杂现象和问题。新型工业化比传统工业化更具有全球化的趋向，而经济全球化正在以新的形态展现于各国工业化的新时代。经济学对工业化的理解相应地从传统的机械观隐喻，转向生态观隐喻，多样且各具特色的各国经济社会形态间是沟通和相互协调共存的。工业化在各国广泛推进，经济规模日益扩大，分工与合作愈加紧密，形成人类命运共同体的世界，这就是新型工业化的人类文明内涵。

尽管技术变革和理论创新为人类文明新形态的构建提供了新的思路和方法，但资本主义生产关系的本质仍然"不变"。刘皓琰和李明（2017）认为，网络生产力下的新型经济模式看似带来了就业权利、生产资料、劳动成果等资源在社会范围内的共享，但究其本质则是资本为实现更大范围内控制所运用的手段，且剥削与控制的范围更大、方式也更加隐蔽。刘伟杰和周绍东（2021）也提出，尽管数字资本主义拓展了剥削范围、提高了剥削强度、增强了剥削隐蔽性，但没有改变资本主义生产关系的实质。

二十七、政治经济学视野下的世界经济研究

在新时代背景下，坚持和发展中国特色社会主义政治经济学，必须不断适应全球化趋势下社会生产力的发展，调整和优化生产关系，以促进新型生产关系的形成和新质生产力的发展。近年来，学术界在政治经济学视野下对世界经济的研究取得了显著进展，特别是在理解全球化、国际分工以及跨国资本流动等方面。通过对"一带一路"倡议、全球价值链、数字经济等关键议题的探讨，学者们揭示了在全球化背景下，不同国家和地区如何通过调整生产关系来适应和推动生产力的发展。这些研究强调了构建开放型世界经济和合作共赢的国际关系的重要性，为全球经济的可持续发展和繁荣提供了理论支持和实践指导，进一步凸显了在不断变化的全球经济环境中，对生产关系理论进行持续研究和创新的必要性。

(一) 研究概览：基于 Cite Space 的可视化分析

关键词揭示论文的聚焦点。针对世界经济领域内的研究集中度，利用 Cite Space 软件进行关键词聚类分析（见图 3-131）。相关研究主要遵循以下几条研究进路：一是聚焦于"数字劳动"，探讨数字经济时代下劳动形态的变化及其对传统劳动理论的挑战；二是联系"数字经济"与"乡村振兴"，研究数字经济如何推动乡村经济的发展和转型；三是聚焦于"马克思"理论在数字经济时代的应用与发展，探讨马克思经济理论在新时代背景下的解释力和适用性；四是探讨"双循环"新发展格局下数字经济的作用和影响，分析数字经济在促进国内外经济循环中的关键角色。此外，"数字经济"作为该主题的核心关键词，其出现与发展数字生产力这一经济社会主题紧密相关。数字经济必须与数字生产力发展要求相适应。发展数字生产力，必须进一步全面深化改革，形成与之相适应的新型经济模式。

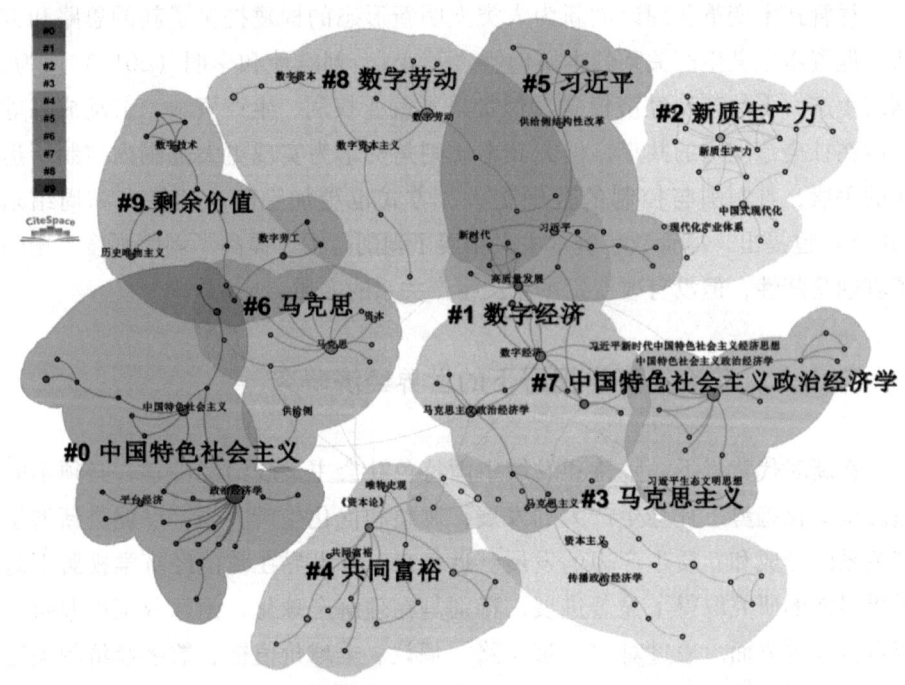

图 3-131 政治经济学视野下的世界经济研究的关键词聚类结果

在关键词聚类分析的基础上，利用关键词突现图，可以直观地分析 2015—2024 年的阶段性热点主题（见图 3-132）。图 3-132 揭示了这一时期成为研究热点和前沿主题的前十大关键词。其中，"《资本论》""马克思"等关键词在 2015 年出现引用爆发，反映出学术界对马克思主义经典著作和理论的持续研究兴趣。2016 年，"中国特色社会主义政治经济学""供给侧结构性改革""中国特色社会主义"等关键词成为热点，表明学术界对中国特色社会主义理论和经济改革的高度关注。2019 年，"传播政治经济学""数字经济"等关键词的引用爆发，体现了学术界对新兴领域和数字经济发展的重视。2021 年，"平台经济"成为研究热点，反映了对新兴经济模式的探讨。2022 年，"高质量发展""中国式现代化"等关键词的出现，既贴合中国经济社会发展的新阶段和新需求，又体现了学术界对发展质量和现代化进程的深入研究。这些关键词的引用爆发，不仅刻画出不同阶段的研究重点，也反映了学界对经济社会发展中重要问题的持续关注和深入探讨。

关键词	年份	强度	起始年份	终止年份	2015—2024年
《资本论》	2015	2.74	2015	2017	
中国特色社会主义政治经济学	2016	3.75	2016	2017	
供给侧结构性改革	2016	2.62	2016	2017	
中国特色社会主义	2016	2.30	2016	2018	
马克思	2015	2.85	2017	2018	
传播政治经济学	2019	2.85	2019	2021	
数字经济	2019	3.64	2020	2022	
平台经济	2021	2.84	2021	2022	
高质量发展	2020	3.25	2022	2024	
中国式现代化	2022	2.50	2022	2024	

图 3-132　政治经济学视野下的世界经济研究的关键词突现结果

除此之外，通过分析作者、机构之间的合作关系和文献共被引情况，可以全面地反映该主题相关研究的整体状况、发展动态和潜在趋势。作者图谱展示了关键学者及其合作网络，洪银兴、蓝江、刘伟、程恩富、周文等学者以高发文量和影响力推动着该主题的研究进程（见图 3-133）。

机构图谱则展示了不同科研机构的实力和影响力。其中，中国人民大学经济学院、西北大学经济管理学院、南开大学经济学院、中国社会科学院经济研究所、复旦大学马克思主义研究院等机构的研究成果在数量和影响力方面较为领先（见图 3-134）。

共被引图谱则表明了该主题的代表性文献（见图 3-135）。可以发现，共被引频次较高的文献既有结合中国特色社会主义政治经济学理论体系切入世界经济议题的研究，也有结合新的时代背景考察世界经济演变的研究，这

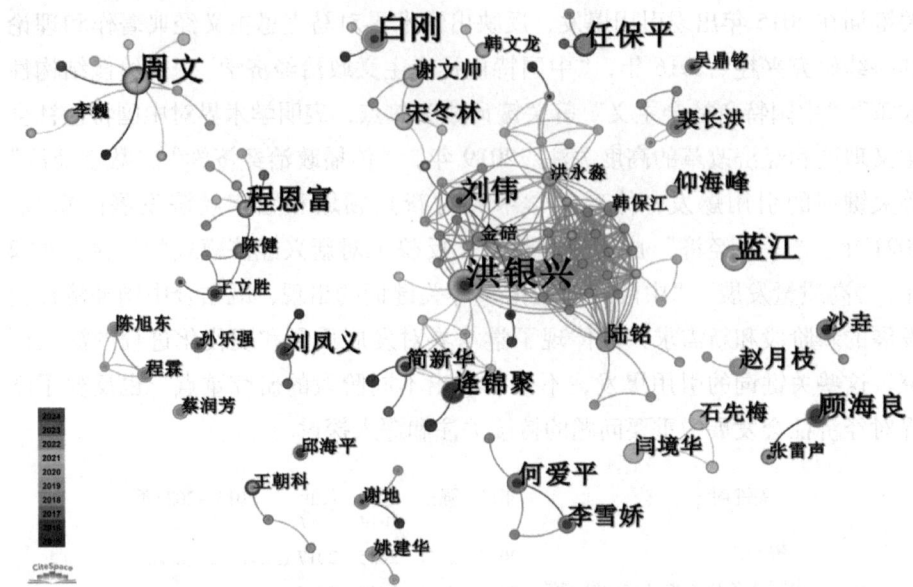

图 3-133 政治经济学视野下的世界经济研究的代表性作者

图 3-134 政治经济学视野下的世界经济研究的代表性机构

反映了政治经济学视域下世界经济研究的发展趋势和热点方向。这些文献不仅深入探讨了中国特色社会主义政治经济学理论在分析世界经济现象中的应用和解释力，也关注了在全球化、数字化等新的时代背景下世界经济结构和运行机制的变化。通过这些研究，学界能够更好地理解世界经济的复杂性和动态性，为制定相应的经济政策和发展战略提供理论支持和实践指导。

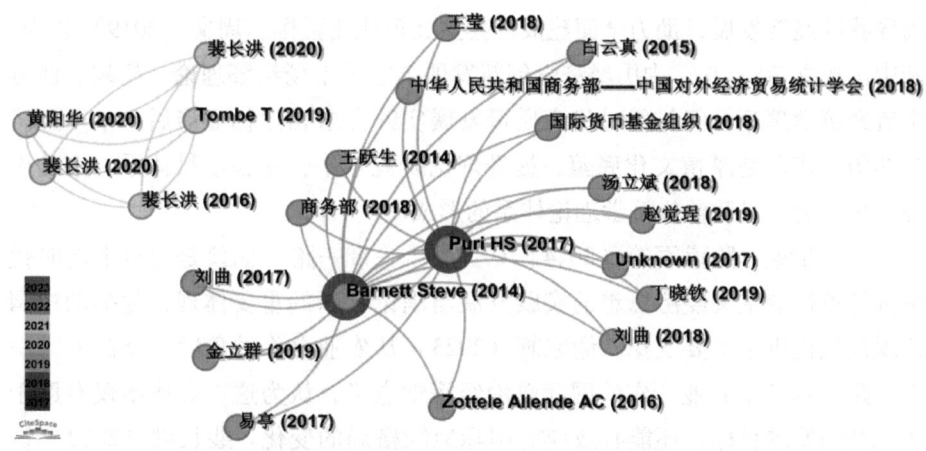

图 3-135　政治经济学视野下的世界经济研究的共被引文献

（二）关于全球生产关系与生产力互动的研究

政治经济学作为研究世界经济的重要视角，其核心在于分析生产力与生产关系之间的互动及其对经济发展的影响。近年来，学术界在这一领域的研究取得了诸多成果，深化了对全球化、国际分工、跨国资本流动等关键议题的理解。

在世界经济的中国式学理话语体系构建上，顾海良（2021）认为，马克思主义政治经济学在中国的运用、发展、创新及升华为新形态的过程，即其中国化过程，造就了与时俱进、守正创新的中国特色马克思主义政治经济学，成为21世纪马克思主义的重要组成部分。刘伟和范欣（2019）认为，新的经济增长现象催生新的经济增长理论，其发展与世界经济兴衰相伴。经济增长理论试图回答一国经济增长动力与不同经济发展水平国家的趋同问题，从经济史和经济思想史视角梳理现代经济增长理论的起源流变，探寻内在逻辑与实践路径，阐释新经济现象规律，并展望未来发展方向。李滨（2015）认为，马克思主义国际政治经济学聚焦于世界经济的政治经济学研究，以资本主义生产方式为出发点，结合具体政治环境分析国际生产特征及其对世界政治经济秩序的影响，揭示政治与经济的互动关系。这一研究逻辑在马克思主义经典著作中得以体现，并在当代跨国生产、国际贸易、国际金融等分支领域中得到应用，为理解世界经济的政治经济学提供了理论框架。逄锦聚（2018）指出，习近平新时代中国特色社会主义经济思想是马克思主义政治经济学中国化的最新成果，与马克思主义政治经济学基本原理一脉相承，打破西方主流经济学垄断，立足中国实践，反映现代经济规律，以新发展理念为核心，指导我国经济发展，助力全面建成社会主义现代化强国。周文（2019）认为，新中国成立 70 年来，中国经济学创新发展丰富了市场经济理论，超越了西方主流经济学理论，但与新时代高质量发展实践需求相比仍显滞后。中国经济学的历史使命是厚植文化底蕴，提升理论研究水平，完善学科体系，推动中国特色社会主义政治经济学理论体系的形成。

进一步地，陈甬军等（2024）认为，"一带一路"倡议是习近平新时代中国特色社会主义经济思想的实践发展与理论创新的重要体现，为推动中国式现代化提供了重要支撑。谢来辉（2023）从农业合作的角度，分析了"一带一路"框架下农业合作的国际政治经济学意义，认为这一合作不仅有助于实现共同发展目标，还能有效应对国际地缘格局的变化。裴长洪（2022）认为，中国开放型经济的马克思主义政治经济学逻辑，指出了马克思主义关于资本主义世界市场和国际贸易的两重性论述是社会主义建立对外经济贸易关系的理论依据。这些研究进一步深化了中国对外开放战略在全球经济治理和产业转移中的关键作用。

（三）关于国际经济治理与全球价值链分工的研究

在政治经济学的框架下，对国际经济治理和全球价值链的研究揭示了国家间经济互动的复杂性和全球经济一体化的趋势。这些研究不仅分析了全球治理体系中的权力结构和规则制定，还探讨了全球价值链如何影响各国的经济发展和产业升级。通过这些研究，学者们提供了如何在全球化背景下构建更加公正合理的国际经济秩序的理论支持和政策建议。

任保平和辛伟（2016）指出，第三次工业革命推动世界分工体系从产业间、产业内分工向产品内分工转变，技术创新成为各国提升价值链位置的关键。王智强和程恩富（2024）认为，经济循环的畅通依赖于资本循环和商品流通的协调，以及再生产平衡公式的成立，但资本主义内在规律和竞争导致产能过剩，进而阻碍经济循环，降低经济增速。我国经济循环不畅与资本主义市场经济本质不同，应加快构建新发展格局，畅通"大循环"和"双循环"，统筹提高供给质量和扩大国内需求，构建人类命运共同体是关键举措。张前（2016）从国际政治经济学的角度，对"一带一路"倡议进行了专题研讨，认为"一带一路"倡议是中国在全球化背景下推动区域经济合作的重要举措，有助于提升中国在国际经济中的地位。周文和方茜（2015）则从政治经济学的角度，探讨了"一带一路"倡议的理论依据和实践意义，认为这一倡议不仅有利于中国与发展中国家之间形成新的生产关系，而且可以更好地通过资本输出实现合作共赢。王宏波和曹睿（2020）从三个层面提炼了不同社会形态上资本的共性：运动过程、职能形态转换规律和提高资本运动效率的途径，为理解社会主义市场经济条件下的资本特性和行为规律提供了新的视角。这些研究为"一带一路"倡议的理论框架奠定了基础，强调了其在促进区域经济合作和提升中国国际影响力方面的重要作用。肖玉飞和周文（2021）指出，新自由主义全球化导致全球发展失衡与增长乏力，其失败催生逆全球化思潮。人类命运共同体理念提出共商共建共享等新理念，为全球化新开端与再出发提供全新政治经济学要义。李巍和宋亦明（2019）在新时代中国特色社会主义政治经济学视域下的"人类命运共同体"研究中，认为"一带一路"倡议为世界发展增添新动力，为全球经济治理带来新理念。周文（2021）则从政治经济学的角度分析了数字经济的发展趋势，指出数字经济时代的到来，数字资本成为在产业资本、金融资本之后的第三种起支配性作用的资本样态。丁晓钦和王艺宣（2023）认为，跨境数字平台在数字经济全球化中成为国际贸易格局的关键力量，但其无序扩张引发国际税收争端，挑战传统税制下的再分配体系。短期而言，数字税改借助国家权力重构再分配机制；长期来看，平台经济治理应聚焦数据要素初次分配，我国需加快构建中国特色数字税改方案，提升数字经济国际话语权。乔晓楠和王奕（2023）从人类命运共同体的角度，探讨了"一带一路"倡议的政治经济学意义，认为这一倡议为世界发展增添新动力，为全球经济治理带来新理念。孙小雨（2022）指出，当今世界百年未有之大变局的核心是国际经济格局的东升西降，其根源在于全球资本积累基本矛盾的演变。发达国家陷入长波下行期，新自由主义体制通过金融化和空间修复应对利润率下降，推动东升西降格局显现；中国积累体制崛起短期缓解发达国家下行期，长期将改变资本主义世界经济价值分配格局，推动我国利润实现与重大产品创新至关重要。这些研究进一步丰富了"一带一路"倡议的理论内涵，强调了其在促进全球公共利益和推动可持续发展方面的重要作用。

（四）关于跨国资本流动与国际贸易规则制定的研究

政治经济学视野下的世界经济研究还关注跨国资本流动和国际贸易规则的制定。这些研究涉及资本如何在不同国家和地区间流动，以及这些流动如何受到国际贸易规则和政策的影响。学者们通过分析"一带一路"倡议、区域全面经济伙伴关系协定（RCEP）等实际案例，探讨了如何通过国际合作和政策协调来优化资本流动和贸易规则，推动全球经济的均衡发展。这些研究成果对于理解和应对当前全球化挑战、构建开放型世界经济具有重要的理论和实践意义。

徐秀军（2015）指出，金融危机冲击下世界经济秩序进入深度调整期，其重塑取决于经济实力结构、规则体系及治理理念的变化。新兴经济体与发达经济体间及内部经济实力分化，规则制定权博弈加剧，自由市场经济理念式微，世界经济去中心化加速，但实现根本性变革仍面临艰巨任务。熊爱宗（2018）构建了分析国际货币基金组织预测误差的政治经济学框架，发现基金组织对接受贷款项目国家及与美国投票立场接近的国家更易做出乐观预测，而成员数据可得性提升和主要经济体预测准确性改进能优化基金组织预测质量。刘伟和王文（2019）研究认为，"一带一路"倡议体现了新时代中国特色社会主义开放的基本宗旨和智慧，是对不同文明和谐共存的思考，其实施路径多种多样，最为突出的是"一带一路"倡议的提出与落实，不断推进公正合理的国际政治经济新秩序逐步形成。翟婵和程恩富（2019）基于国外"中心—外围"理论，通过多维度数据分析，提出"准中心"概念，用以描述2012年以来中国在世界经济体系中的地位和作用，区别于传统"中心—外围"二元理论，形成"中心—准中心—外围"或"中心—准中心—半外围—外围"的新理论结构。徐秀军（2020）提出，新时代是中国国际政治经济学研究的新起点，也为构建中国特色国际政治经济学学科体系、学术体系、话语体系提供了新机遇。这些研究强调了"一带一路"倡议在推动国际合作和多边主义中的重要作用。卢凌宇（2021）基于对国际经济格局新变化与中国开放型经济体制构建的研究，指出随着新冠疫情全球蔓延，世界不稳定性、不确定性因素日益增加，国际政治经济格局出现了许多新变化。王生升（2021）提出，判断是否出现了资本无序扩张，根本的标准就是资本发挥作用的范围有没有越过中国特色社会主义制度的底线。这个底线涵盖经济、政治、文化、社会和国家安全五个方面。裴长洪（2023）则从马克思主义政治经济学的角度，探讨了"一带一路"倡议的理论创新，认为这一倡议是马克思主义政治经济学理论中国化和时代化的重要成果。卢凌宇（2016）认为，建构国际关系理论的中国学派可遵循"核心问题驱动路径"与"观念引导路径"。"核心问题驱动路径"需聚焦重大理论价值的经验性问题，回应"泛目的性"质疑并解决集体行动问题；"观念引导路径"则基于具有稳定性和同构性的本体论、认识论和方法论，两条路径可并行促进中国学派生成。简新华（2018）指出，中国经济学理论创新源于中国经济实践及世界经济发展实践，需以马克思主义政治经济学为理论基础，借鉴西方经济学科学成分，强调历史唯物论和唯物辩证法的重要性，认为马克思主义与现代西方经济学不同发展路径将产生不同结果，不可能都成为中国特色社会主义经济学理论的组成部分。这些研究不仅揭示了"一带一路"倡议在促进区域经济合作中的重要作用，还强调了其在全球经济治理中的创新性贡献。

后 记

  本报告是一项持续性工作的年度成果。2018年以来，本团队开展了中国政治经济学学术影响力评价工作，本报告是第七次学术评价的成果。

  党的十八大以来，学界掀起了新中国成立以来第三次中国政治经济学研究热潮，目前，这次研究热潮还在向前发展。2015年11月23日，中共十八届中央政治局就马克思主义政治经济学基本原理和方法论进行第二十八届集体学习，习近平总书记作了题为《不断开拓当代中国马克思主义政治经济学新境界》的重要讲话。这是本次政治经济学研究热潮的重要标志，也正是出于这个考虑，本报告将评价样本的时间界限设定为2016—2025年，意在考察十年来中国政治经济学学术发展动态。

  本报告得到了中国政治经济学学会的学术支持，程恩富、王立胜、侯为民、岳奎对报告的整体框架、核心立意、评价方法都进行了悉心指导。此外，全国政治经济学界一百多位研究者参与了本报告"最有影响力学术论文"的评价工作，给我们提出了大量宝贵的意见和建议。对此，我们表示诚挚的谢意！

  参与本报告资料收集整理和相关技术工作的还有来自武汉大学的艾欣、李硕、刘阳、项楠、姚彤欣、赵欣，以及湖南工商大学黎明同志。本书责任编辑中国财政经济出版社吕小军编审为本报告的出版提供了认真细致的服务。在此一并致谢！

  作为马克思主义理论体系的三大组成部分之一，同时也作为中国特色哲学社会科学的重要组成部分之一，政治经济学学科的发展必须绵绵用力，久久为功。本团队将持续开展本工作，为广大政治经济学学人提供学术评价参考以及学科发展的最新动态。相关作者如有任何对于本报告的意见和建议，请联系我们：cyd2024@hust.edu.cn（陈艺丹，华中科技大学）。

2025年5月